"十二五"普通高等教育本科国家级规划教材

建筑制图习题集

第八版

湖南大学、华南理工大学等院校《建筑制图习题集》编写组 编
陈美华 袁果 王英姿 主编

高等教育出版社·北京

内容提要

本习题集是根据教育部高等学校工程图学课程教学指导分委员会 2019 年制订的《高等学校工程图学课程教学基本要求》，以及最新修订的建筑制图国家标准和相关行业标准，在第七版基础上总结近几年的教学改革经验修订而成的。

本习题集与华南理工大学、湖南大学等院校《建筑制图》编写组编，何斌、陈锦昌、王枫红主编《建筑制图》（第八版）配套使用。本套教材是"十二五"普通高等教育本科国家级规划教材。

本习题集包含制图基本知识、投影的基本知识、点线面的投影、线面关系、曲线和曲面、截交线和相贯线、建筑形体的表达方法、轴测投影、建筑施工图、结构施工图、建筑装饰装修施工图、给水排水工程图、阴影、透视投影、标高投影、展开图、机械图、计算机辅助制图的相关习题。

本套教材可作为普通高等学校土木类、建筑类各专业图学课程的教材，也可供其他类型高校相关专业选用。

图书在版编目（CIP）数据

建筑制图习题集 / 湖南大学、华南理工大学等院校《建筑制图习题集》编写组编；陈美华，袁果，王英姿主编. --8 版. -- 北京：高等教育出版社，2021.2（2024.12重印）

ISBN 978-7-04-055588-2

Ⅰ. ①建… Ⅱ. ①湖… ②陈… ③袁… ④王… Ⅲ. ①建筑制图-高等学校-习题集 Ⅳ. ①TU204-44

中国版本图书馆 CIP 数据核字（2021）第 025399 号

Jianzhu Zhitu Xitiji

策划编辑 庚 欣　　责任编辑 庚 欣　　封面设计 张 楠　　版式设计 马 云

责任校对 刁丽丽　　责任印制 刘思涵

出版发行 高等教育出版社
社 址 北京市西城区德外大街 4 号
邮政编码 100120
印 刷 三河市骏杰印刷有限公司
开 本 787mm × 1092mm 1/16
印 张 10.5
字 数 240 千字
购书热线 010-58581118
咨询电话 400-810-0598

网 址 http://www.hep.edu.cn
http://www.hep.com.cn
网上订购 http://www.hepmall.com.cn
http://www.hepmall.com
http://www.hepmall.cn
版 次 1979 年 2 月第 1 版
2021 年 2 月第 8 版
印 次 2024 年12月第 6 次印刷
定 价 22.00 元

物 料 号 55588-00

第八版修订说明

本习题集是在第七版的基础上，结合近几年教学改革经验修订而成的，与何斌、陈锦昌、王枫红主编《建筑制图》(第八版)配套使用。本套教材是“十二五”普通高等教育本科国家级规划教材。

本次修订主要依据教育部高等学校工程图学课程教学指导分委员会2019年制订的《高等学校工程图学课程教学基本要求》，住房和城乡建设部会同有关部门于2017年9月27日发布并于2018年5月1日实施的《房屋建筑制图统一标准》(GB/T 50001—2017)，以及2015年局部修订的《混凝土结构设计规范》(2015版，GB 50010—2010)等课程教学指导文件及国家标准。

本次修订保持了第七版的特色和优点，并作了如下调整：

1. 保留第七版的体系和内容编排顺序，在内容和体系上与《建筑制图》(第八版)紧密配合。除第一、二十章外，其余各章均配有习题。

2. 采用最新制图及专业技术标准修订相关内容和图例。文字叙述和图例作了进一步的修订，力求全书文字精练、图例精美。

3. 各章第一页增加章名，同时调整了目录编排；每页下方“日期”一栏改为“学号”，方便使用。

4. 增加了部分难题的二维码资源。对于点、直线、平面的投影，曲线和曲面，截交线和相贯线，建筑形体的表达方法等章节中的难题，制作了对应形体的立体动画，通过使用智能手机等电子设备扫描二维码，读者可以直观地了解形体结构以及三视图的形成过程，丰富了习题集的内容。

5. 注意扩大适用面。本习题集约有10%的题目前标有“*”，为选做题，不带“*”的习题也留有一定余量，供任课教师根据各校教学大纲规定的内容和学时数选留作业，便于教师组织教学。

6. 部分习题的解答发布在《建筑制图》(第八版)关联的数字课程资源平台上。

本习题集由陈美华、袁果、王英姿任主编。参加第八版修订工作的有湖南大学陈美华(第三、六、七、八、十四、十五、十八章，第五章部分，全书二维码资源)、袁果(第九、十三、十七章)、王英姿(第十、十一章，第十九章第156、157页)、邹丹(第二、四、十六章)、蒋德松(第四章，第五章部分)，华南理工大学邓学雄(第十二章，第十九章第158页)、陈炽坤(第十九章第149~155页)。

配套教材《建筑制图》编写组的同仁对本修订版进行了认真的讨论、修改，天津大学远方教授、广东工程职业技术学院何斌教授对本习题集进行了仔细审阅，在此一并表示感谢。

由于编者水平有限，难免存在错漏和欠妥之处，敬请读者批评指正。

《建筑制图习题集》编写组

2020年6月

目　　录

建筑制图民用房屋东南西北方向平立剖面设计说明基

础墙柱梁挡板楼梯框架承重结构门窗阳台雨篷勒脚散

坡洞沟槽材料钢筋水泥砂石混凝土砖木灰浆给排水暖

字体练习	班级		姓名		学号		1

比例尺长宽厚度标高形状大小体积轴线垂直前后左右

上中下室内外地坪素夯实踏步安全栏杆防潮层间应力

装配窨井卫生设备城市环境系一二三四五六七八九十

2	字体练习	班级		姓名		学号		

建筑屋面油毡防水层绿豆砂保护找平隔热挂瓦顺椽检查顶棚吊搁格栅天窗雨口

斗管沟盖檐泛坡度线圈梁断墙预埋件砖砌拱过伸缩缝变勒脚形状磨石楼地消防

梯安全板门框百页亮子铁铰链钩玻璃马赛克刨花木丝闸阀温虹日期审核制图号

A型字体（笔画宽度为字高h的1/14）。

h

ABCDEFGHIJKLMNOP

QRSTUVWXYZ

10/14h

abcdefghijklmnopqr

stuvwxyz

1234567890IVXΦ

ABCabc123IVΦ 75°

B型字体（笔画宽度为字高h的1/10）。

h

ABCDEFGHIJKLMNOPQRSTUVWXYZ

7/10h

abcdefghijklmnopqrstuvwxyz

1234567890 I V X Φ

ABCabcd 1234 IV

75°

	字体练习	班级		姓名		学号		5

1. 用$A3$幅面图纸，1:1的比例绘制所给图样。要求图线粗细分明，交接正确。

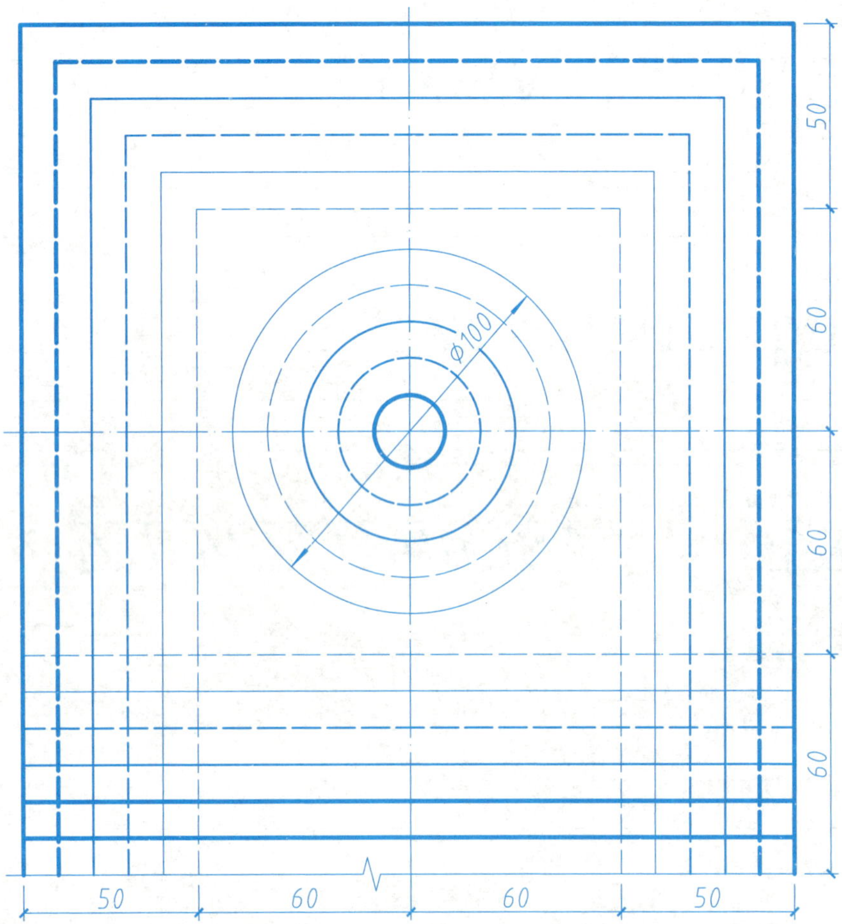

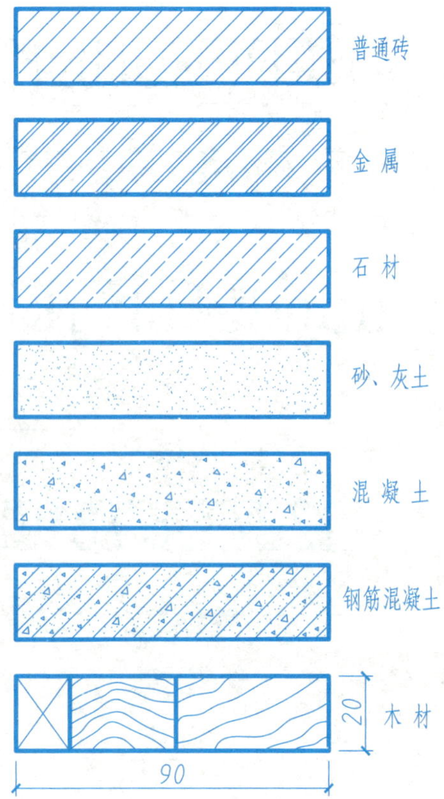

注：作业标题栏由教师规定，也可参照《建筑制图》（第八版）第十九章图19-21、图19-22。

6	线型练习	班级		姓名		学号		

2.用A3幅面图纸绘制所给图样。要求图线粗细分明，交接正确。

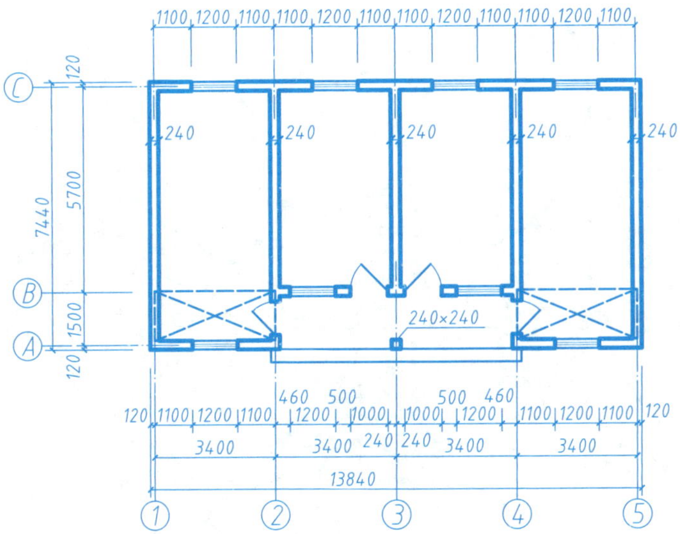

房屋平面图 1:100

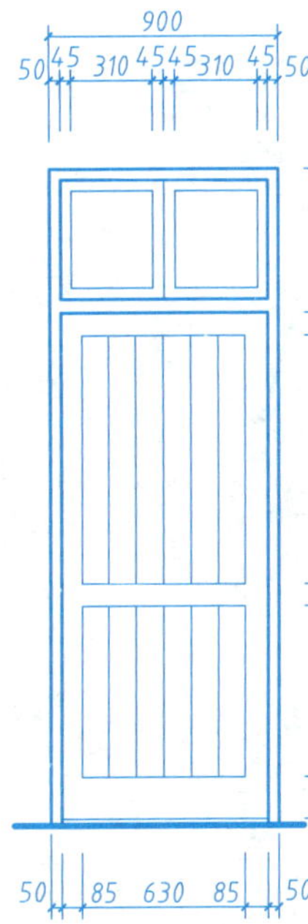

门立面图 1:20

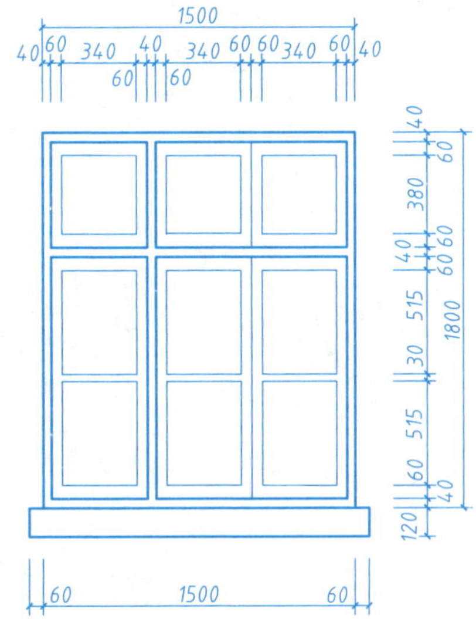

窗立面图 1:20

	线型练习	班级		姓名		学号		7

1. 用A3幅面图纸，1:1的比例绘制下列各图。要求图线连接光滑，交接正确，粗细分明。

1)

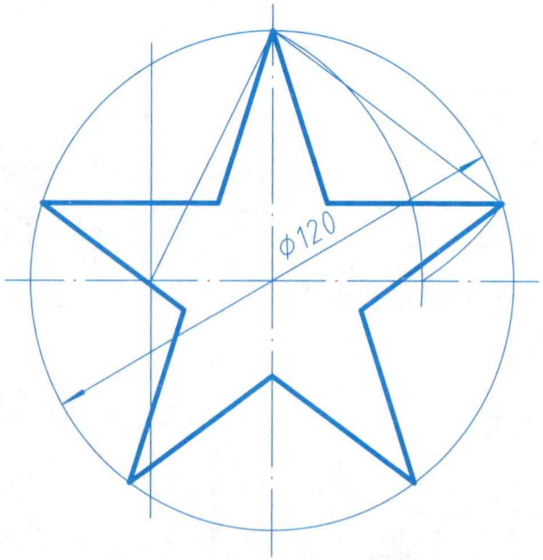

2)

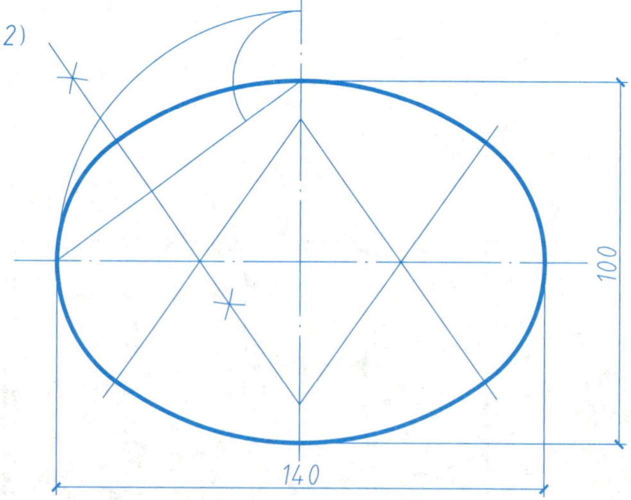

3)

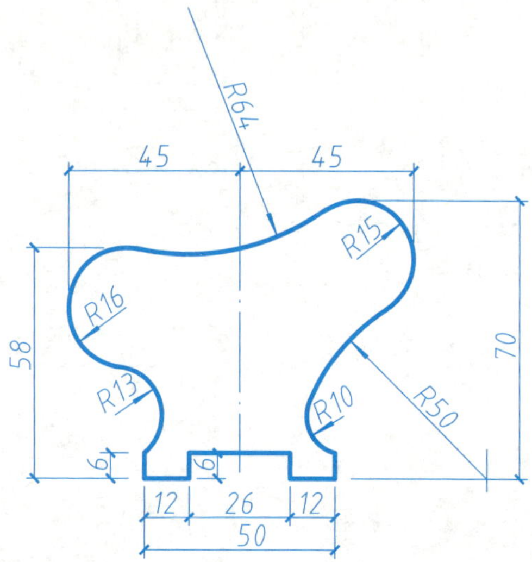

4)

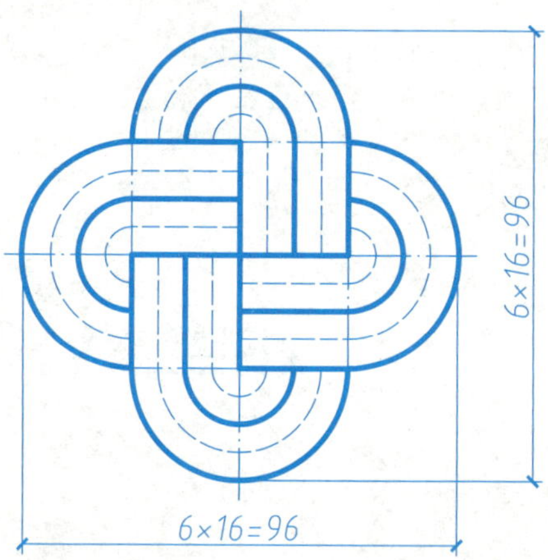

2. 用 A3 幅面图纸，1:1 的比例绘制下列各图。要求图线连接光滑，交接正确，粗细分明。

1）

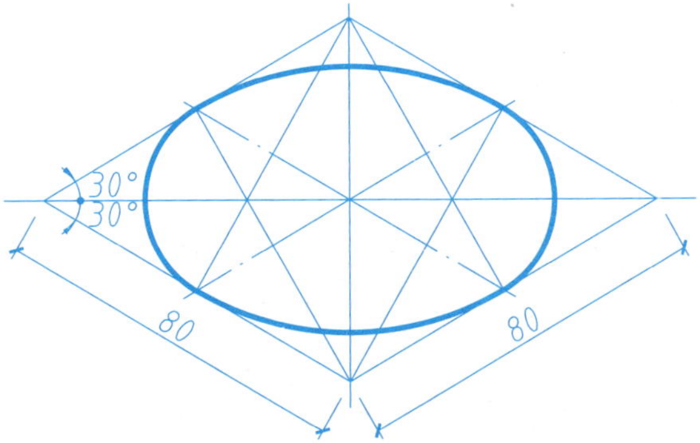

2）

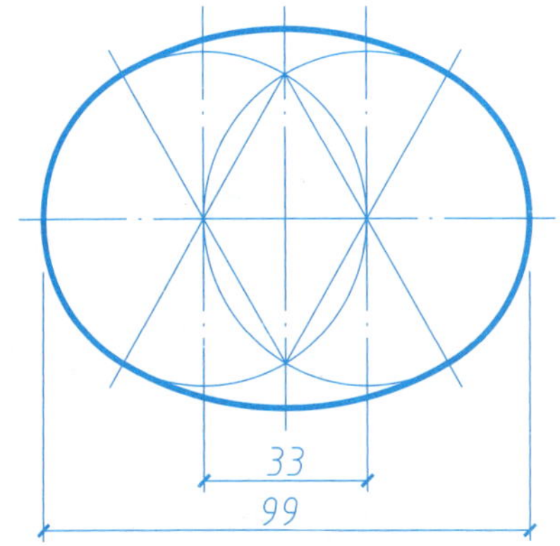

3）

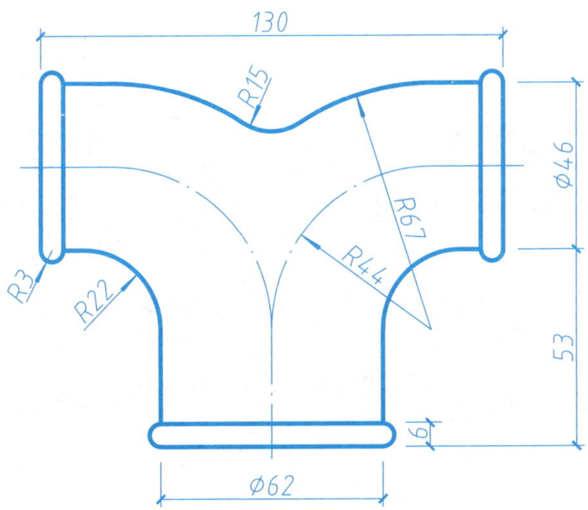

4）

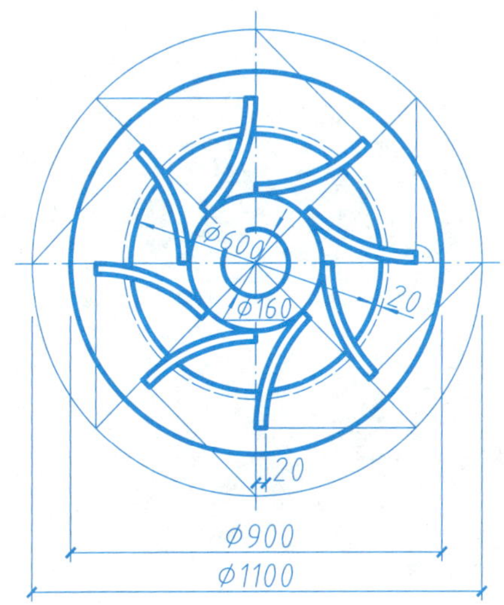

1:10

	几何作图	班级		姓名		学号		9

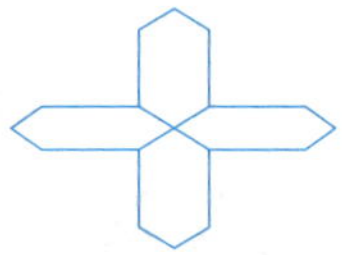

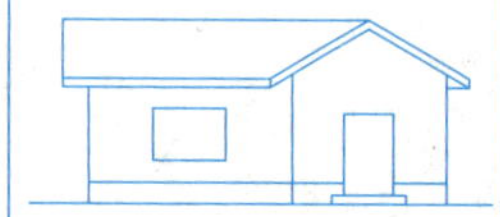

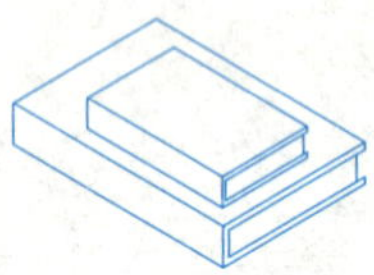

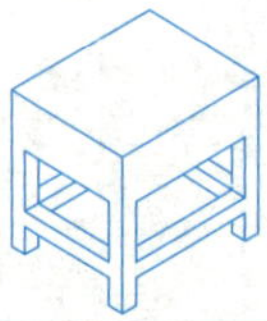

10	徒手作图——根据所给图样徒手临摹	班级		姓名		学号		

图中箭头方向是V投影的投射方向。（下页同。）

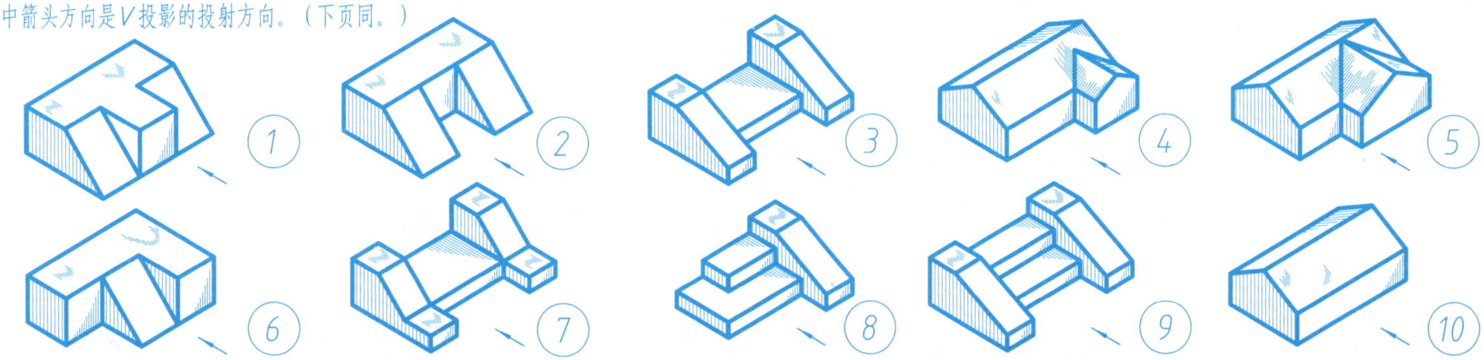

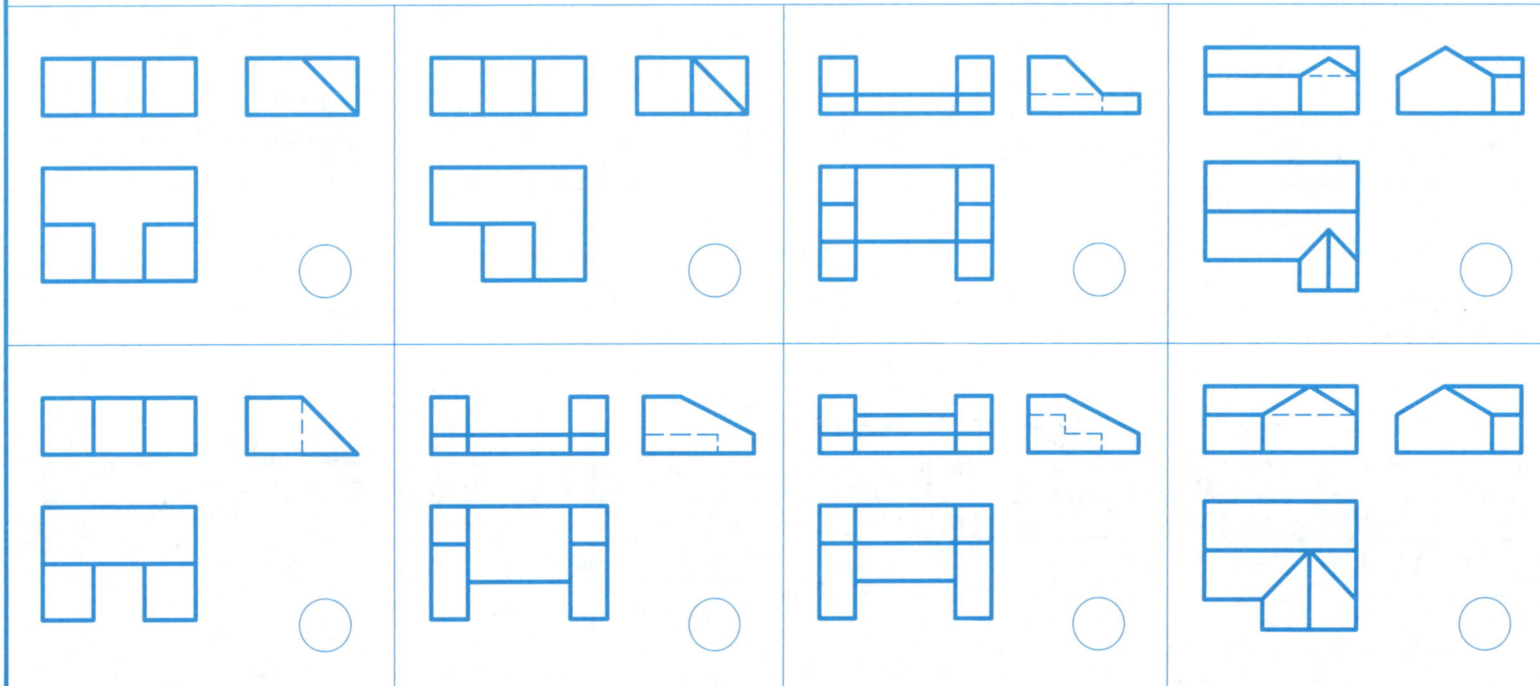

	根据立体图找投影图	班级		姓名		学号		11

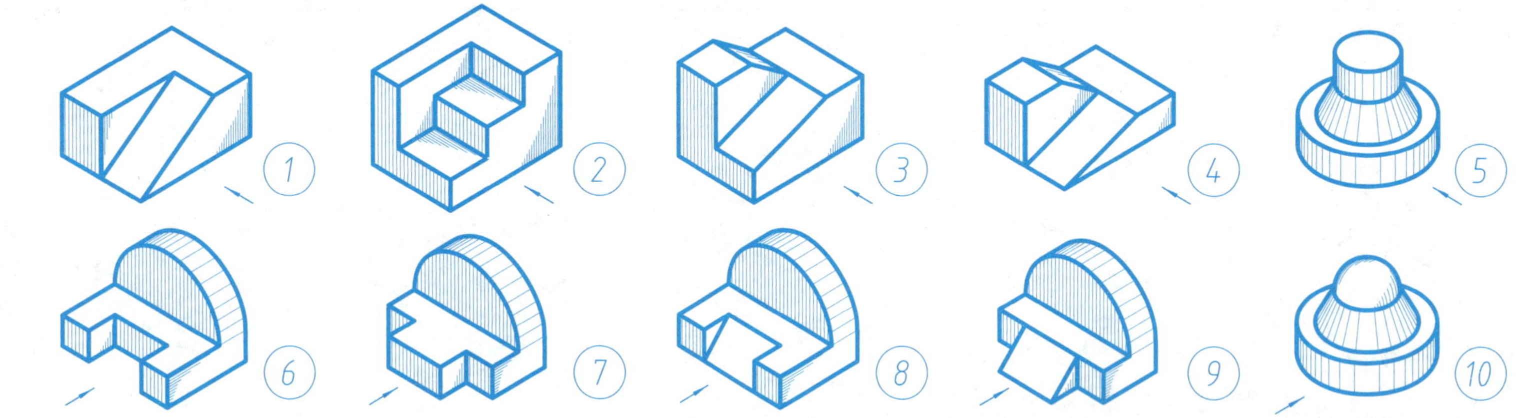

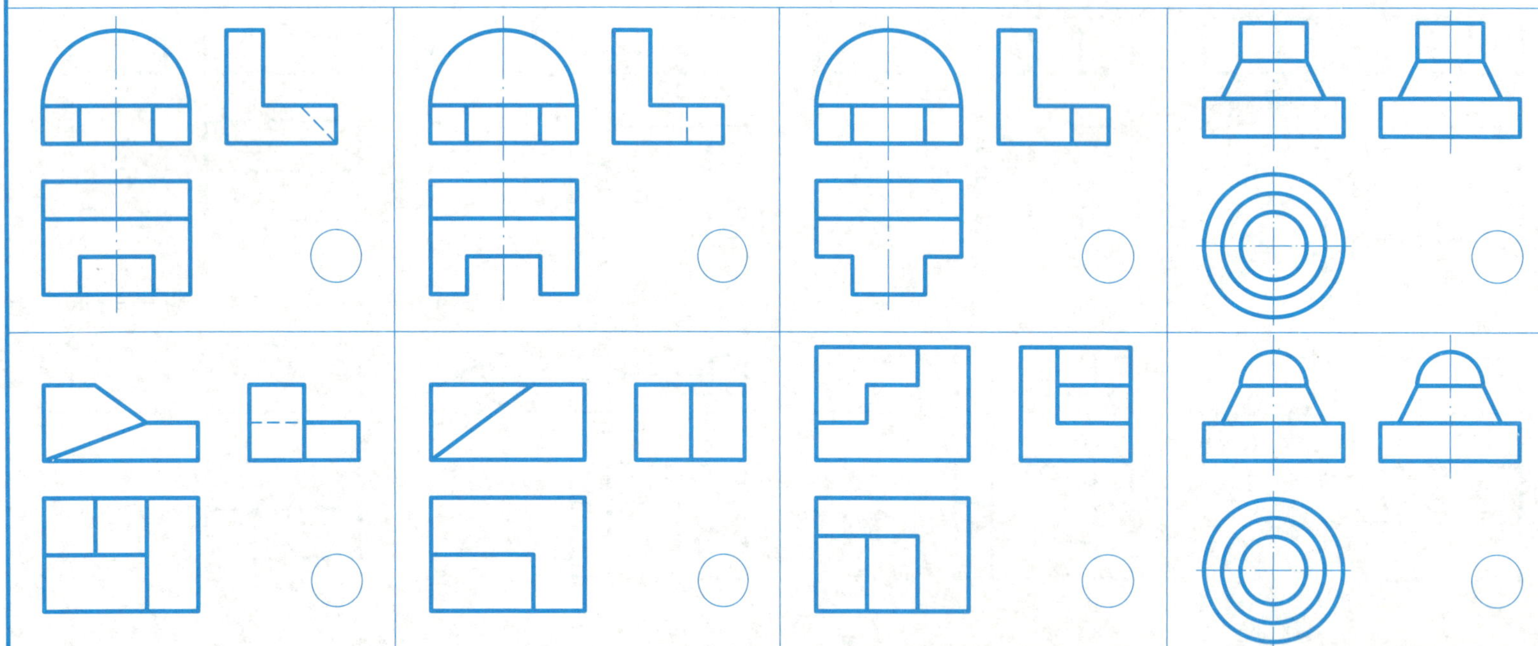

 根据立体图找投影图

班级　　姓名　　学号

1. 画三棱柱的三面投影。（图中箭头方向是V投影的投射方向，以下各题同。）

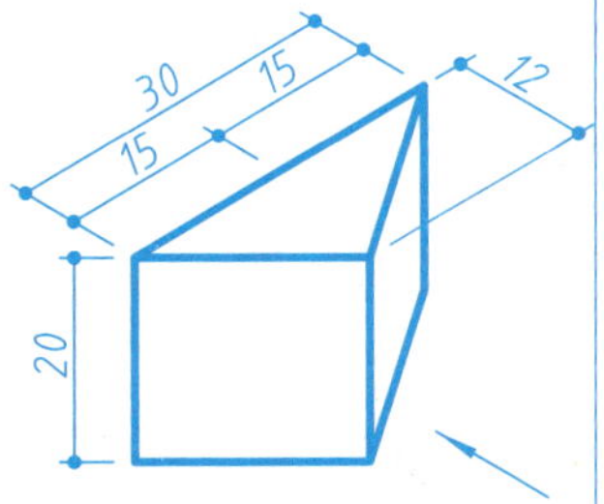

2. 画四棱柱的三面投影。

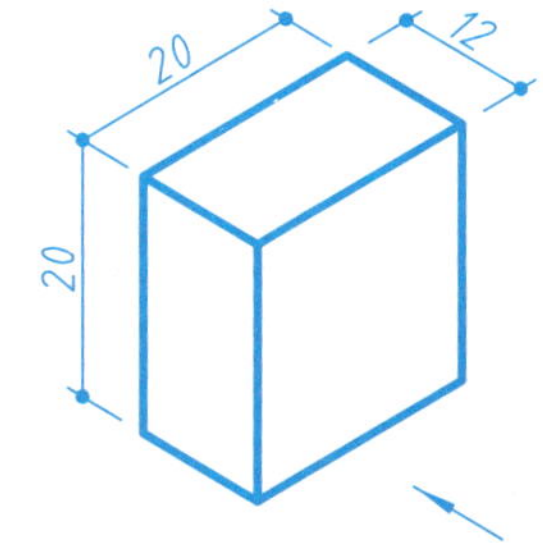

3. 画正六棱柱的三面投影。

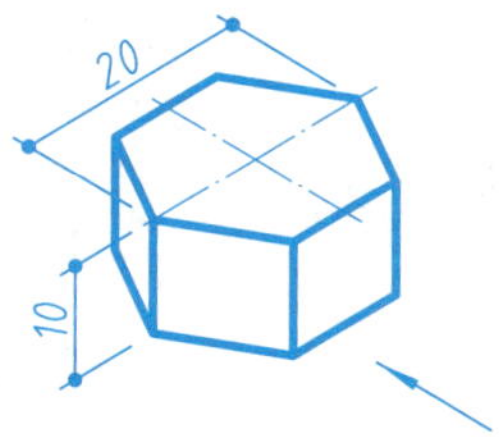

4. 画L形板的三面投影。

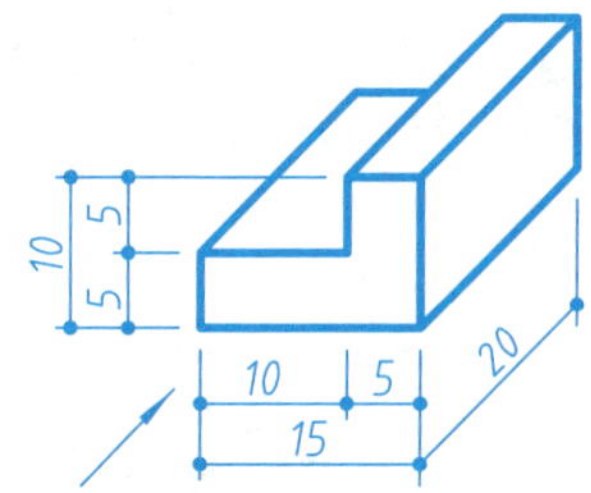

5. 画⊥形板的三面投影。

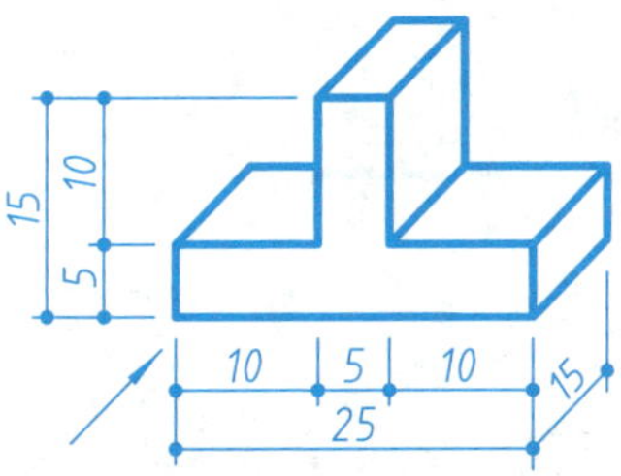

6. 画凵形板的三面投影。

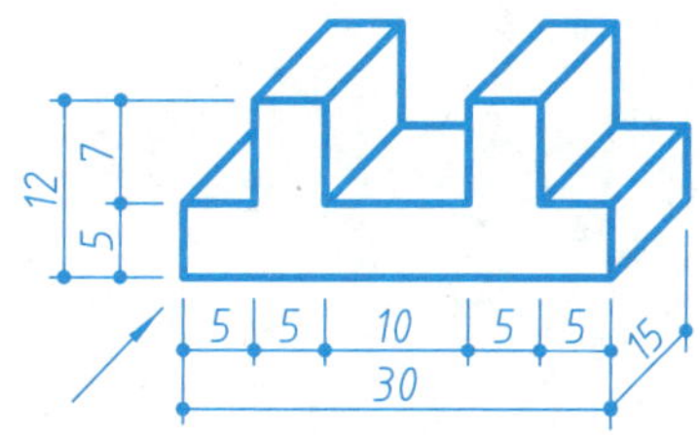

	根据形体的模型(立体图)画投影图	班级		姓名		学号		13

7. 画圆柱的三面投影。

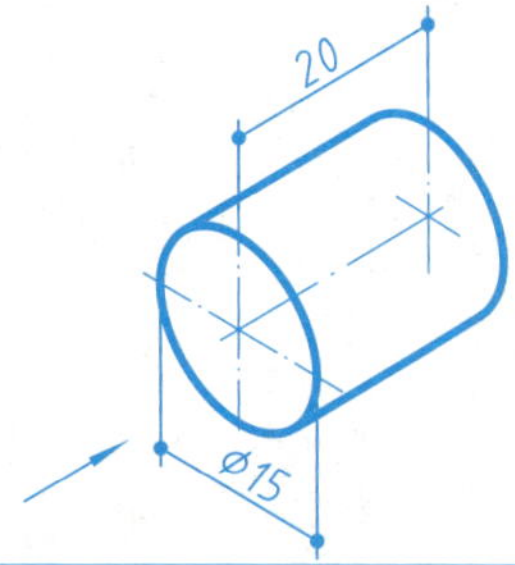

8. 画圆锥的三面投影。

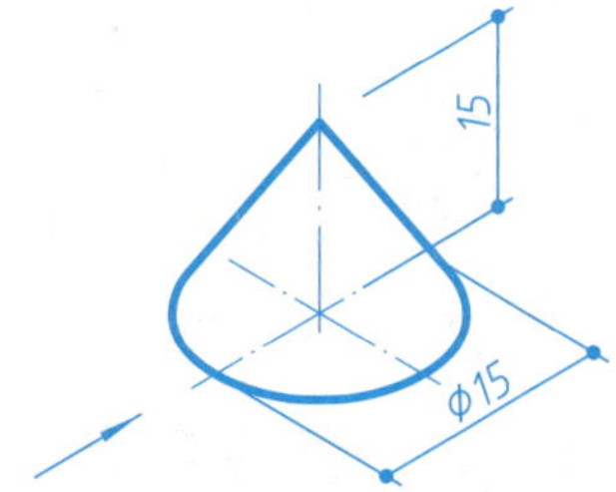

9. 画球的三面投影。

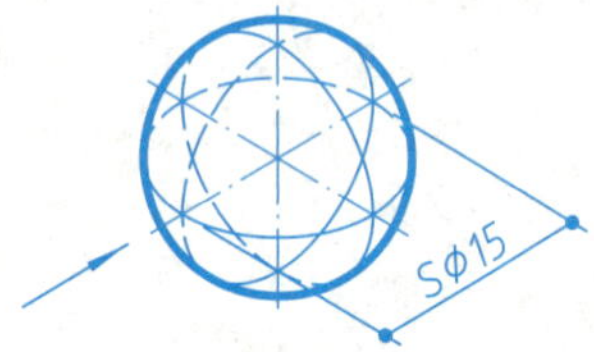

10. 画半圆柱的三面投影。

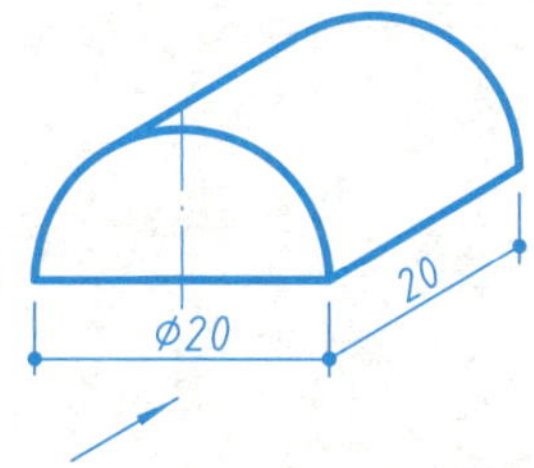

11. 画半圆拱的三面投影。

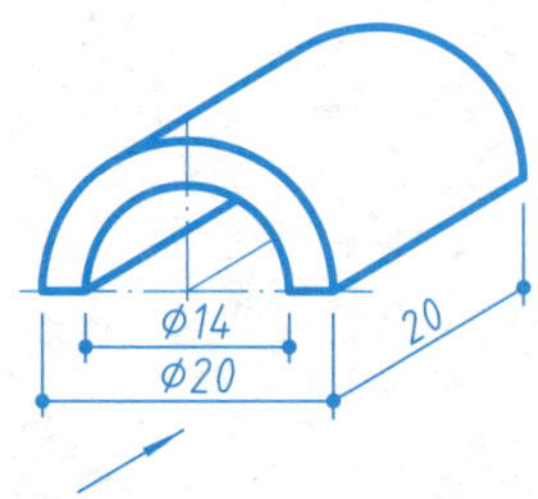

12. 根据模型及 V 投影，补绘形体的 H、W 投影。

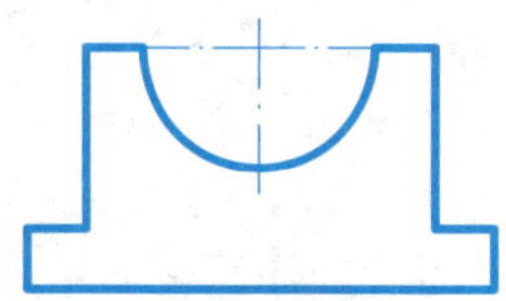

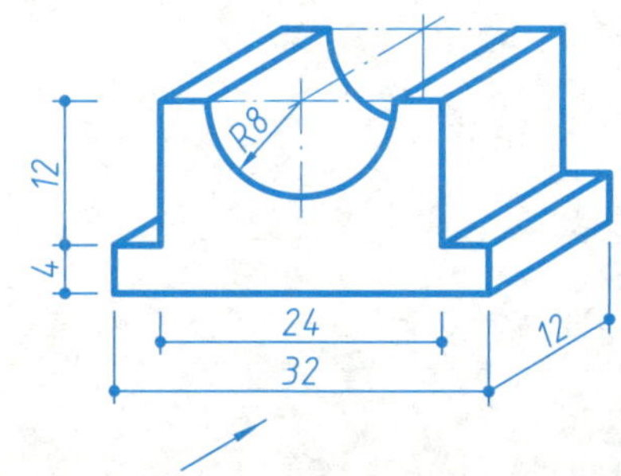

1.

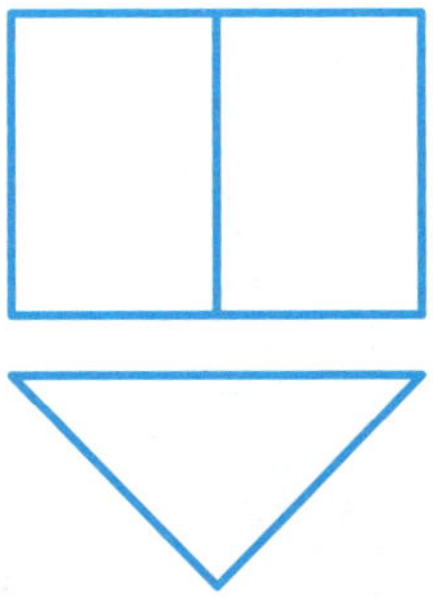

2.

3.

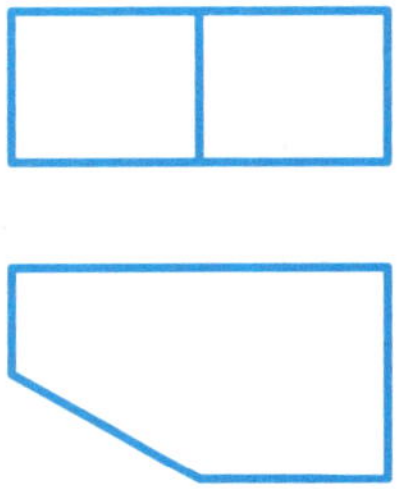

4.

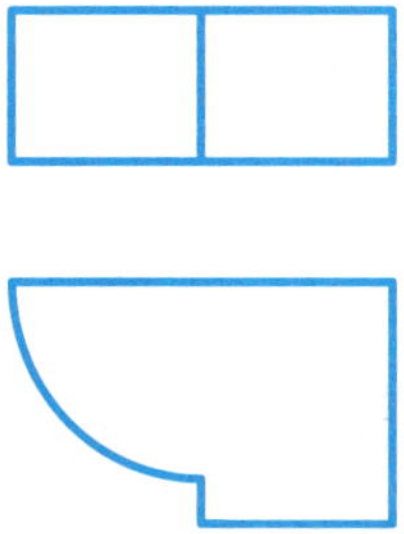

5.

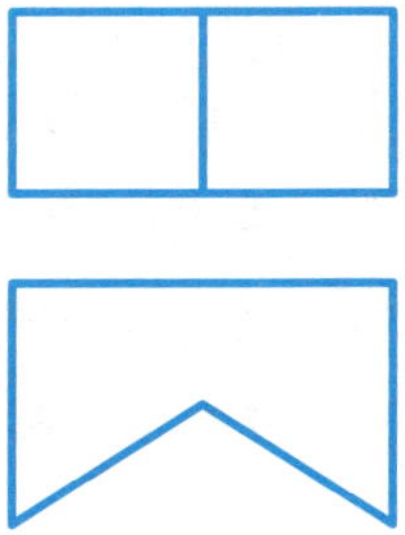

6.

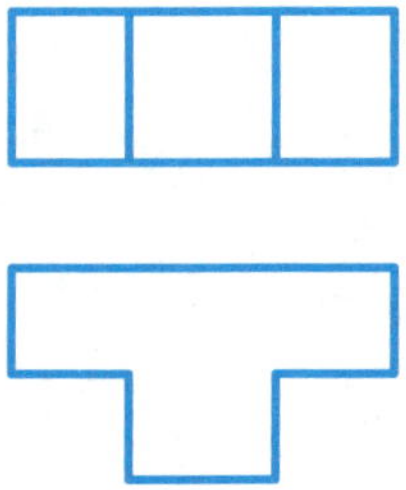

7.

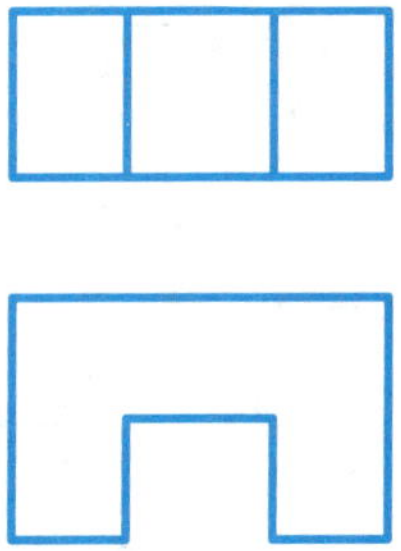

8.

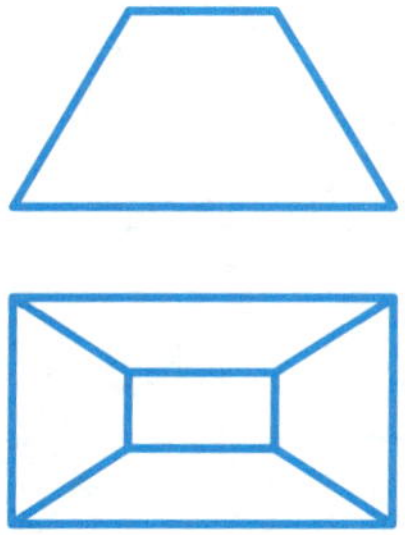

9.

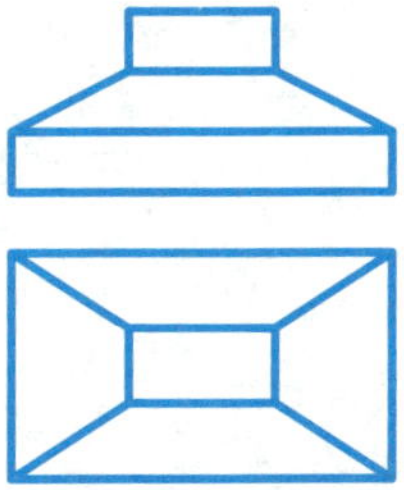

10.

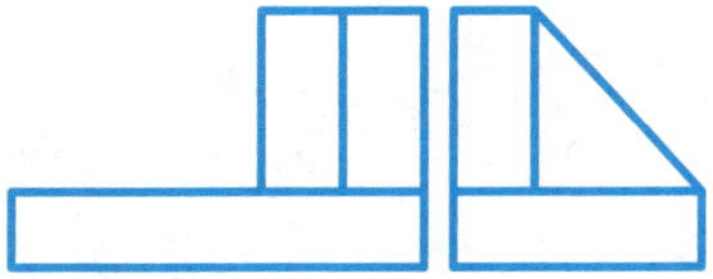

11.

12.

13.

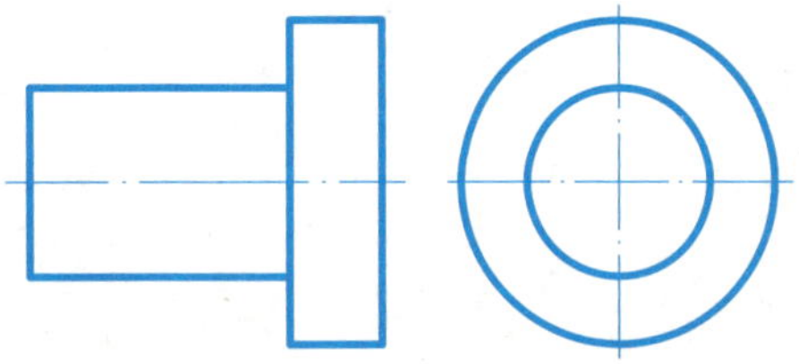

14.

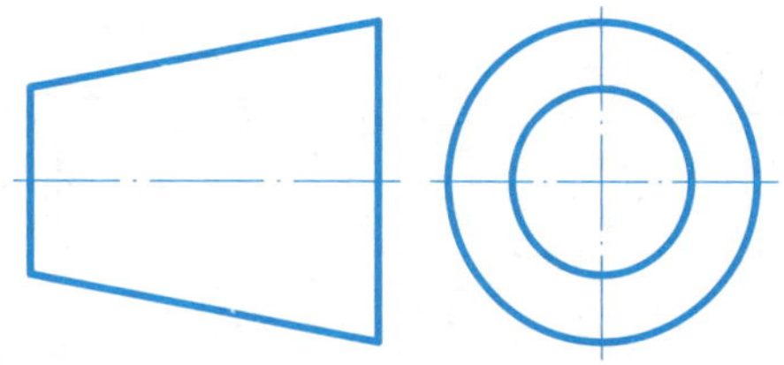

15.

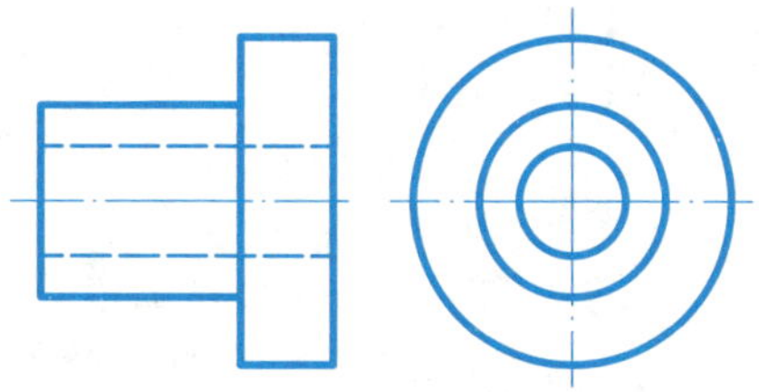

16.

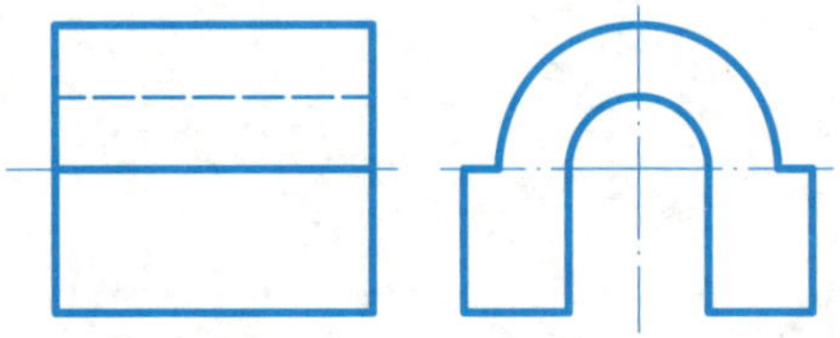

17.

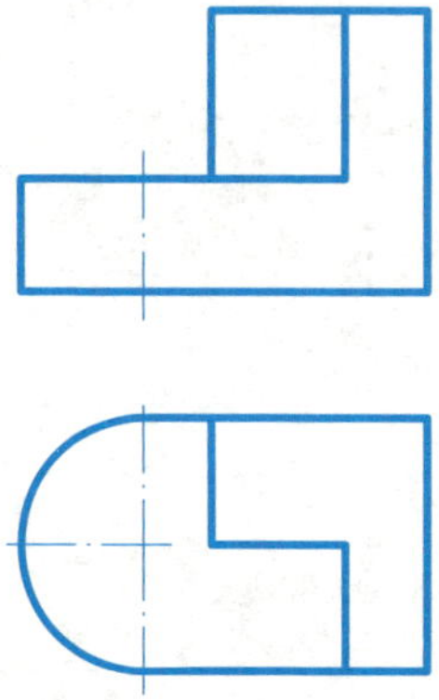

18.

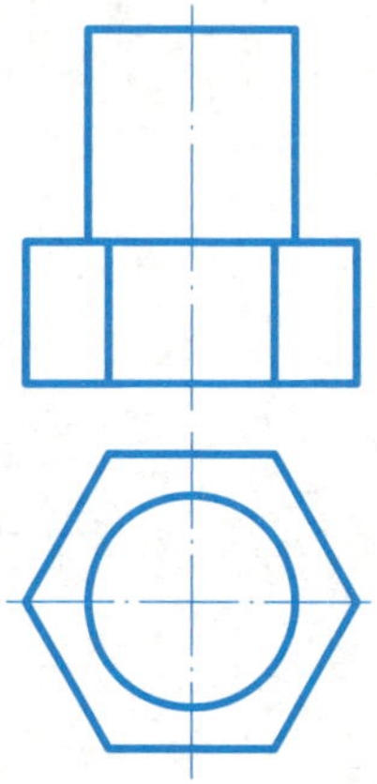

1. 求作形体的W投影，并把A、B、C、D各点投影标注到形体投影图的相应位置。

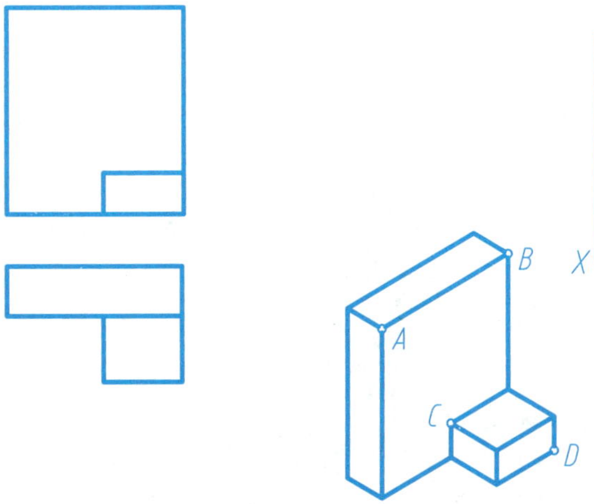

2. 根据A、B、C、D各点的空间位置，作出其V、H投影，并在表格内填写各点到投影面的距离。

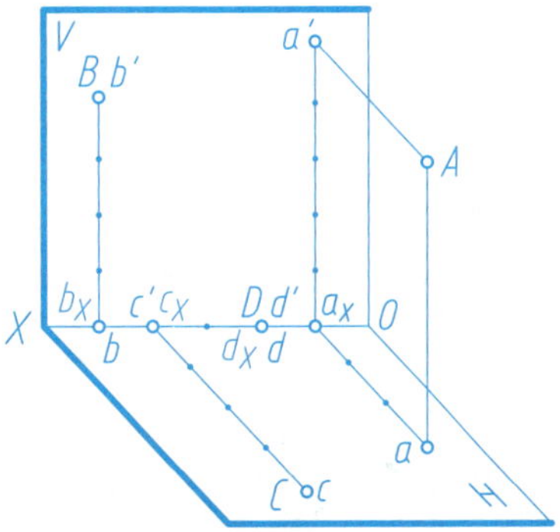

点	距V面/(单位)	距H面/(单位)	位置
A			
B			
C			
D			

3. 已知各点的两面投影，求作第三投影，并在表格内填写各点到投影面的距离。

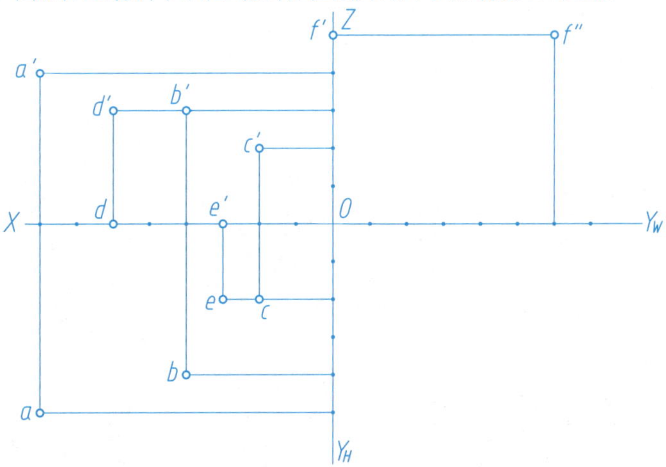

点	距V面	距H面	距W面	点	距V面	距H面	距W面
A				D			
B				E			
C				F			

4. 已知形体的立体图和投影图，试把 A、B、C、D、E 各点投影标注到形体投影图的相应位置，重影点处不可见点的投影标记加括号。

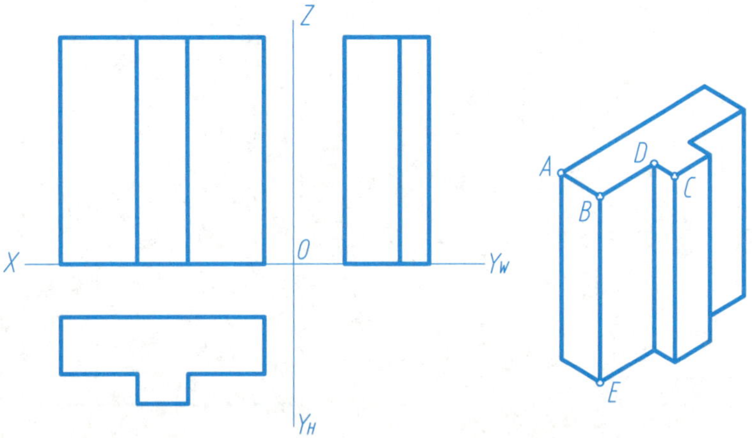

5. 已知点B在点A的正前方五个单位，点D在点C的正左方三个单位，点E在点C的正上方三个单位，求作点B、D、E的V、H投影。

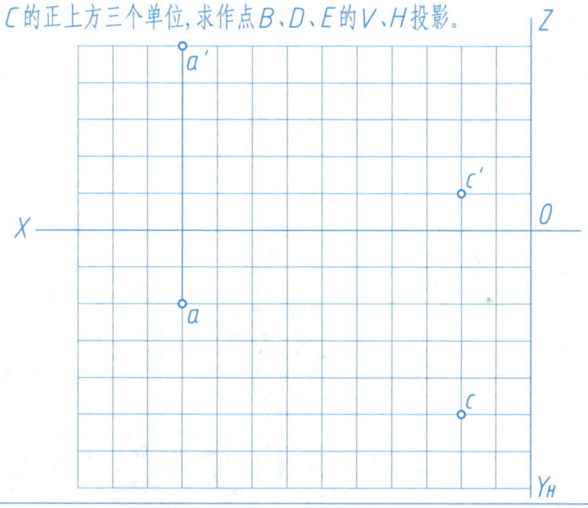

6. 已知各点的坐标如表，求作各点的三面投影，并把各点的同面投影两两连成直线。

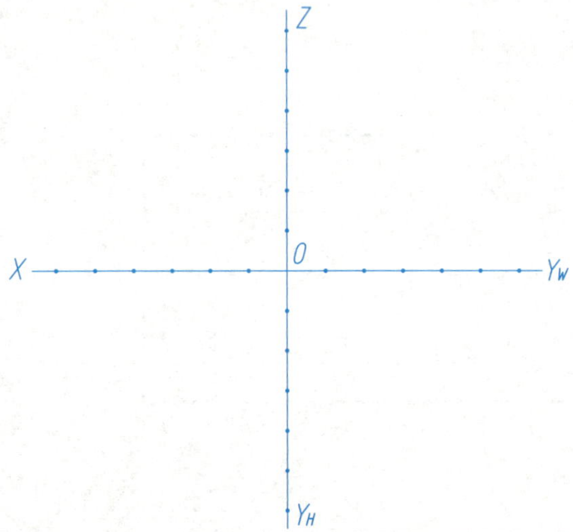

点	x	y	z
A	6	0	2
B	3	6	2
C	1	2	2
D	3	3	6

7. 分别求作A、B两点的辅助投影a_1'、b_1。

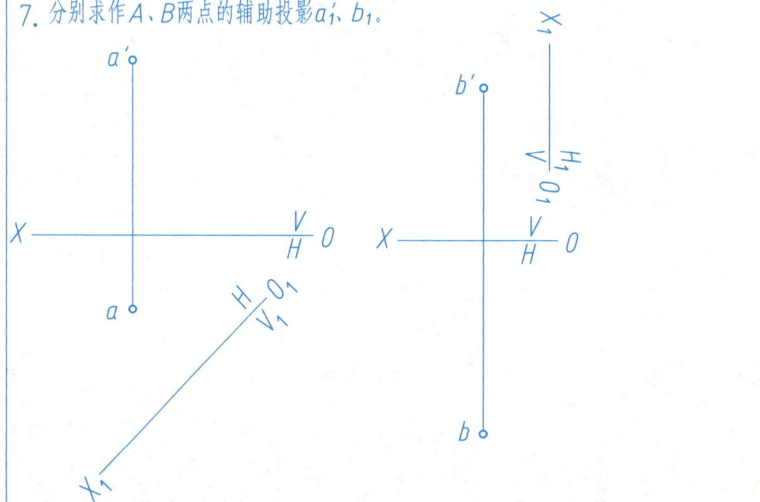

班级 姓名 学号

8. 求作点A和点B在V_1面上的辅助投影a_1'、b_1'。

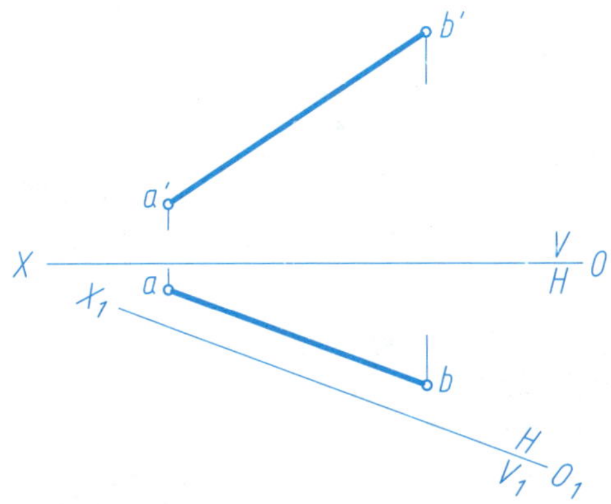

9. 求作点A和点B在H_1面上的辅助投影a_1、b_1。

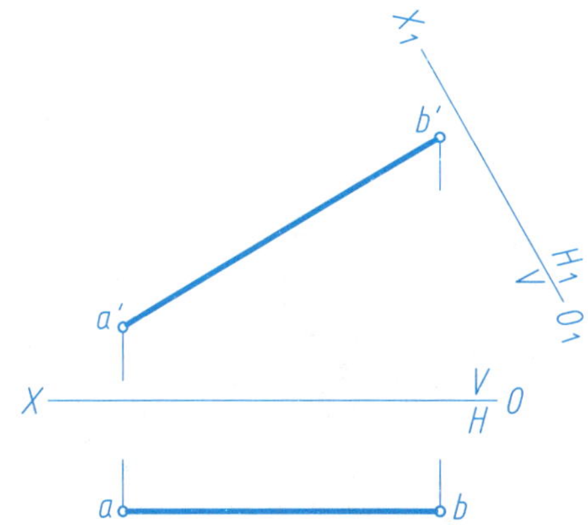

10. 求作A、B、C三点在V_1面上的辅助投影a_1'、b_1'、c_1'。

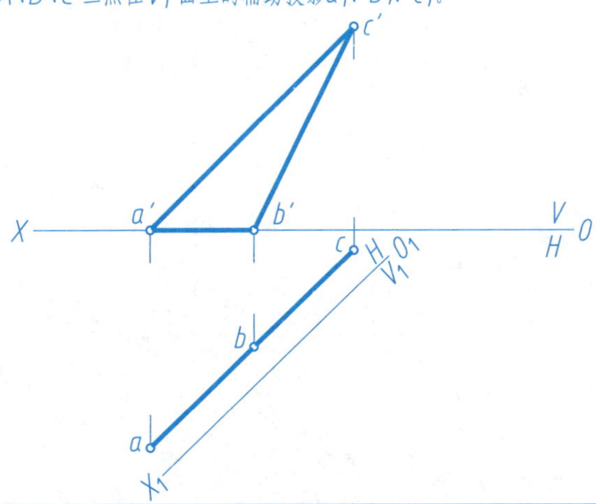

11. 求作A、B、C三点在V_1面上的辅助投影a_1'、b_1'、c_1'。

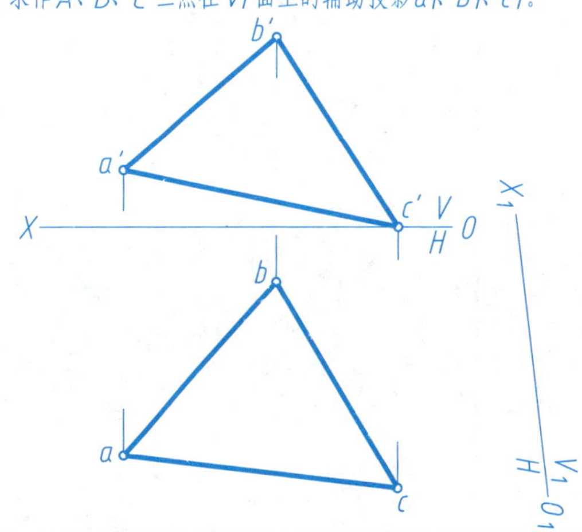

*12. 求作形体的 W 投影，并判别重影点的可见性（不可见点的投影标记加括号）。

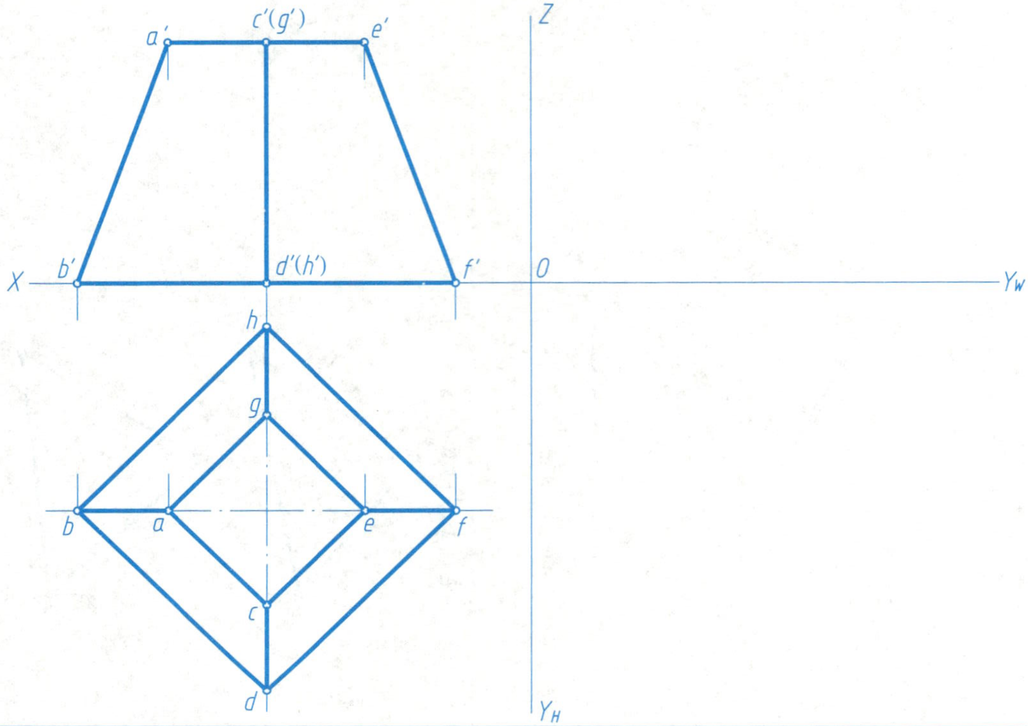

*13. 求作形体的 V 投影。

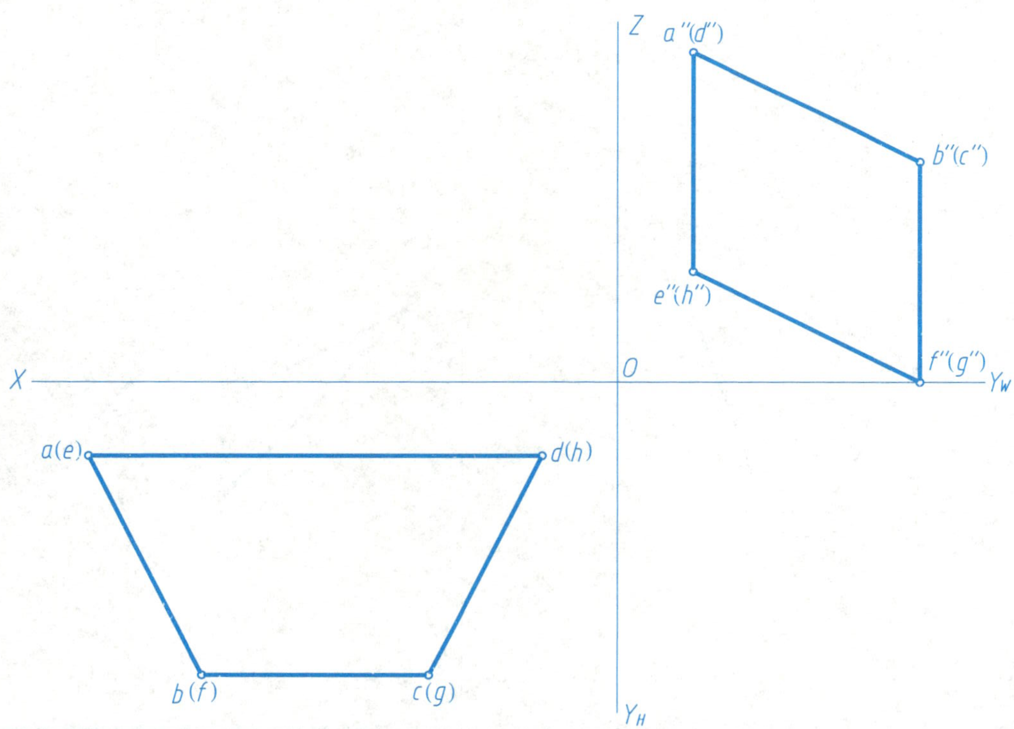

班级　　姓名　　学号

1. 求作投影图和立体图中六棱台的 W 投影，并在表格内填写各棱线与投影面的相对位置。

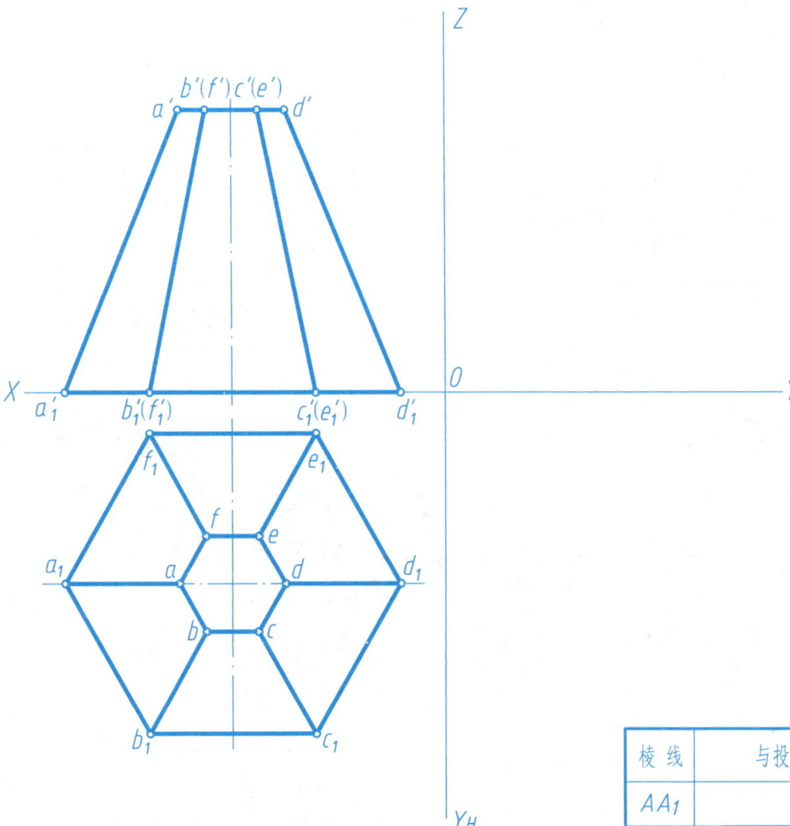

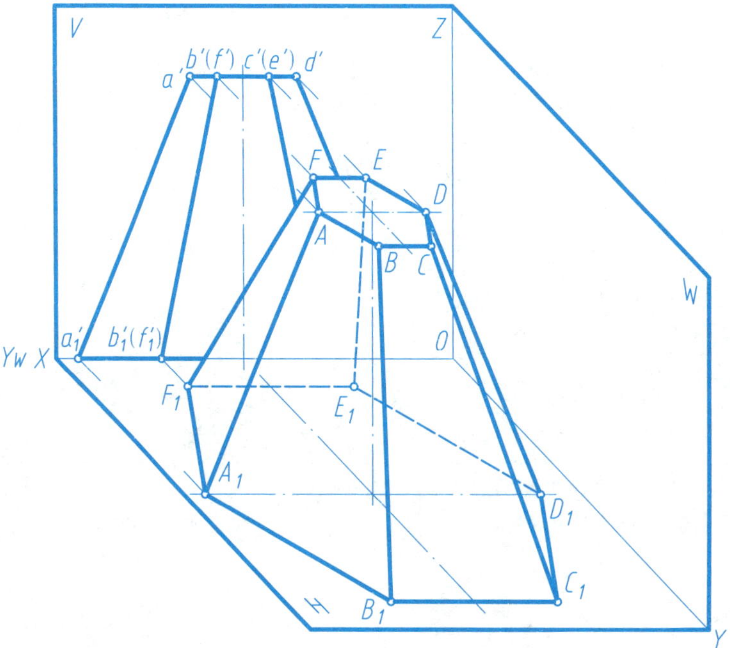

棱线	与投影面的相对位置	棱线	与投影面的相对位置
AA_1		AB	
BB_1		BC	
CC_1		AF	
E_1F_1		D_1E_1	

2. 求作直线的第三投影，投影图中能反映真实大小的倾角用 α、β、γ 标出，并指出各线段与投影面的相对位置。

1）

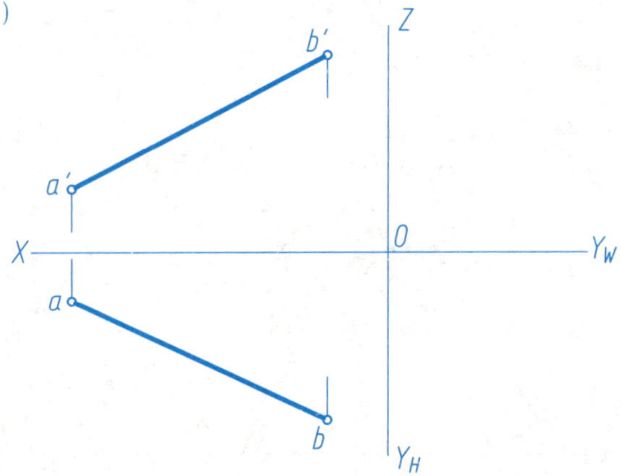

AB的位置 ________

2）

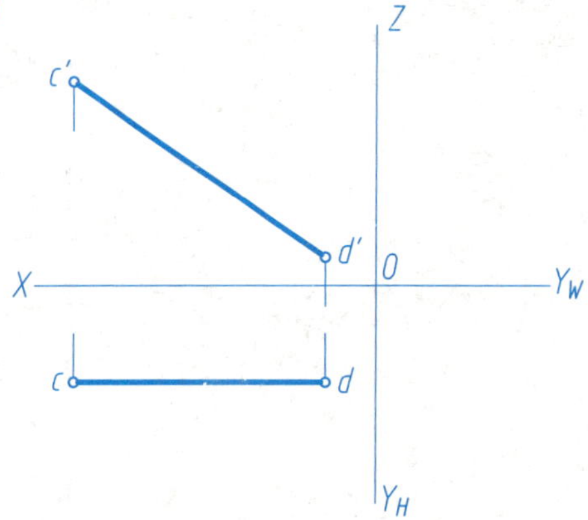

CD 的位置 ________

3）

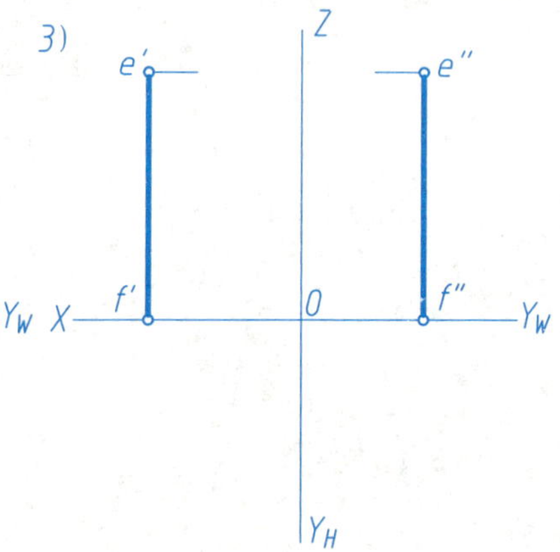

EF 的位置 ________

3. 根据已知条件，求作直线的投影。（此后各题中未注明度量单位的数字，其单位均为 mm。）

1）已知 AB∥H 面，求作 a′b′。

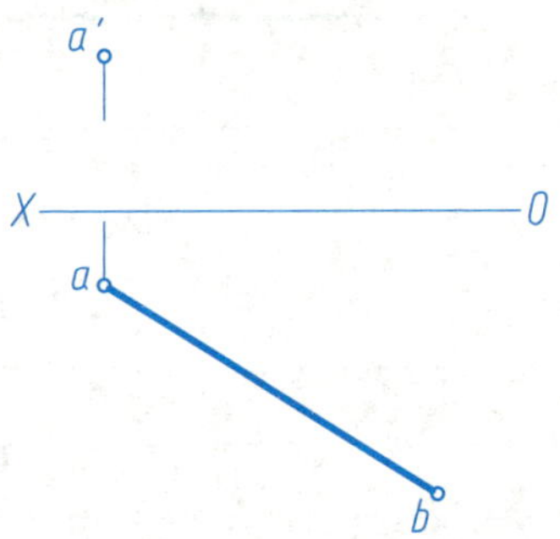

2）已知 CD∥V 面，且距 V 面 20，求作 cd。

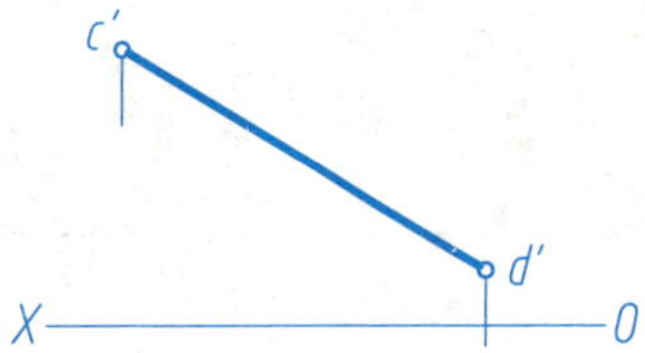

3）已知 EF 在 H 面上，$\beta=30°$，EF=30，点 E 的坐标为（10，10，0），求作 EF 的三面投影。

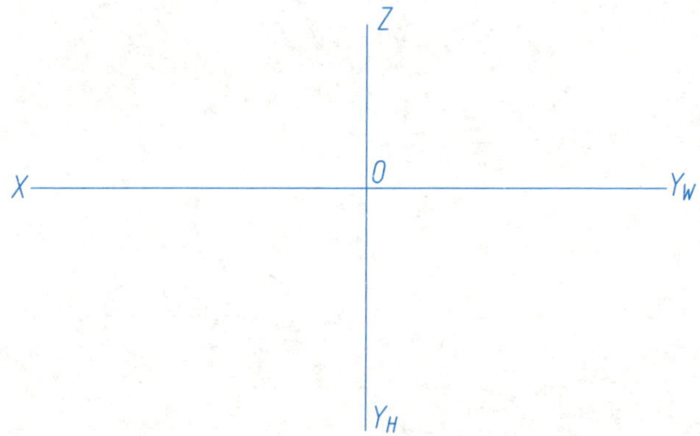

4. 求作直线AB上点C的三面投影，使$AC:CB=3:2$，并作出AB的W投影。

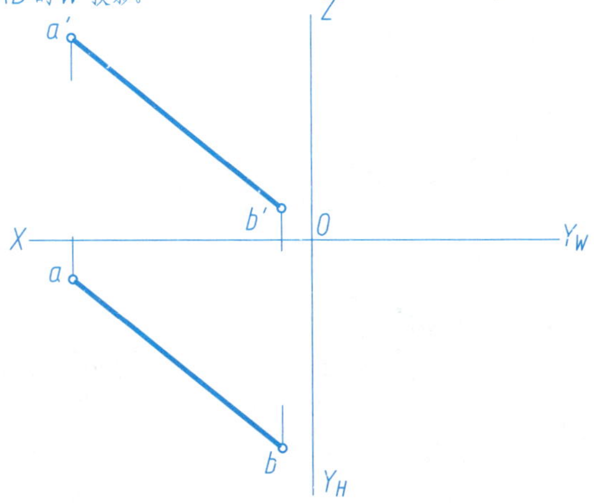

5. 已知点K在直线EF上，求作k'。

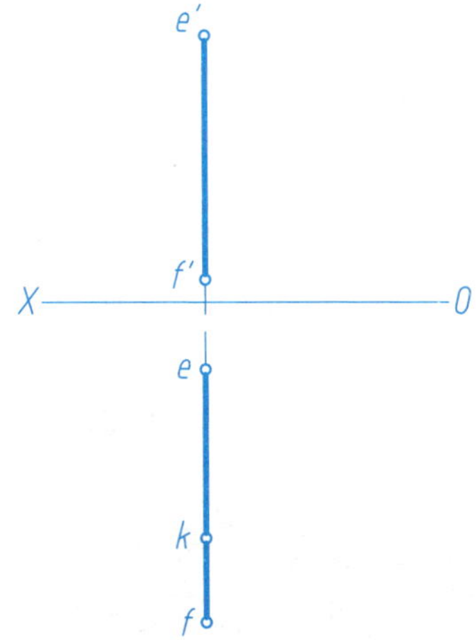

6. 作图判断点K是否在直线AB上（结论填写在括号中）。

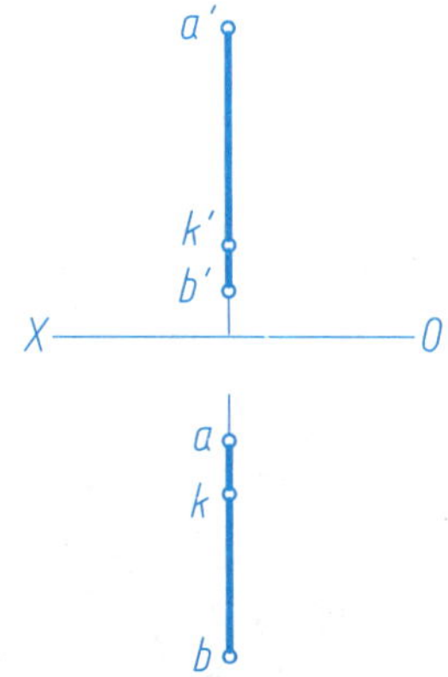

（　　　　　）

7. 在直线AB上求作一点C，使点C与V、H面等距。

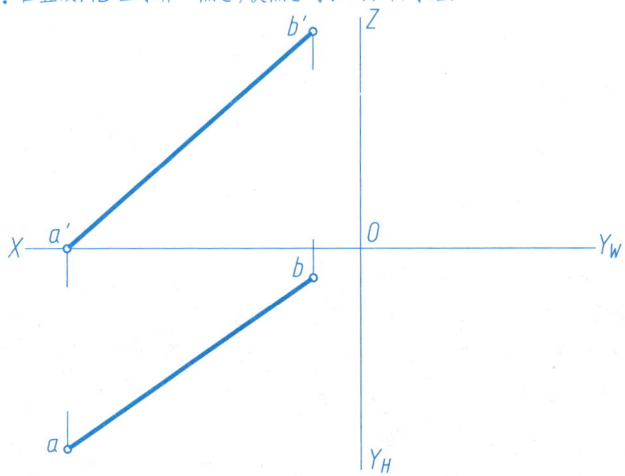

8. 在立体图上标出倾角α、β、γ，在投影图上作出线段AB的实长及倾角α、β。

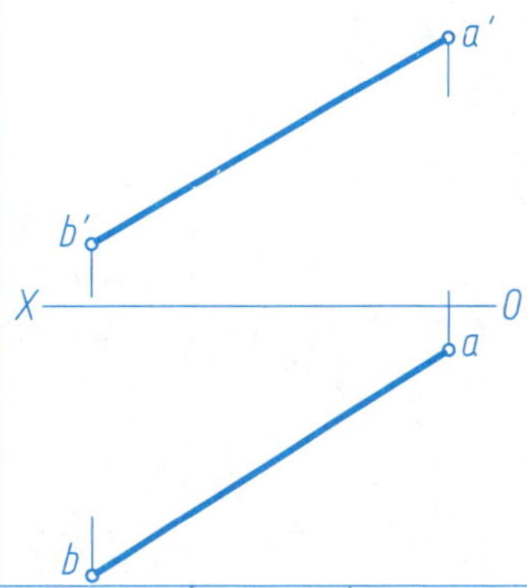

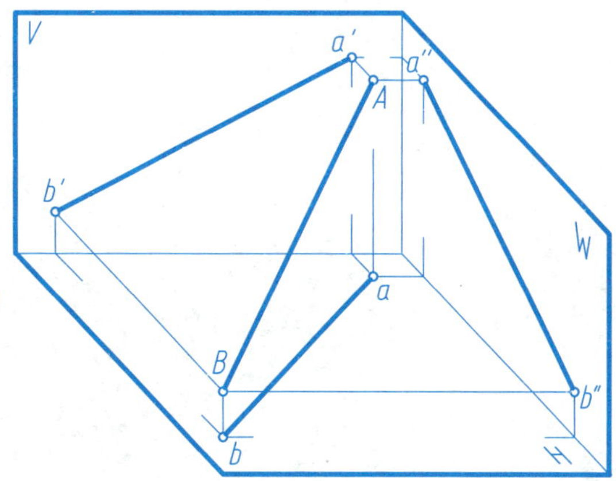

	直线的投影——直线上的点，线段的实长、倾角	班级		姓名		学号		

9. 已知直线AL的投影和其上线段AB的实长，求作b、b'。

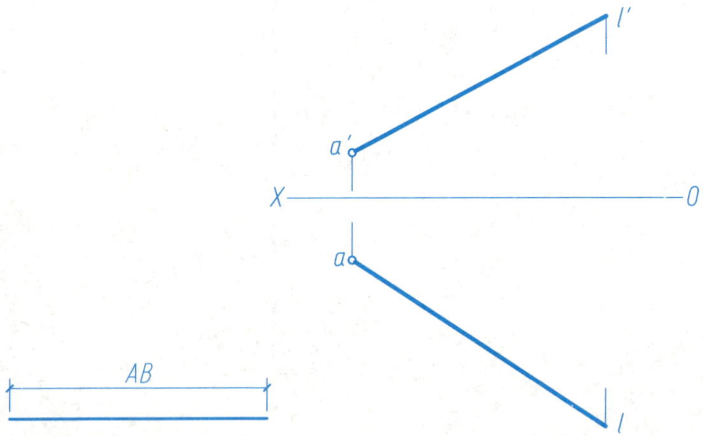

10. 求作直线AB上点C的三面投影，使$AC=20$，并作出AB的W投影及倾角α和γ。

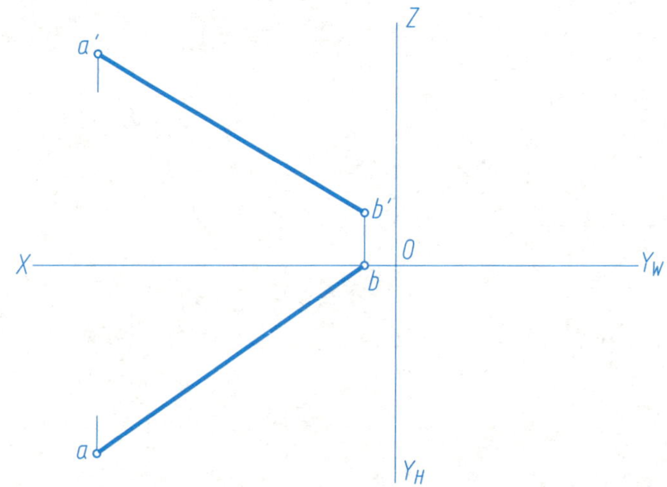

11. 已知线段$AB=45$，求作$a'b'$（用辅助投影法）。

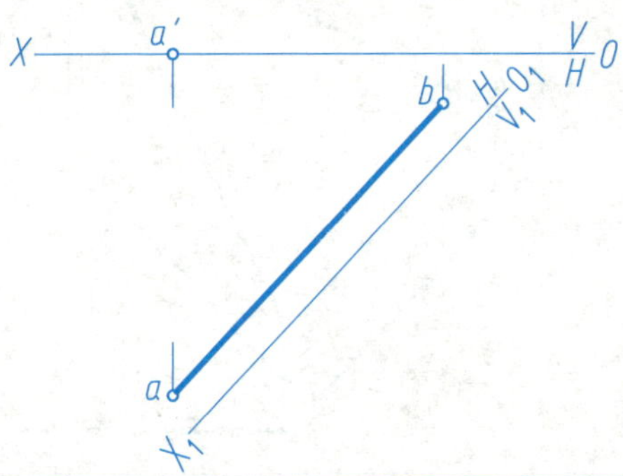

*12. 已知线段$AB=42$、$\alpha=30°$、$\beta=45°$，求作ab、$a'b'$。

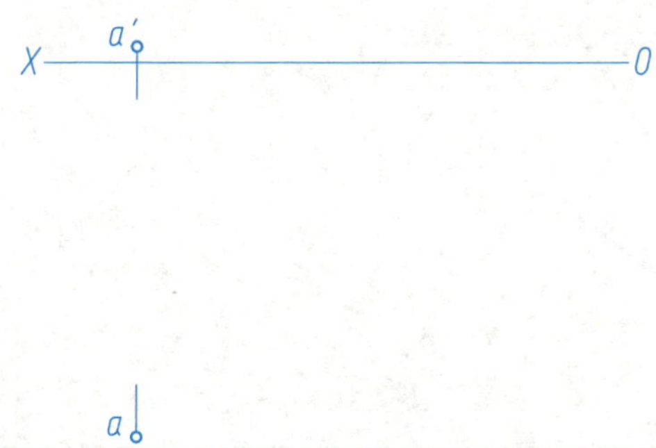

班级		姓名		学号	

1. 判断两直线的相对位置。(结论填写在括号中，各题同。)

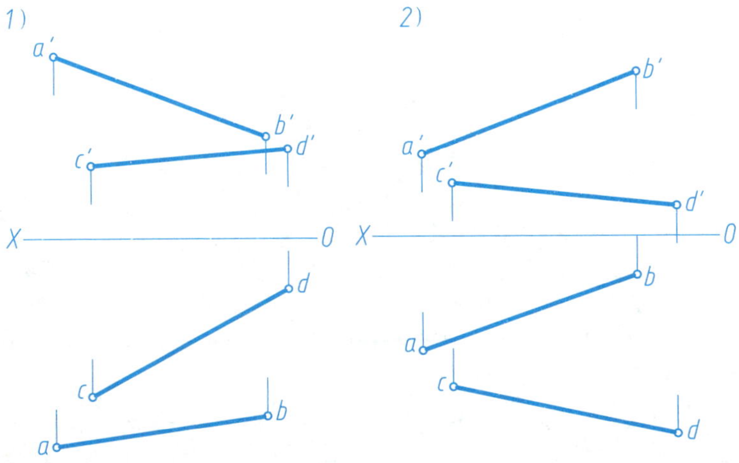

(　　　　)　　(　　　　)

2. 判断两直线的相对位置。

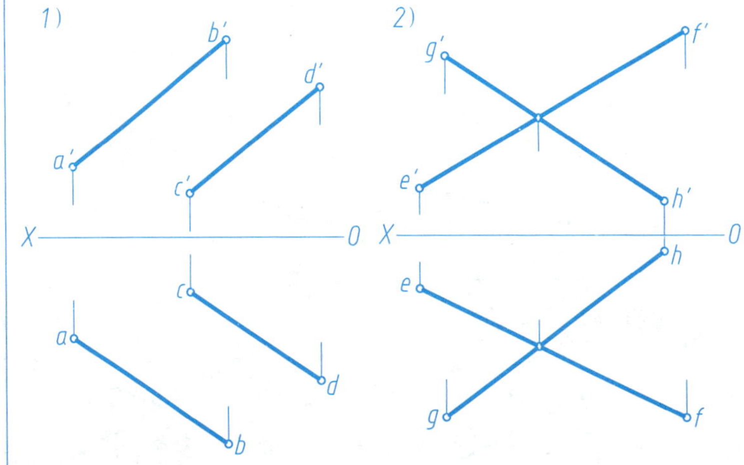

(　　　　)　　(　　　　)

3. 判断两直线的相对位置。

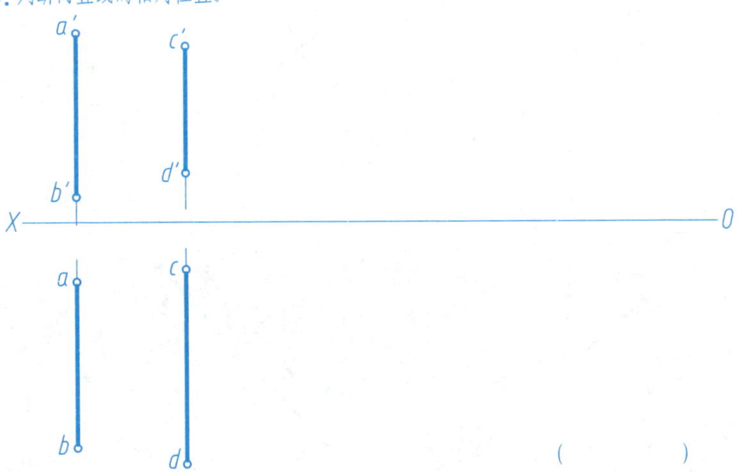

(　　　　)

*4. 过点A作直线AB//EF，并判断直线AB与CD是否相交。

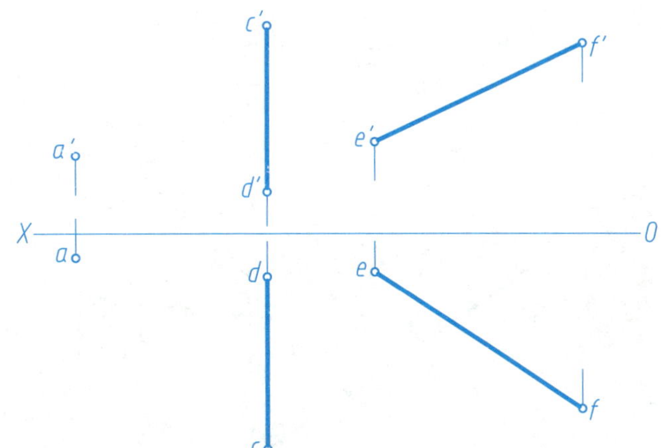

(　　　　)

	直线的投影——两直线的相对位置	班级		姓名		学号		25

5. 判别两交叉直线重影点的可见性。

1）

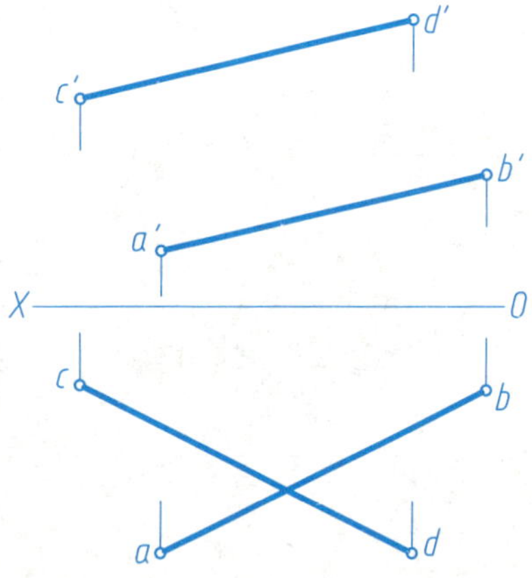

2）

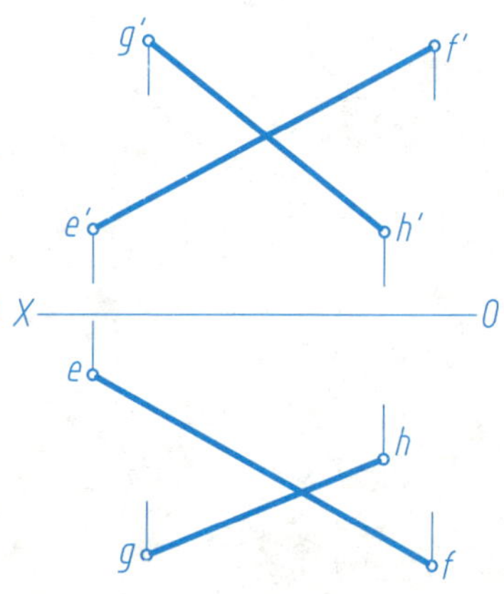

6. 求作水平线 MN，与 H 面相距 20，并与直线 AB、CD 相交。

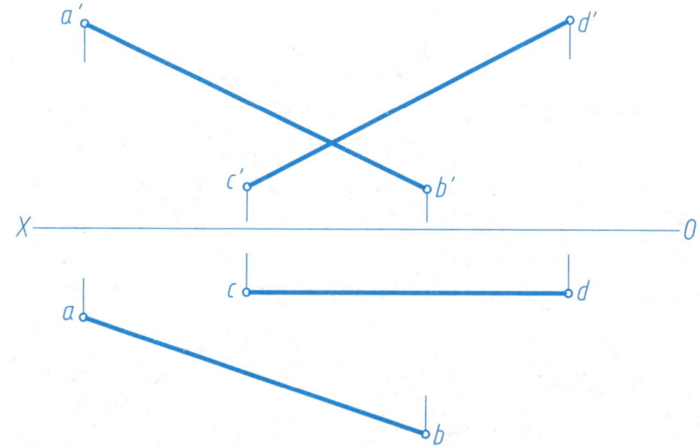

7. 过点 E 作一直线 EF，与已知两交叉直线 AB、CD 相交。

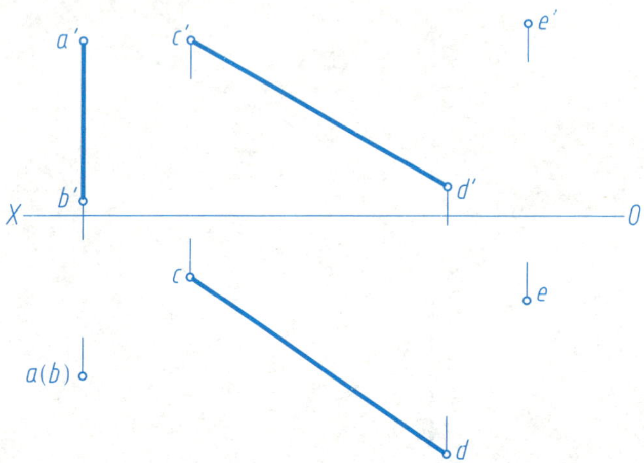

8. 求作水平线 MN，与交叉三直线 AB、CD、EF 相交。

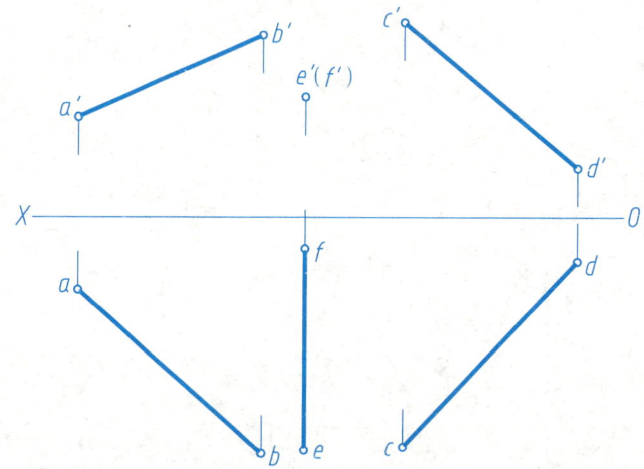

*9. 求作$\triangle ABC$的垂心O，并作出其实形。

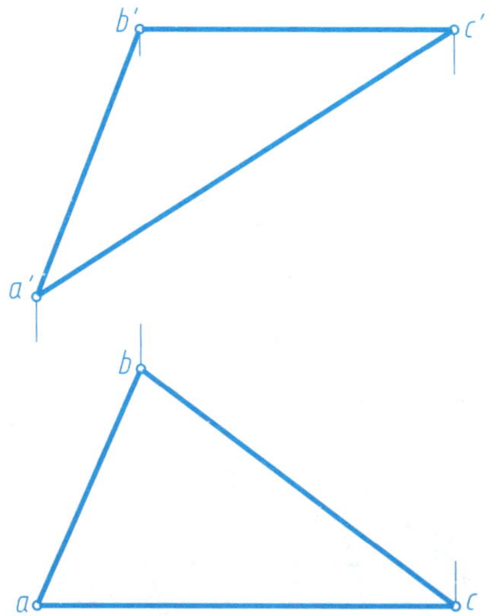

10. 已知平面五边形的V投影和部分H投影，补全其H投影。

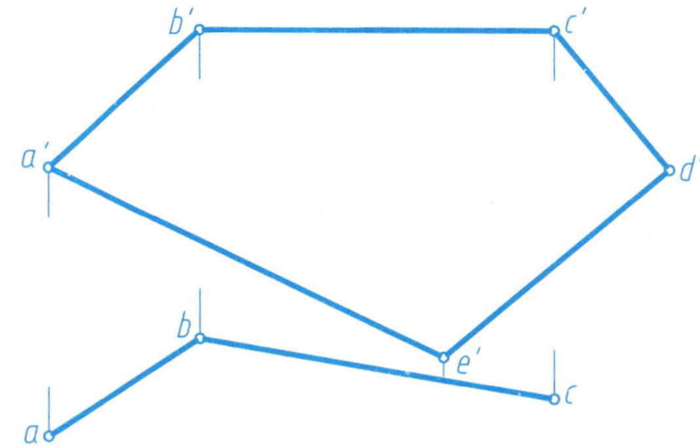

11. 求作交叉两直线AB、CD的公垂线。

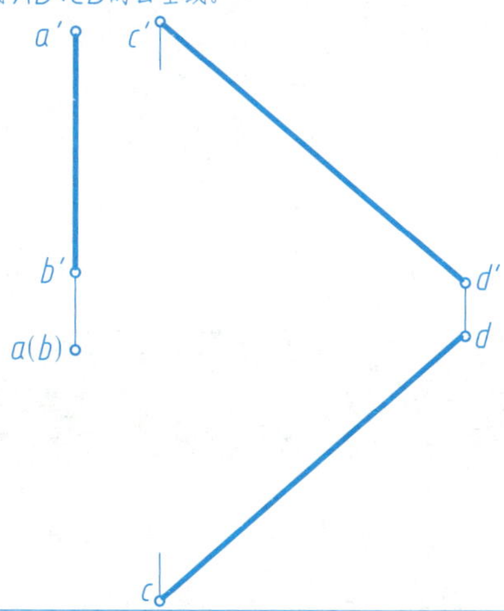

*12. 已知矩形$ABCD$的顶点C在直线EF上，补全此矩形的V、H投影。

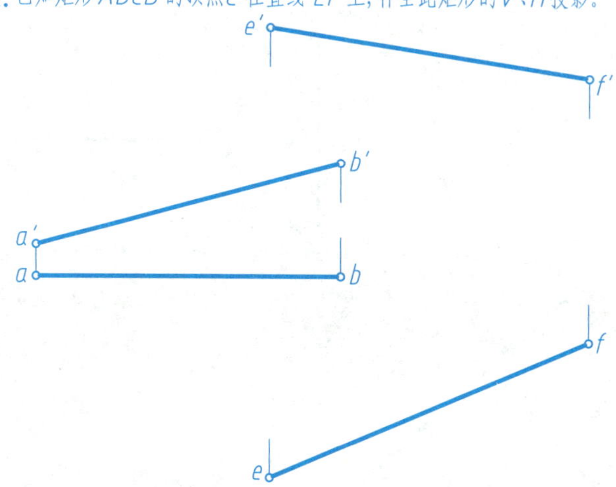

13. 从点 C 向室外电线 AB 搭接住户引入线 CD，求作点 D，使引入线 CD 最短，并求作 CD 的实长。

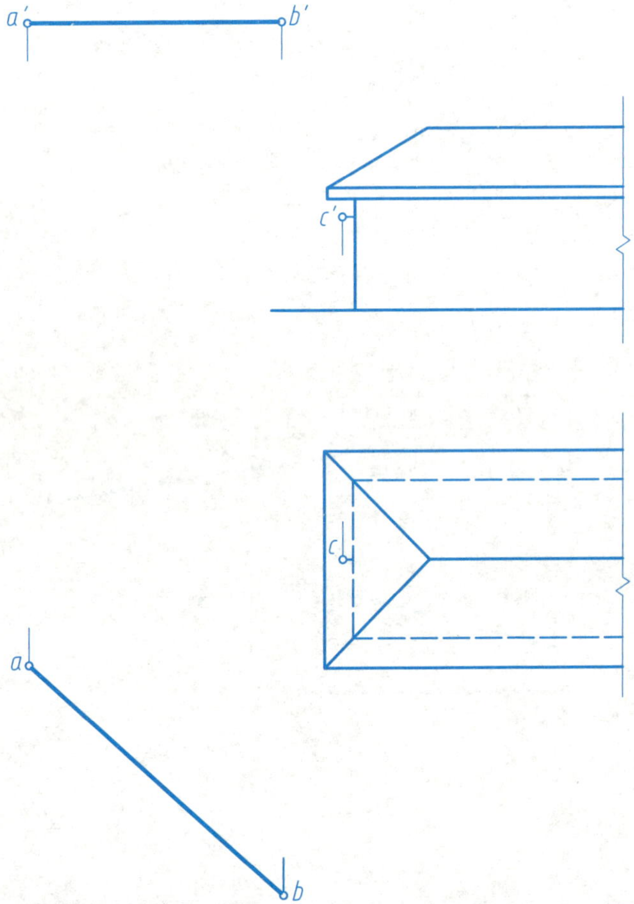

14. 已知丁字尺的 V 投影和尺头实长 L，求作丁字尺的 H 投影和尺身的实长。

1. 已知条件如图所示，求作：1）台阶的W投影；2）在表格内填写所指表面与投影面的相对位置；3）在投影图上注明各指定表面的名称（如 q、q′、q″）。

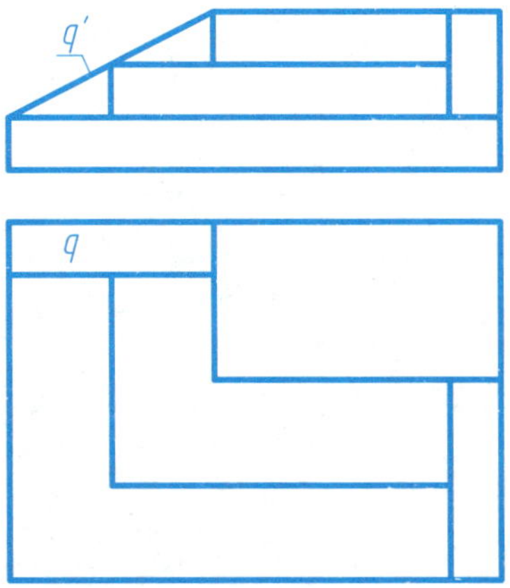

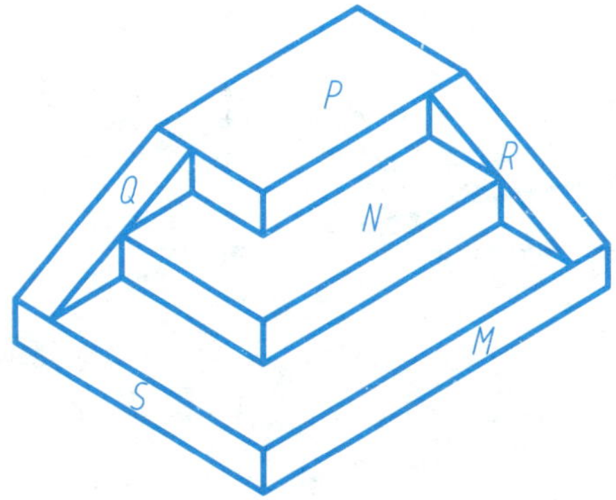

平面	与投影面的相对位置
P	
Q	
R	
S	
M	
N	

2. 已知矩形 ABCD 的短边 AB=20，且垂直于 V 面，长边 BC=40，α=30°，求作此矩形的 V、H 投影。

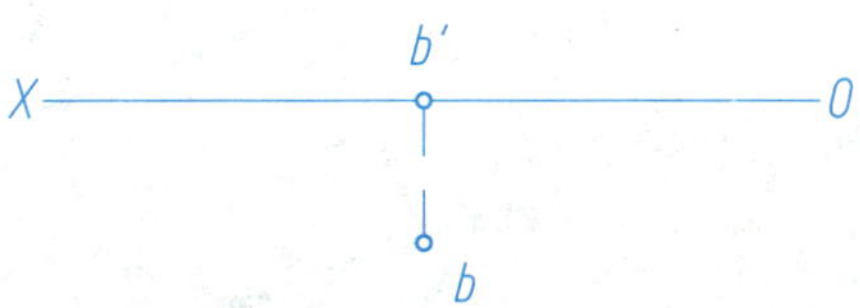

3. 已知正方形 ABCD 平行于 V 面，边长为 25，且对角线 AC 垂直于 H 面，求作此正方形的 V、H 投影。

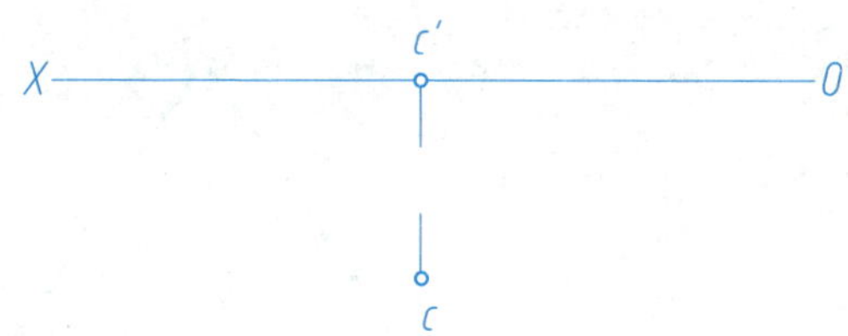

4. 已知平面 $ABCD$ 的 AB 边平行于 V 面，补全 $ABCD$ 的 H 投影。

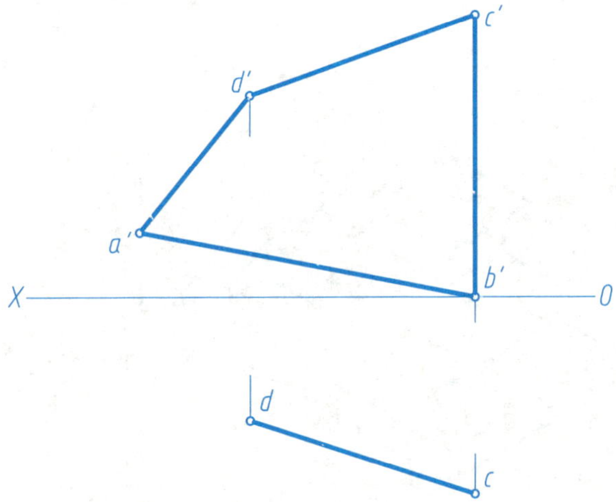

5. 已知通过 V、H 分角平面的梯形 $ABCD$ 的 V 投影，求作此梯形的 H、W 投影。

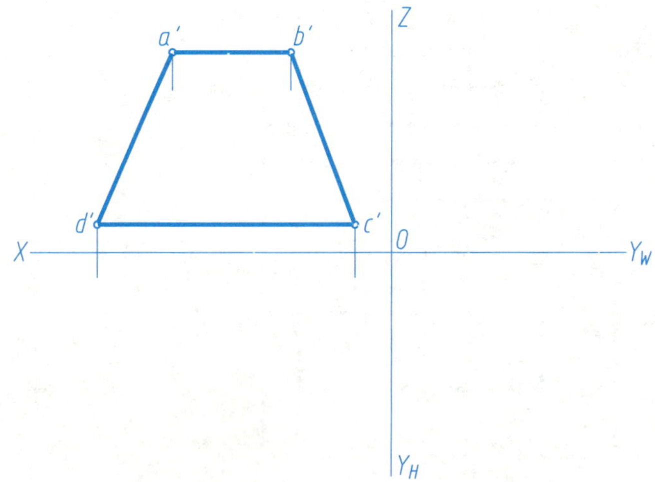

6. 已知点 K 在 $\triangle ABC$ 上，直线 FG 在平面 EMN 上，求作点 K 和直线 FG 的 H 投影。

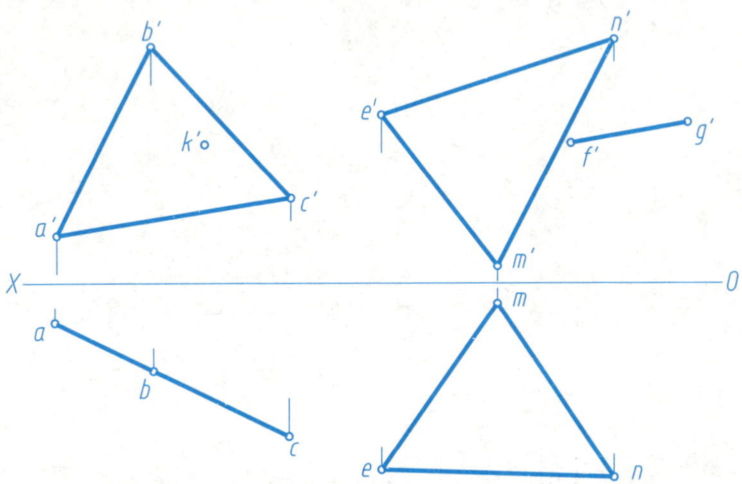

7. 在 $\triangle ABC$ 上过点 A 作水平线；在 $\triangle EFG$ 上作距 V 面 20 的正平线。

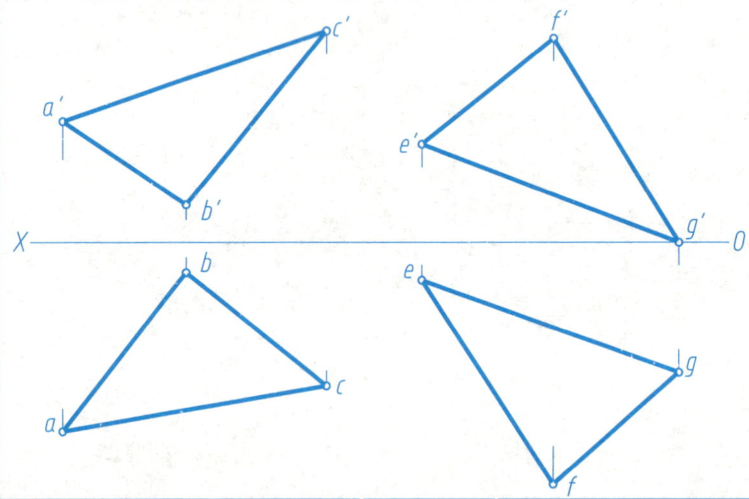

班级　　姓名　　学号

8. 在△ABC上求作点D，使点D在点B下方20、前方20。

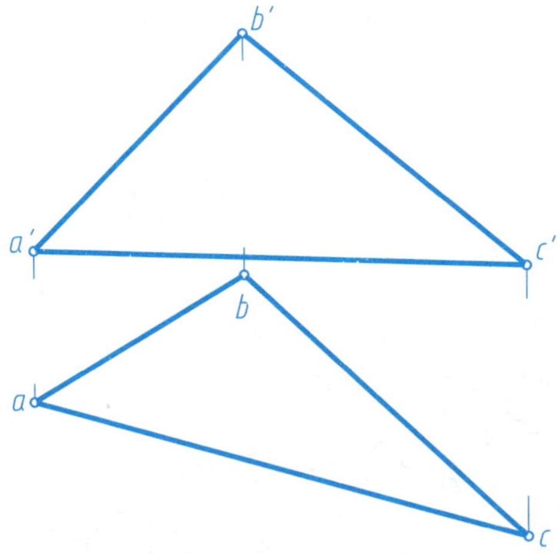

9. 求作三棱锥表面上点D、K、M和N的另一投影。

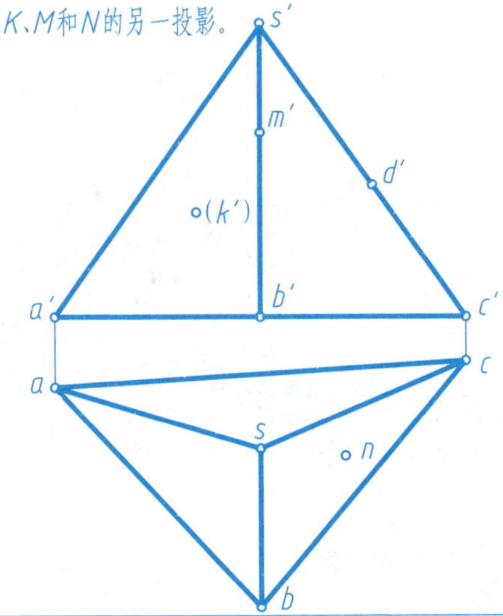

10. 已知□ABCD上K字的V投影，求作K字的H投影。

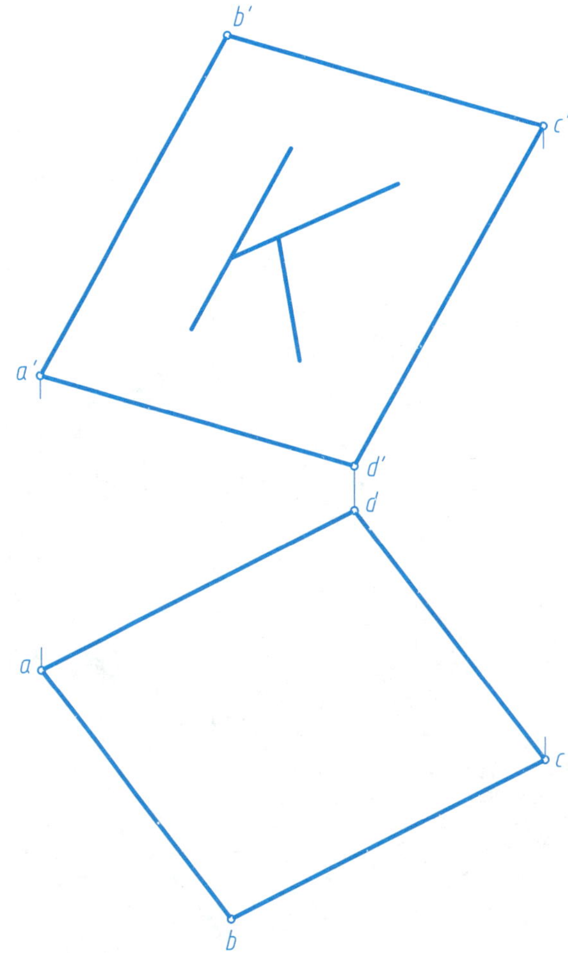

11. 过点、直线作平面。

1）过点A任作铅垂面P，$\beta=30°$。

2）过直线AB任作正垂面$\triangle ABC$。

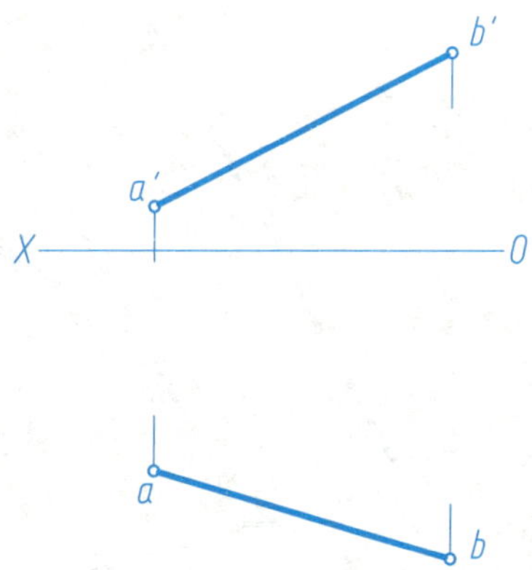

3）过点A任作一般位置平面$\triangle ABC$。

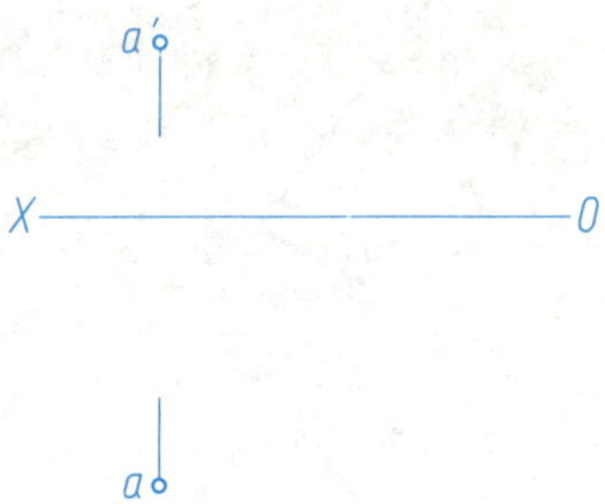

4）过直线AB任作一般位置平面$\triangle ABC$。

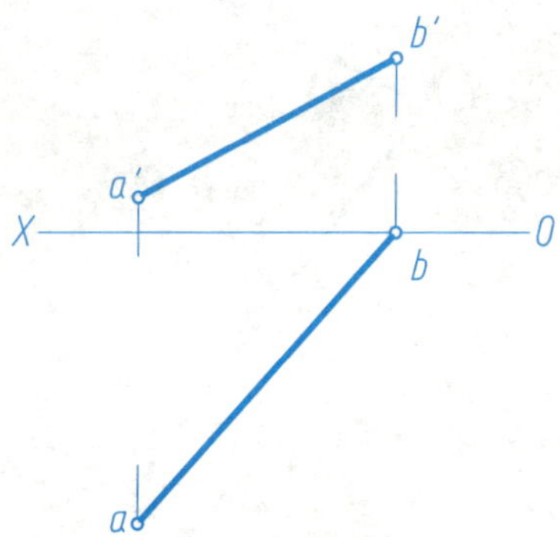

12. 已知平面上点或直线的一个投影，求另一个投影。

1）$\triangle ABC\perp W$面，$\beta=30°$，求作$\triangle ABC$及其上点K的W投影。

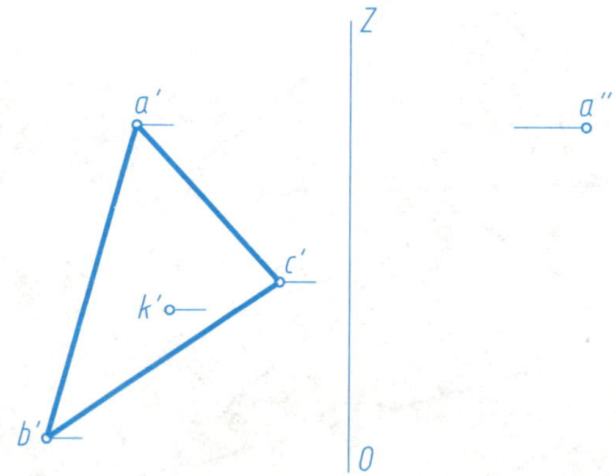

2）矩形$EFGH\perp V$面，$\alpha=30°$，求作此矩形及其上直线AB的V投影。

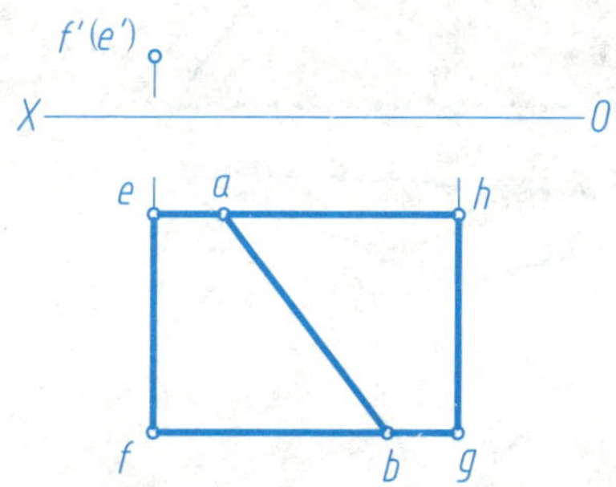

3）$\triangle ABC\perp H$面，$\gamma=60°$，求作$\triangle ABC$及其上直线DE的H投影。

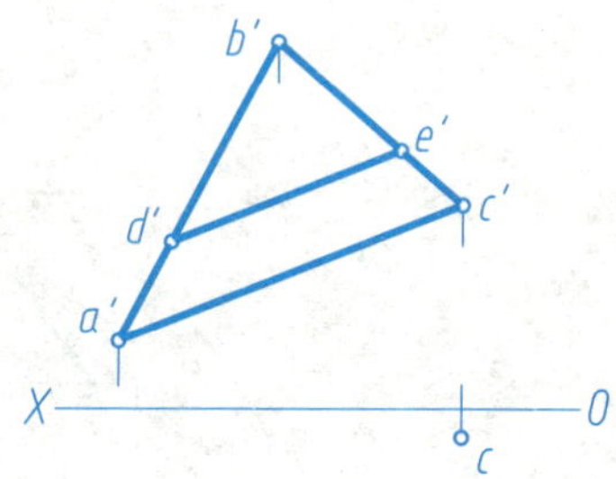

班级		姓名		学号	

13. 已知正方形 $ABCD$ 一条边 BC 的 V、H 投影，以及另一条边 AB 的 V 投影方向，补全此正方形的 V、H 投影。

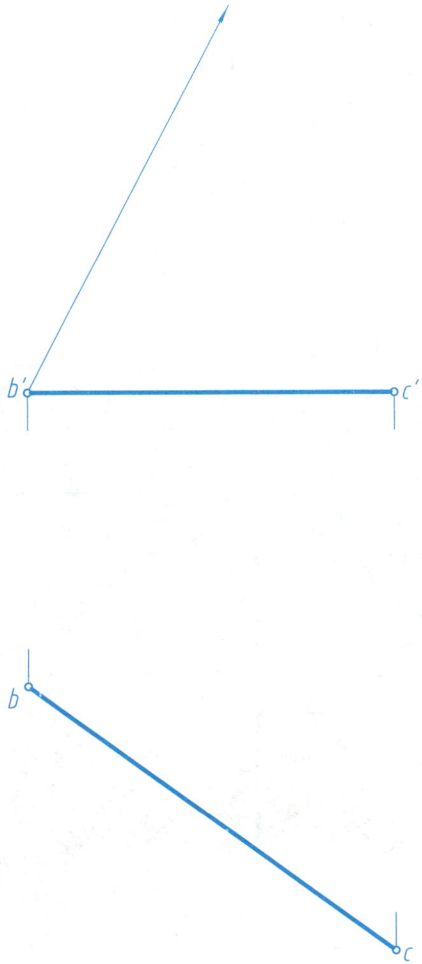

14. 线面分析。

1）分析平面 P、Q、R 和直线 AB 的空间位置，填表并标出它们的其余投影。

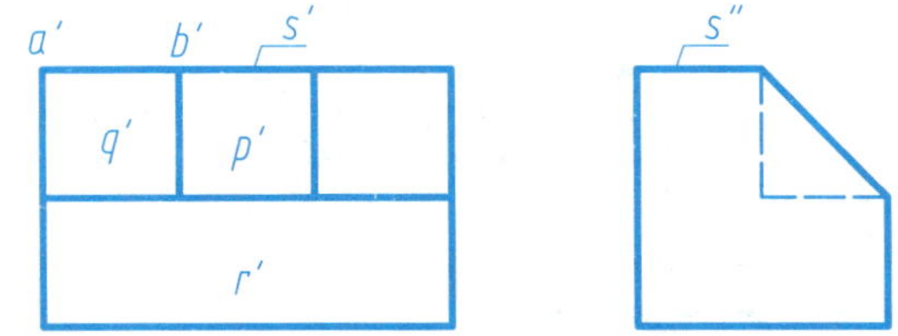

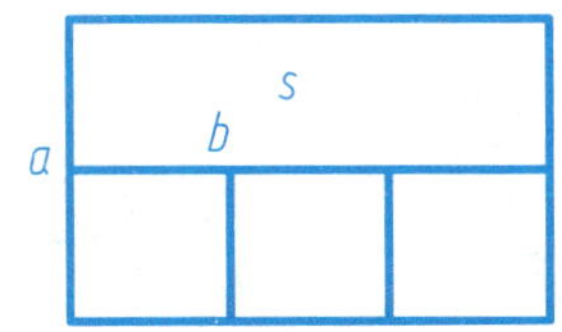

P 面平行于（　　）投影面
Q 面垂直于（　　）投影面
R 面平行于（　　）投影面
AB 是（　　）面和（　　）面的交线

*2）分析平面 P、Q、R、S 的空间位置，填表并标出它们的 V、W 投影。

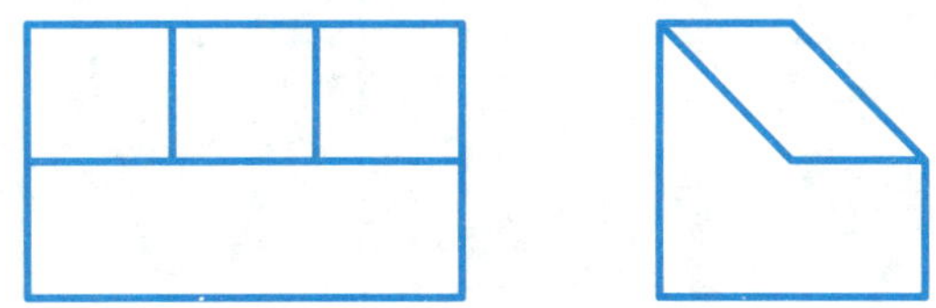

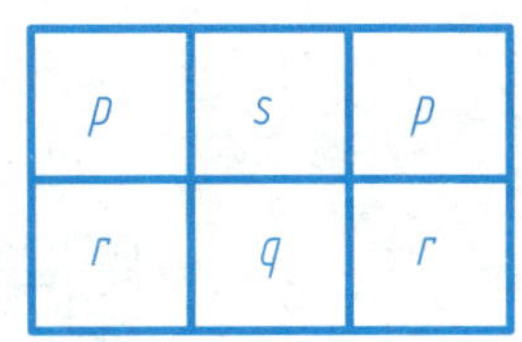

（　　）面最高
（　　）面⊥ W 面
（　）和（　）面 // H 面

15. 补全四坡顶屋面的H投影，并分析直线AB是哪两个斜屋面的交线，投影$a'b'$和$a''b''$分别与哪两个斜屋面的积聚投影重合。（平面用P、Q表示，各题同。）

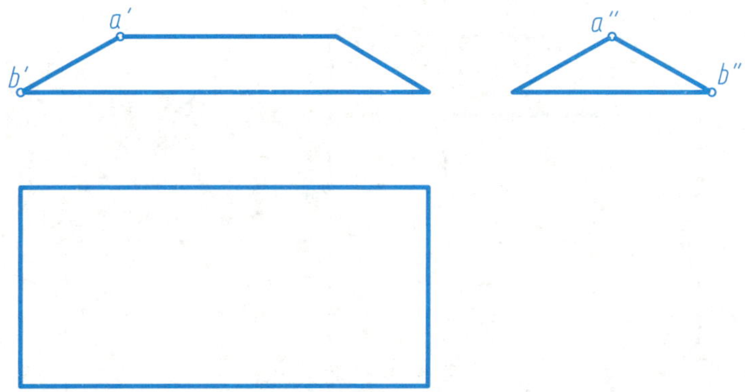

*16. 补全形体的H投影，并分析直线AB是哪两个平面的交线。

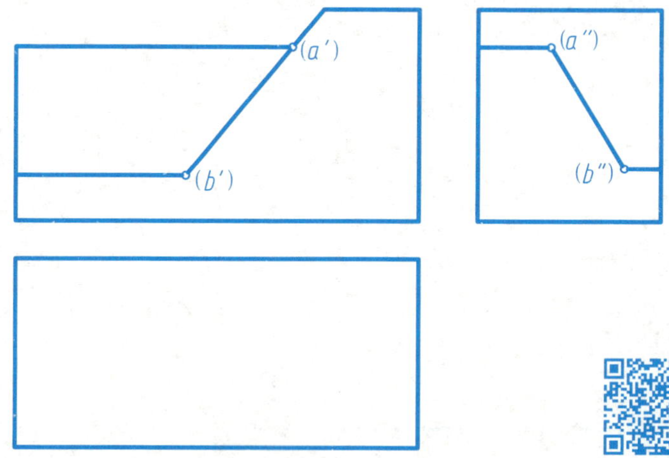

*17. 补全形体的H投影，并分析直线BC是哪两个平面的交线。

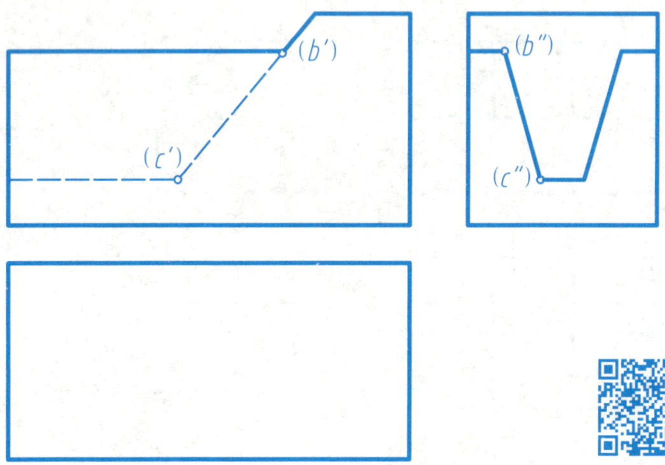

*18. 补全形体的H投影。

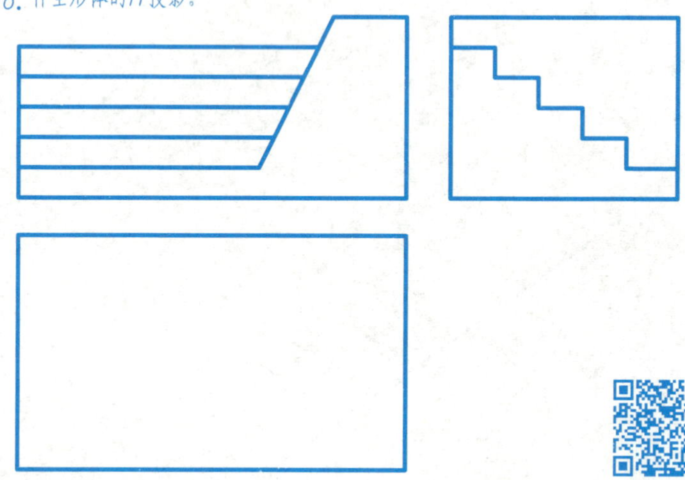

班级 姓名 学号

1. 用旋转法求作线段AB的实长及倾角。

1）求作倾角α。

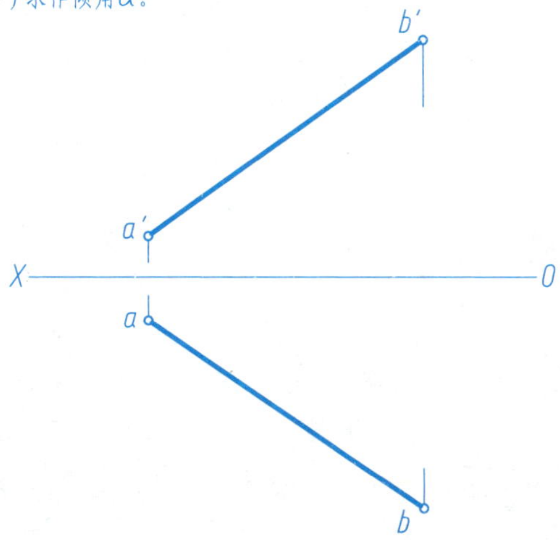

2）求作倾角β。

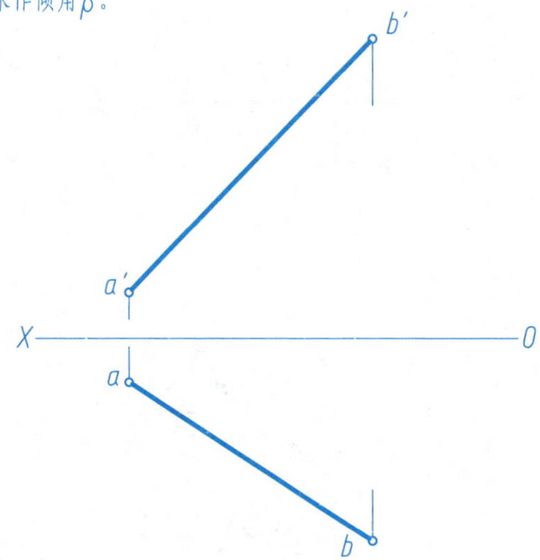

2. 用旋转法求作铅垂面和正垂面的实形。

1）求作$\triangle ABC$的实形。

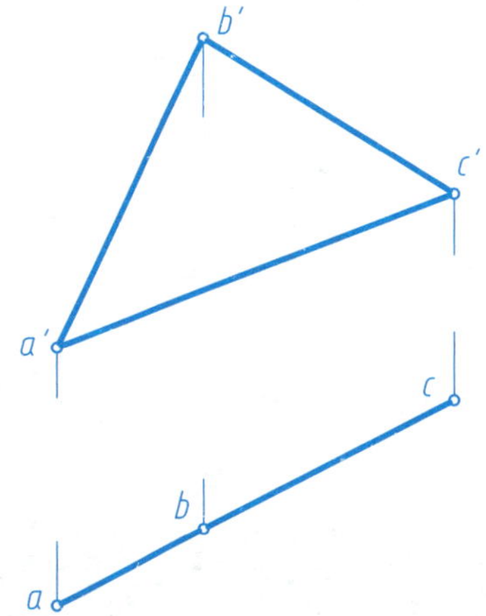

2）求作矩形$ABCD$的实形。

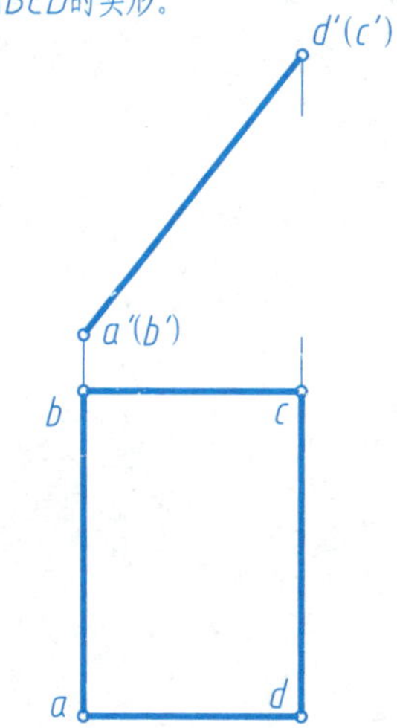

1. 判断平面与直线的相对位置。

1)

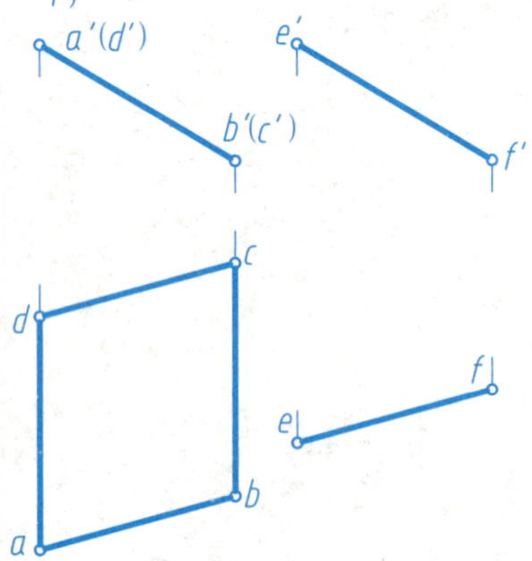

平面ABCD ________ 于直线EF

2)

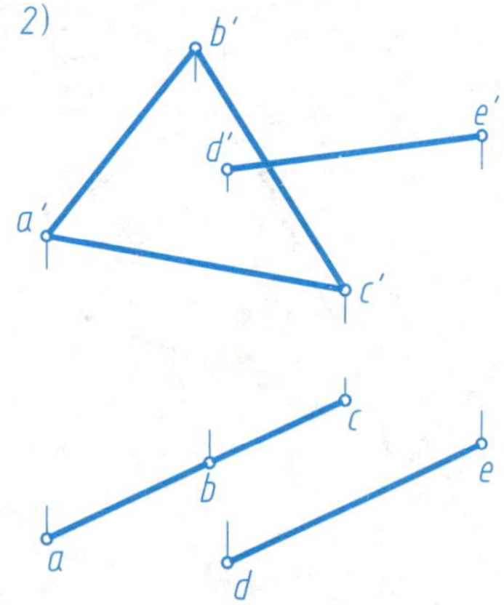

平面ABC ________ 于直线DE

3)

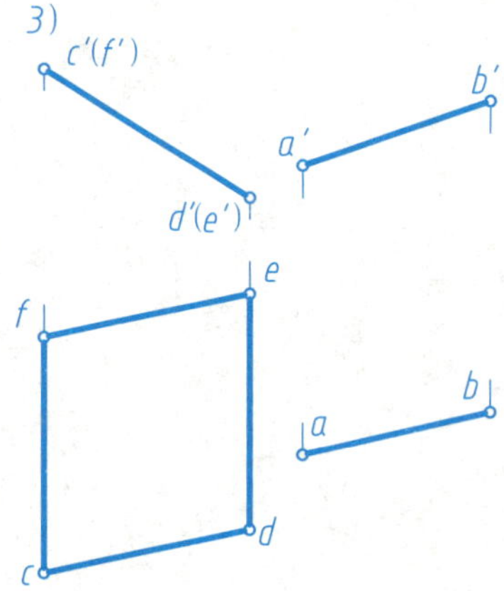

平面CDEF ________ 于直线AB

4)

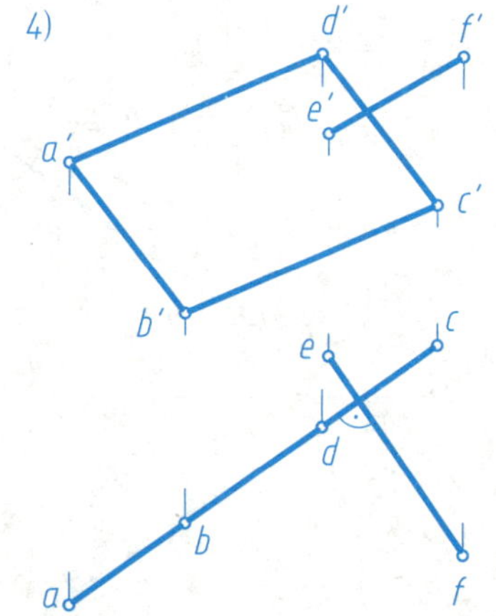

平面ABCD ________ 于直线EF

2. 过点A任作一直线AB平行于平面R。

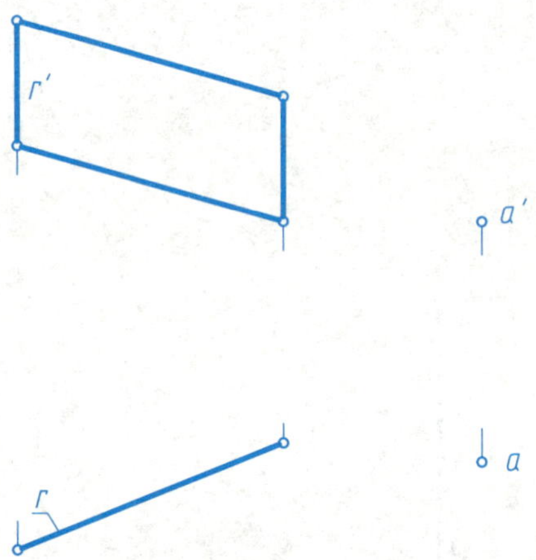

3. 过直线AB作铅垂面Q平行于直线CD。

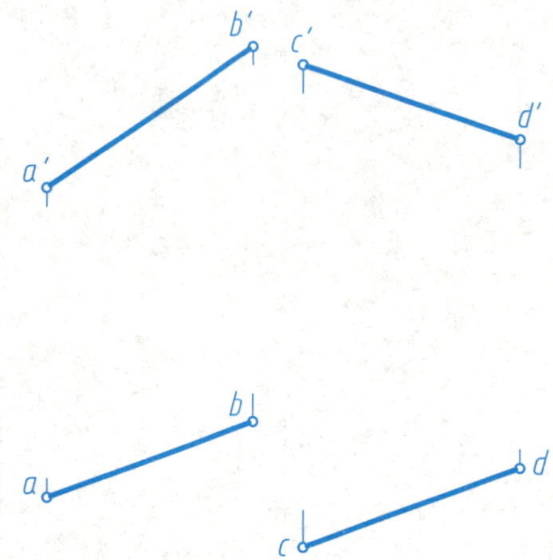

4. 过点K作平面P垂直于水平线CD。

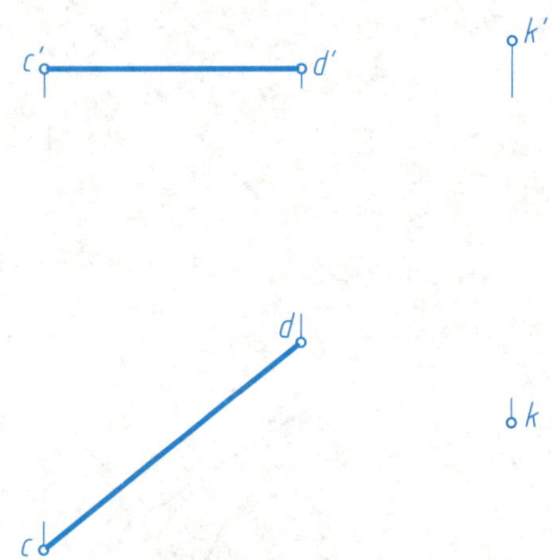

5. 判断两平面的相对位置。

1）

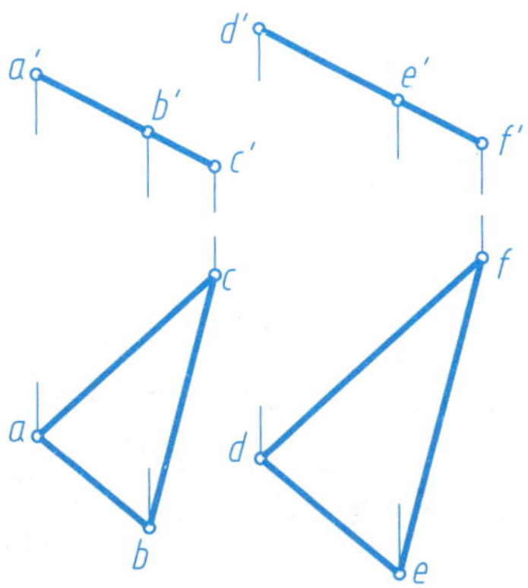

平面 *ABC* ________ 平面 *DEF*

2）

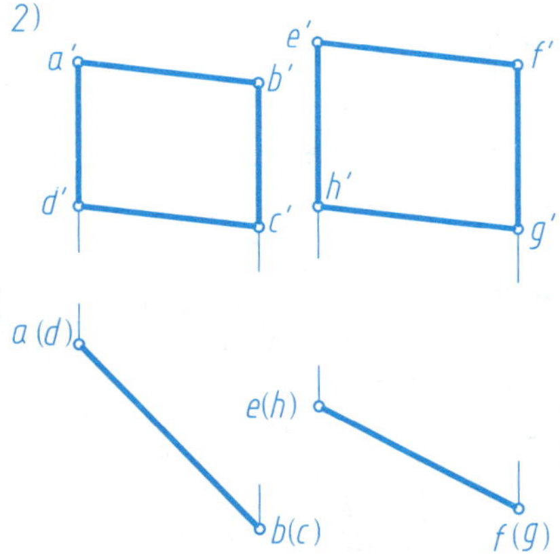

平面 *ABCD* ________ 平面 *EFGH*

6. 过直线 *AB* 作平面 *P* 平行于平面 *CDEF*。

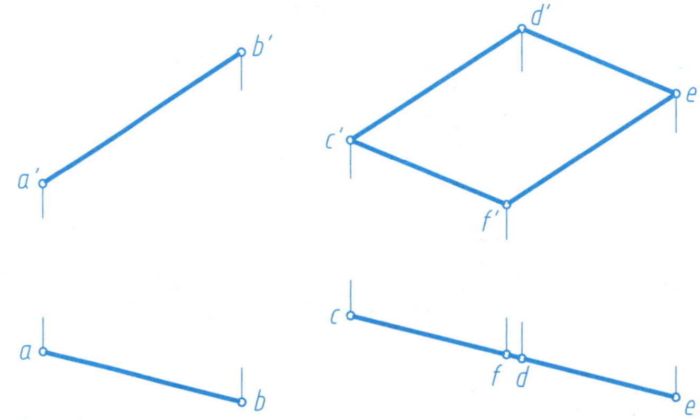

7. 判断平面 *ABC* 和直线 *EF* 是否平行。

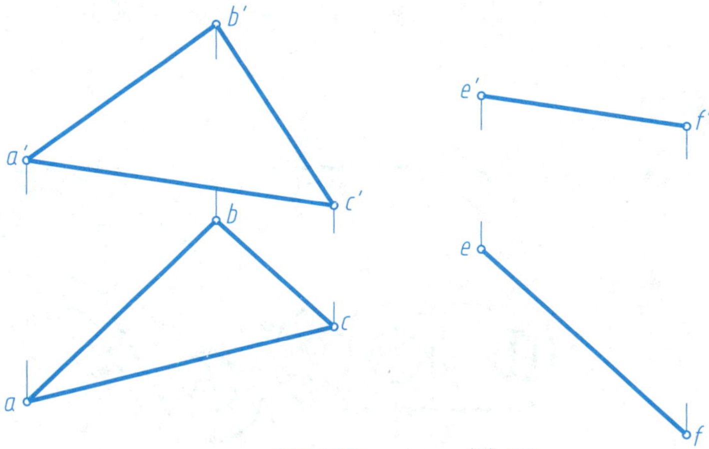

平面 *ABC* ________ 直线 *EF*

8. 判断平面 *ABC* 和平面 *DEFG* 是否平行。

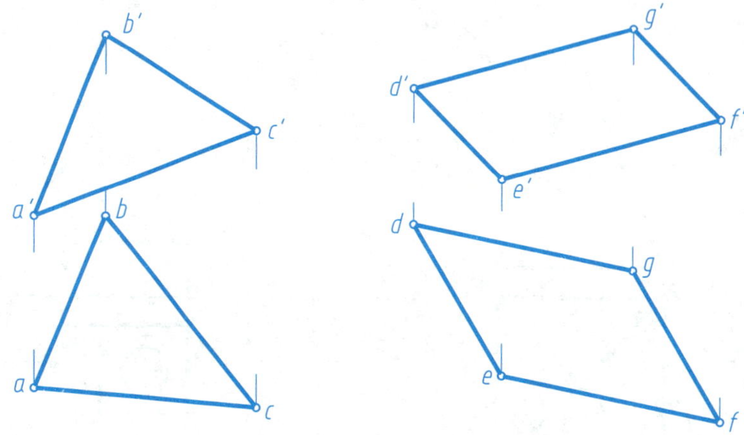

平面 *ABC* ________ 平面 *DEFG*

9. 用辅助投影法求作A、B两点的距离。

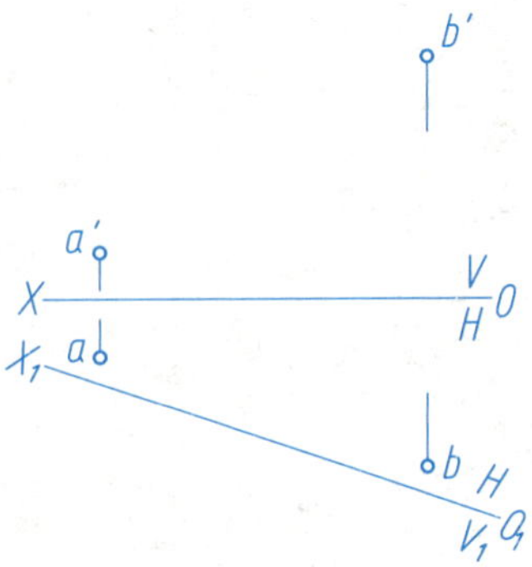

10. 用辅助投影法求作线段CD的实长及倾角α。

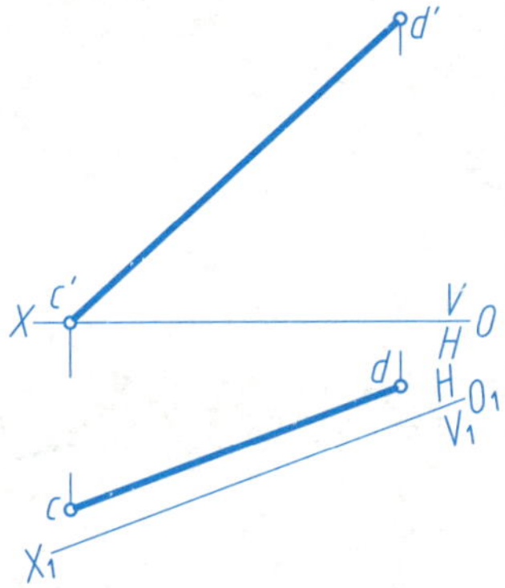

11. 用辅助投影法求作△ABC的实形。

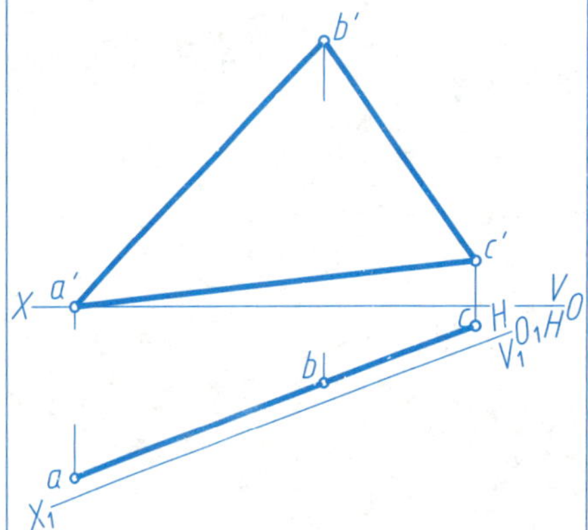

12. 用辅助投影法求作三棱柱斜断面的实形。

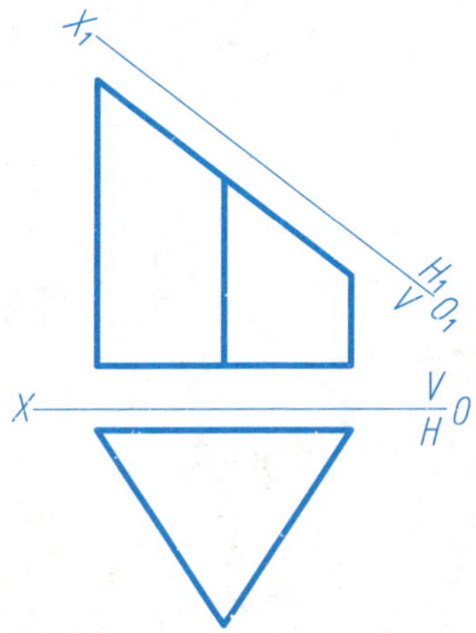

13. 用辅助投影法求作正四棱锥侧面SAB的实形。

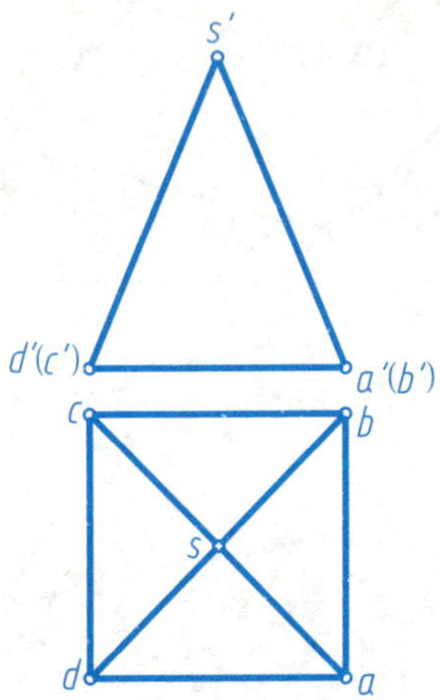

14. 用辅助投影法求作T形块斜断面的实形。

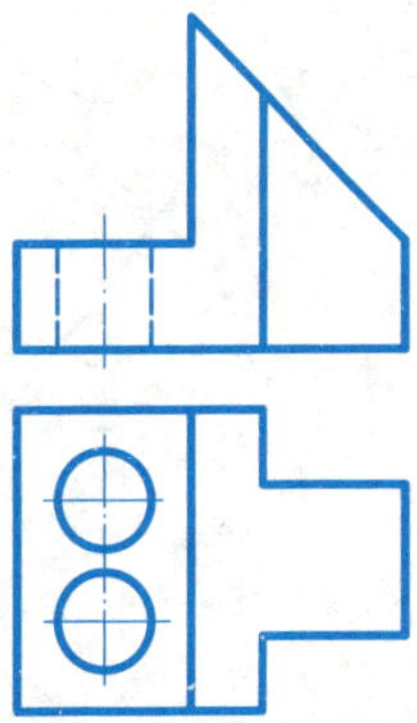

15. 用辅助投影法求作连接板斜面的实形。

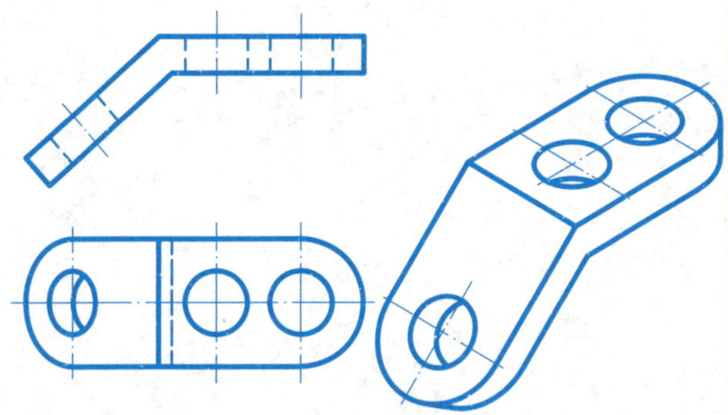

1. 作图检查直线 DE 是否垂直于 $\triangle ABC$（结论填写在括号中）。

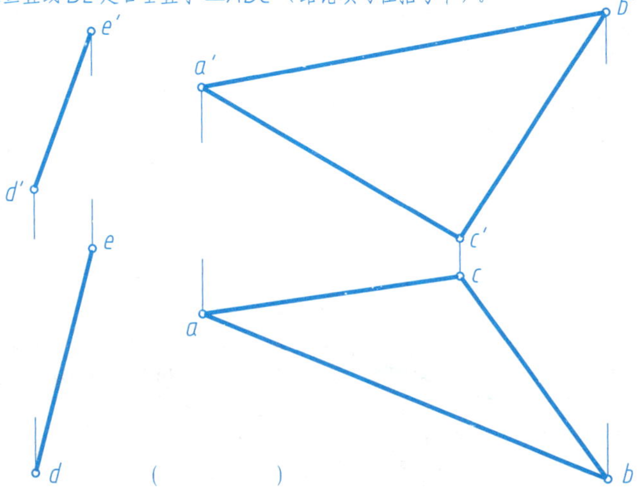

(　　　　　)

2. 任作一铅垂面 R 垂直于水平线 AB。

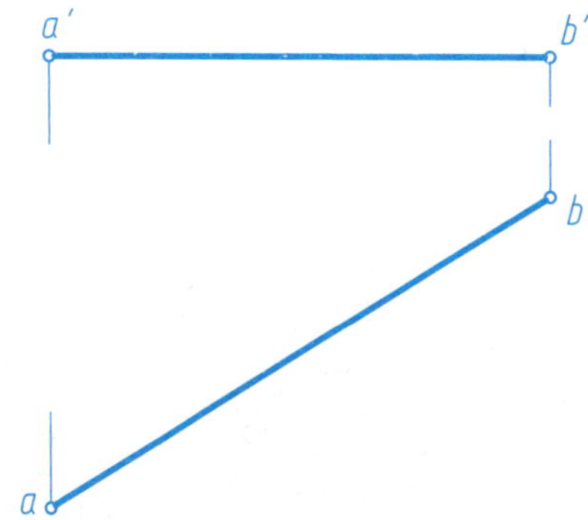

3. 任作一正垂面 Q 垂直于正平线 CD。

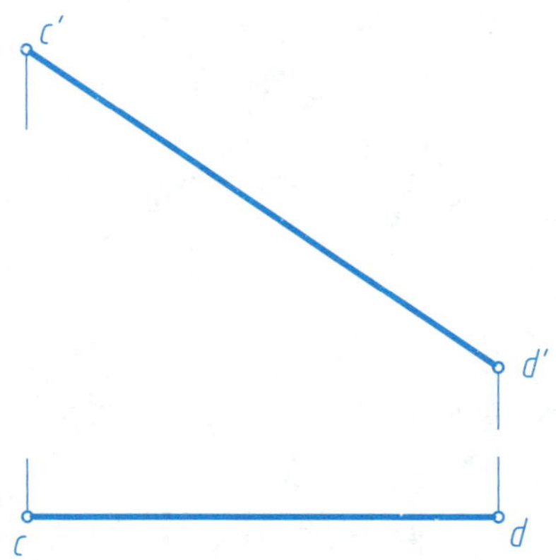

4. 过点 K 作铅垂面 R 垂直于 $\triangle ABC$。

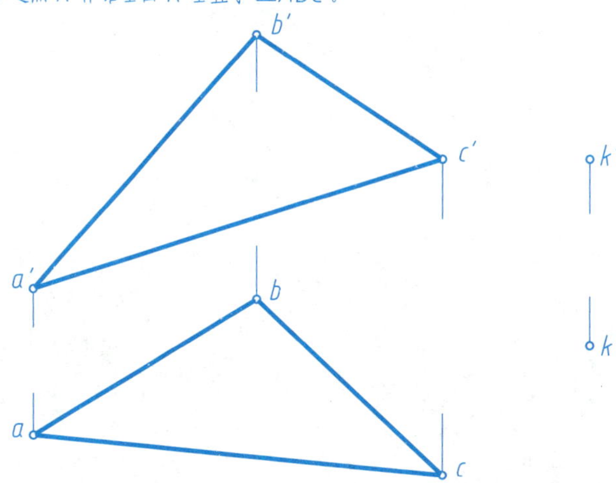

5. 过点 D 任作一般位置平面垂直于△ABC。

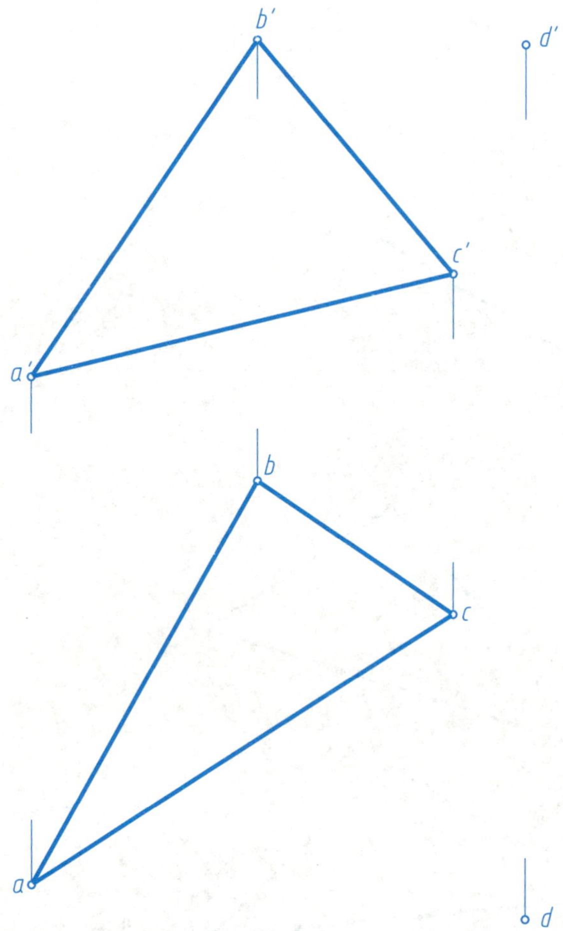

6. 过直线 DE 作平面垂直于△ABC。

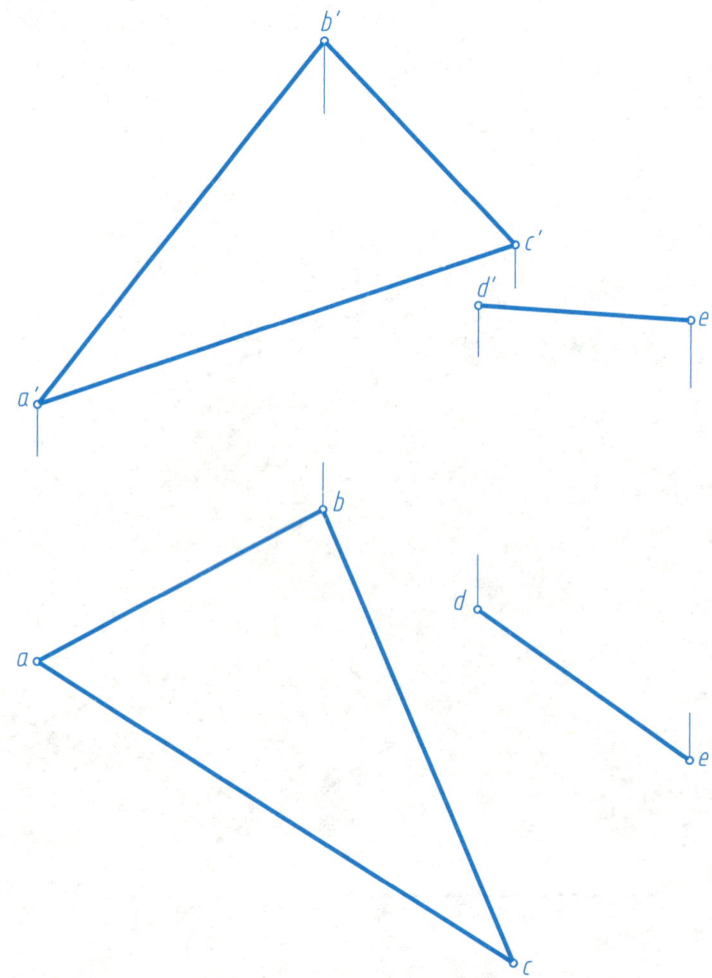

班级		姓名		学号		

7. 判断两平面是否垂直。

1)

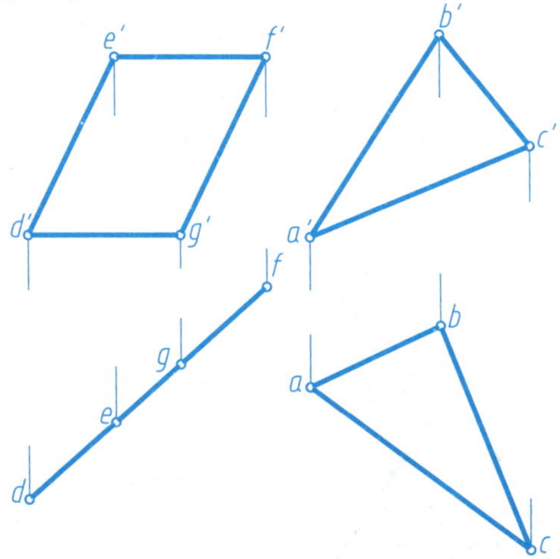

平面 ABC ________ 平面 $DEFG$

2)

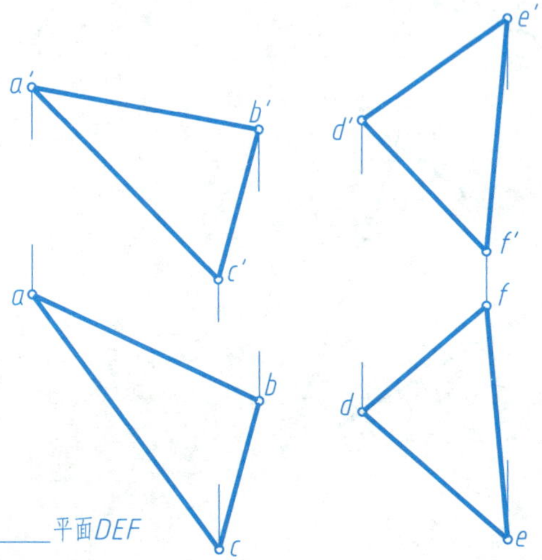

平面 ABC ________ 平面 DEF

8. 求作点 K 到平面 $ABCD$ 的距离。

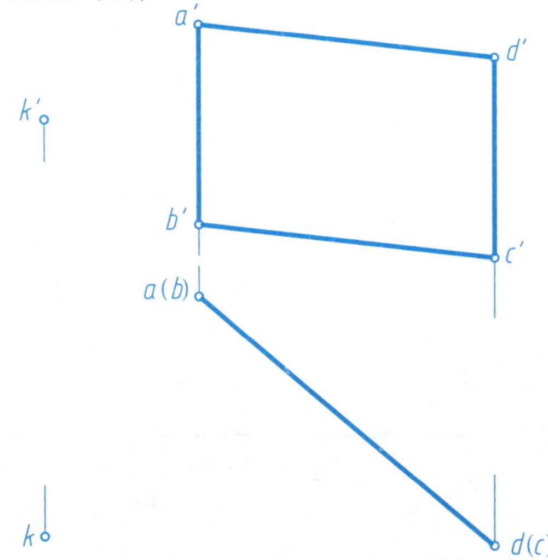

9. 已知点 K 到平面 ABC 的距离为30，求作 k。

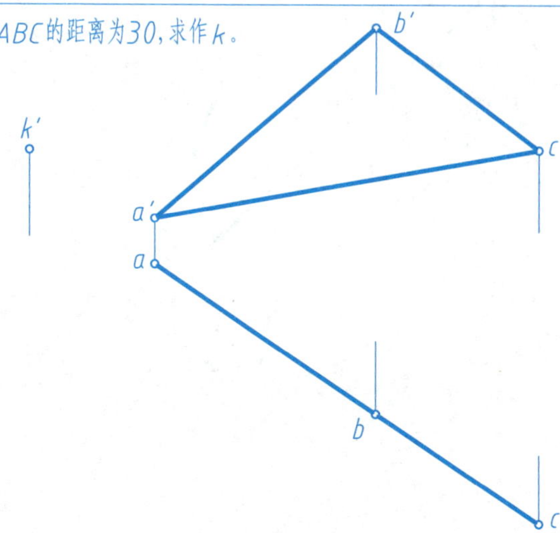

10. 求作△ABC对H面的倾角α。

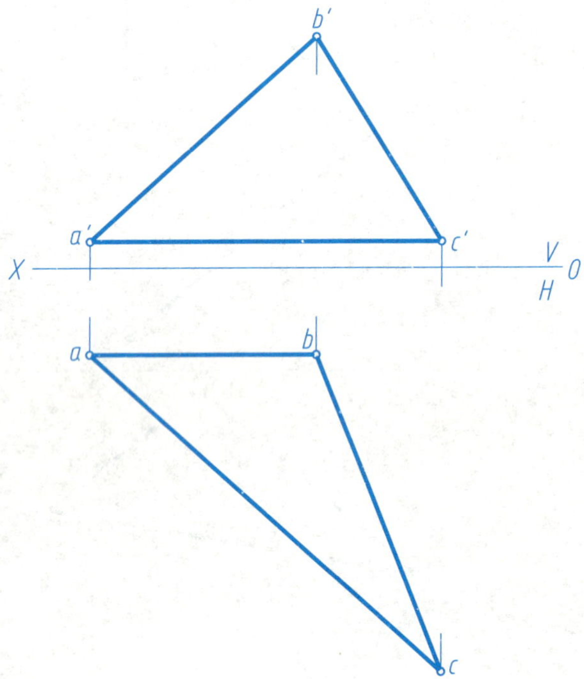

*11. 求作△ABC对V面的倾角β及点K到△ABC的距离。

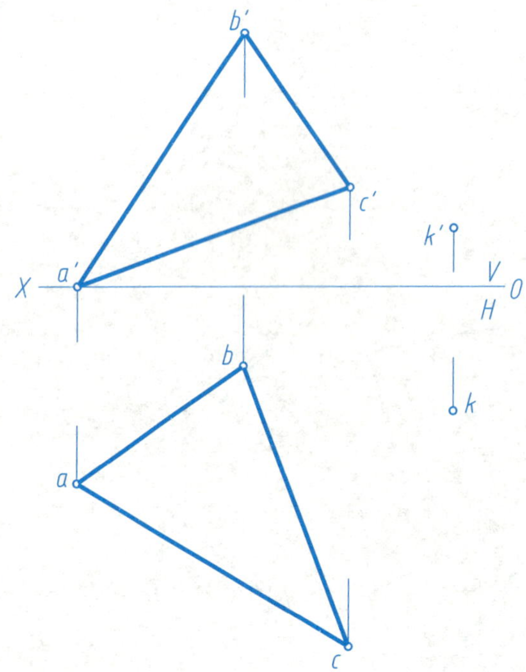

班级		姓名		学号		

1. 求作投影面垂直线与一般位置平面的交点，并判别可见性。

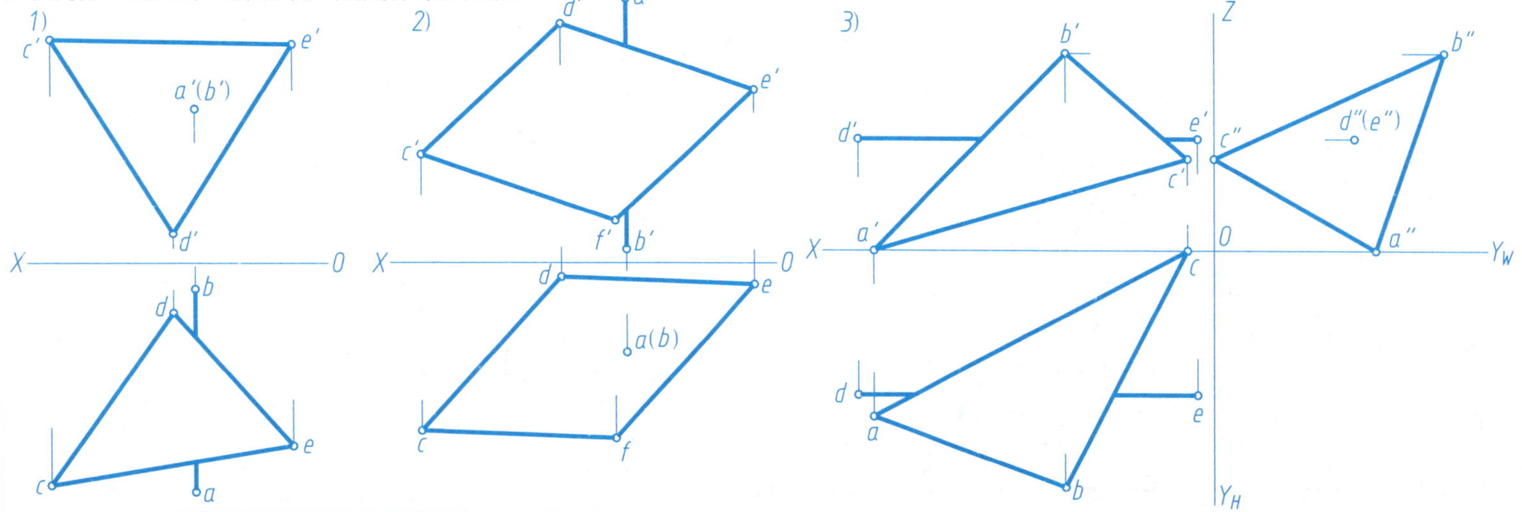

2. 求作一般位置直线与投影面垂直面的交点，并判别可见性。

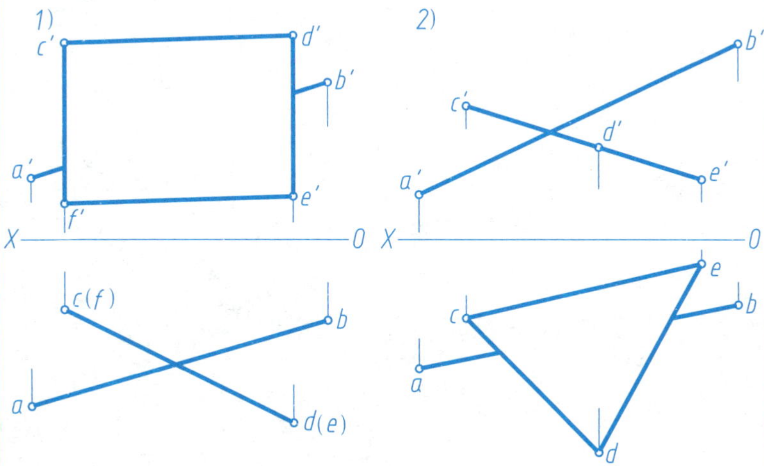

3. 求作一般位置平面与投影面垂直面的交线，并判别可见性。

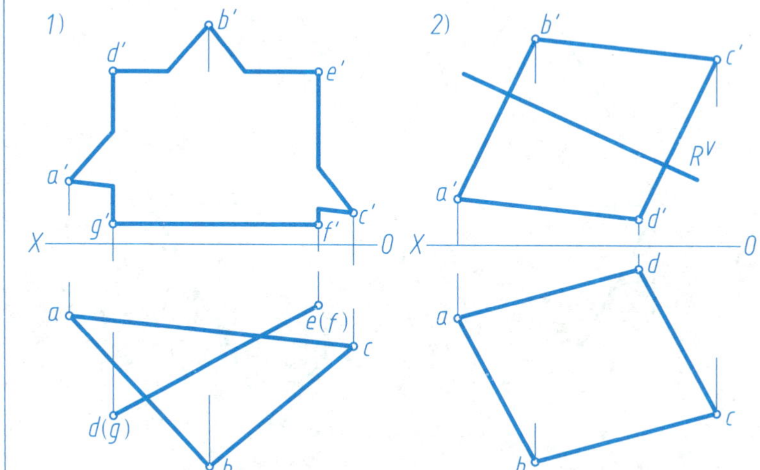

	直线与平面、平面与平面相交	班级		姓名		学号		

4. 求作平面 R 与六棱锥各侧面的交线。

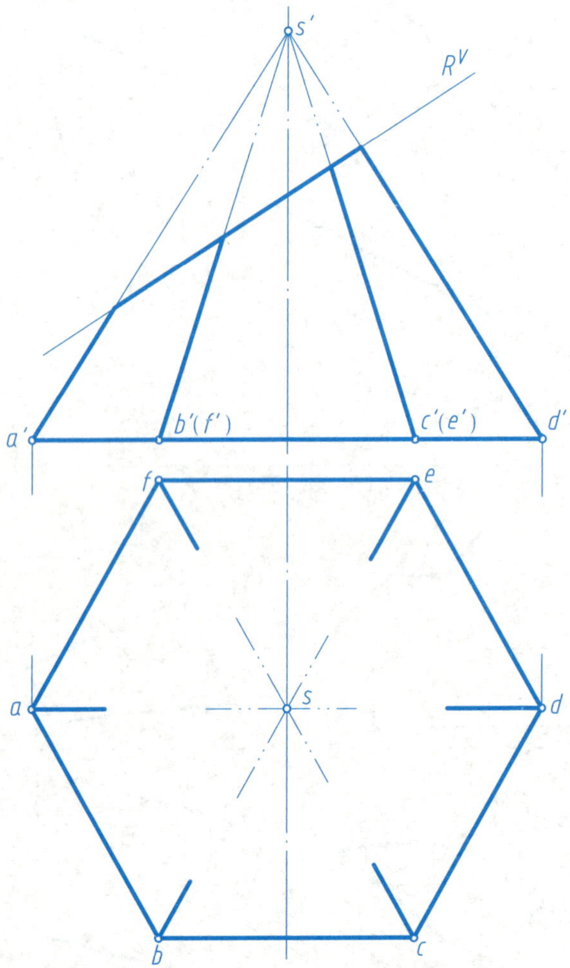

5. 求作一般位置直线 FG 与一般位置平面 CDE 的交点，并判别可见性。

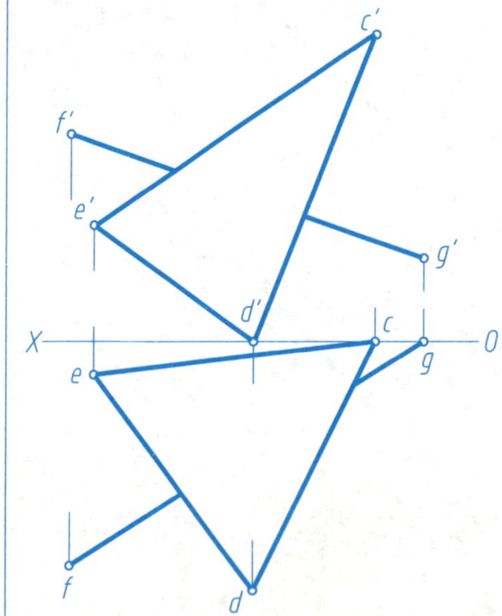

班级 姓名 学号

6. 求作一般位置直线 EG 与一般位置平面 $ABCD$ 的交点，并判别可见性。

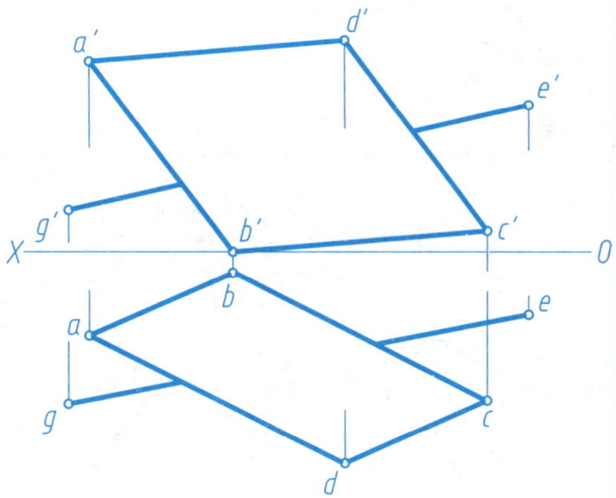

*7. 求作 $\triangle ABC$ 与 $\triangle DEF$ 的交线，并判别可见性。

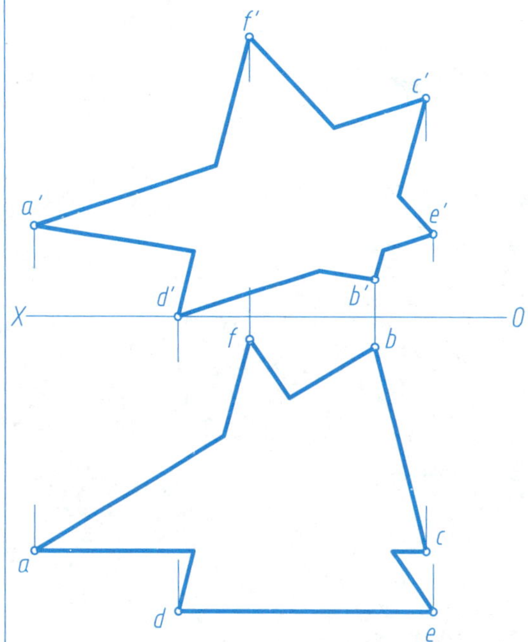

*8. 两一般位置平面相交，求作交线并判别可见性。

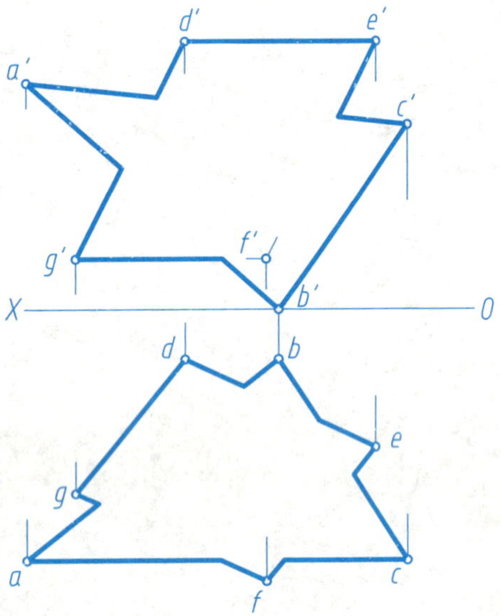

9. 用辅助平面法求作两平面的交线。

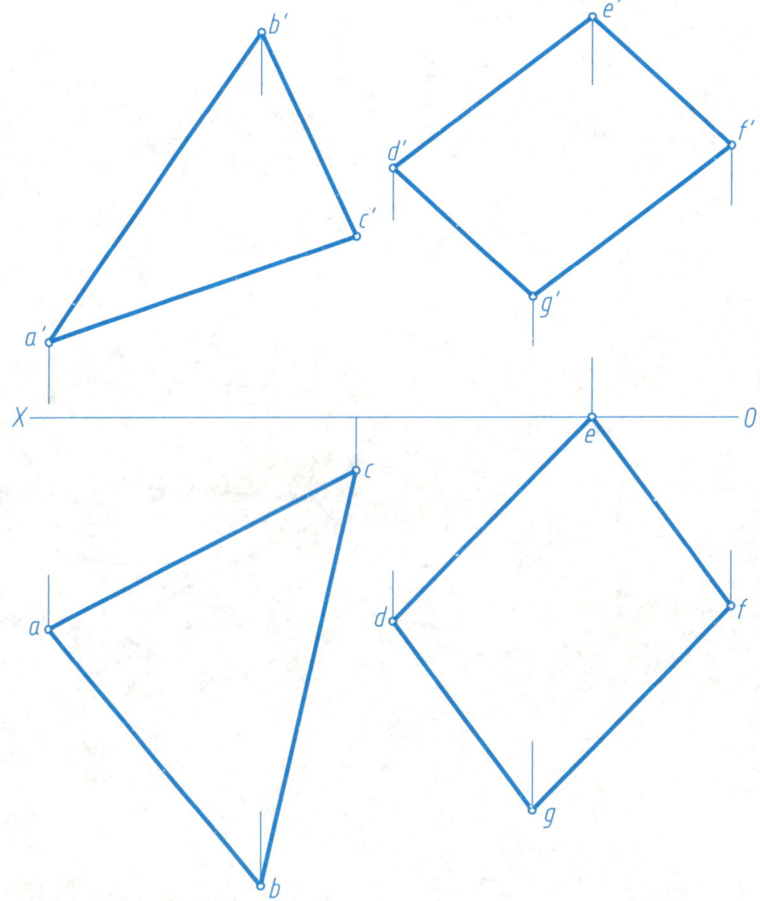

1. 已知 $AB \perp BC$，求作 bc。

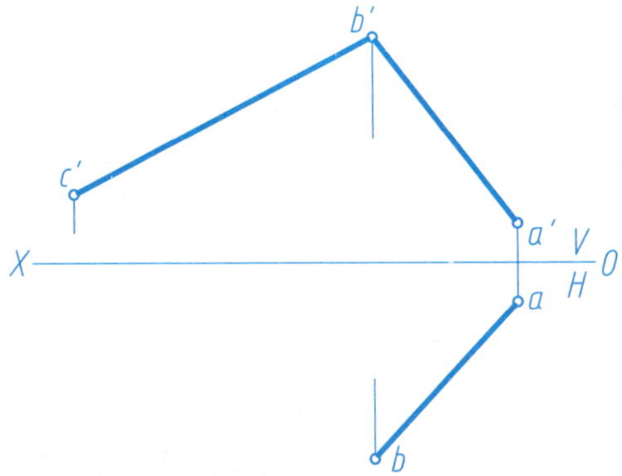

2. 已知两平行线 AB、CD 之间的距离为15，求作 cd。

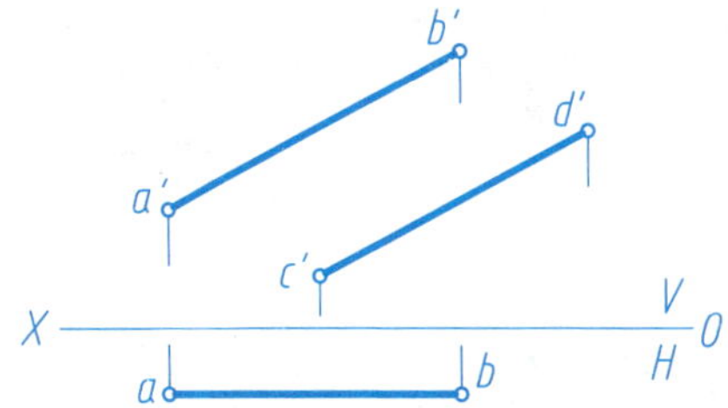

3. 已知直线 AB 平行于 $\triangle DEF$，AB 与 $\triangle DEF$ 的距离为10，求作 ab。

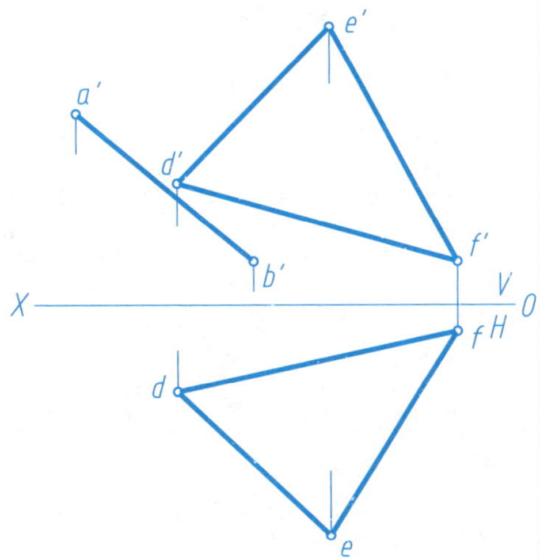

*4. 在 $\triangle ABC$ 上求作一等腰 $\triangle DEF$，其高为20，底边 DE 长为16，DE 平行于 BC 且相距为5，并使两三角形高线重合。

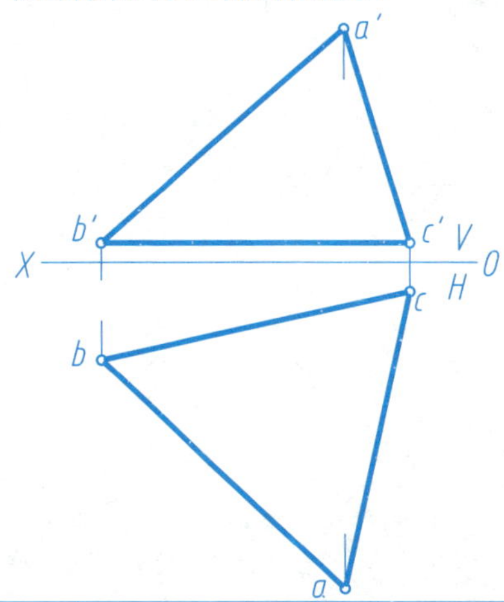

5. 求作△ABC的实形。

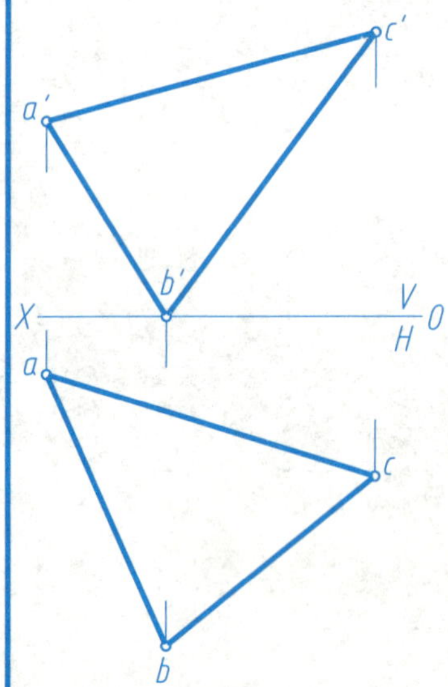

6. 求作点K到直线AB的距离及其垂足的投影。

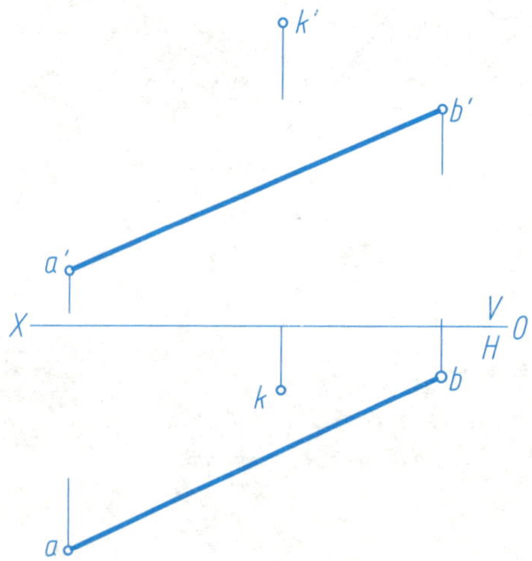

班级 姓名 学号

7. 求作两平行线 AB、CD 之间的距离。

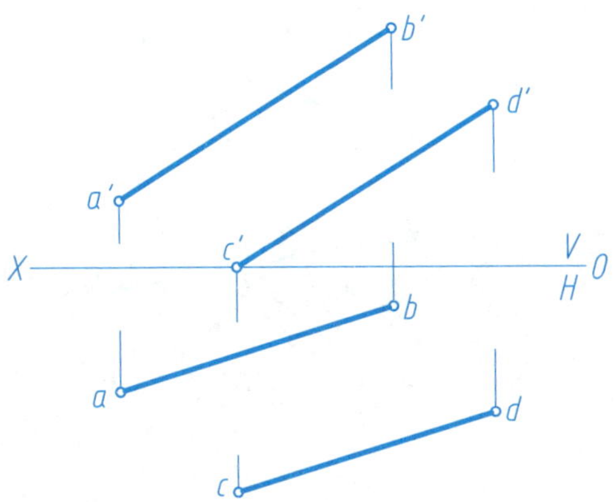

*8. 已知点 A 到直线 BC 的距离为 20，求作点 A 的 H 投影。

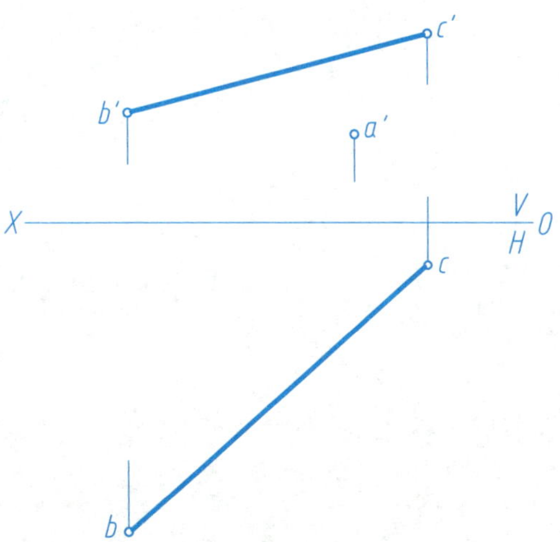

	换面法	班级		姓名		学号		49

*9. 已知两相交平面ABC、ABD的投影，求作两平面的夹角。

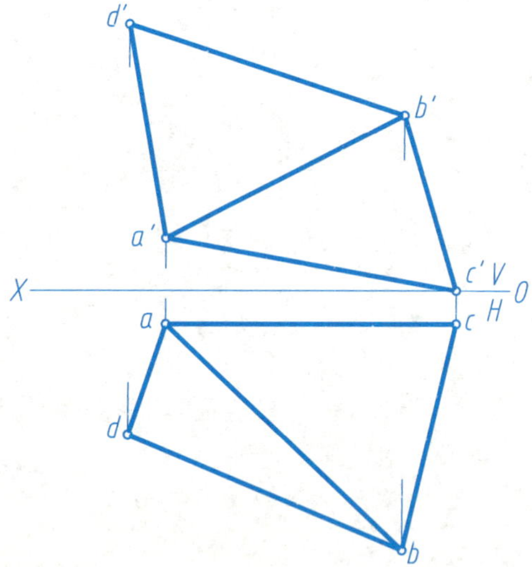

*10. 已知交叉直线AB、CD的投影，求作它们公垂线的投影及实长。

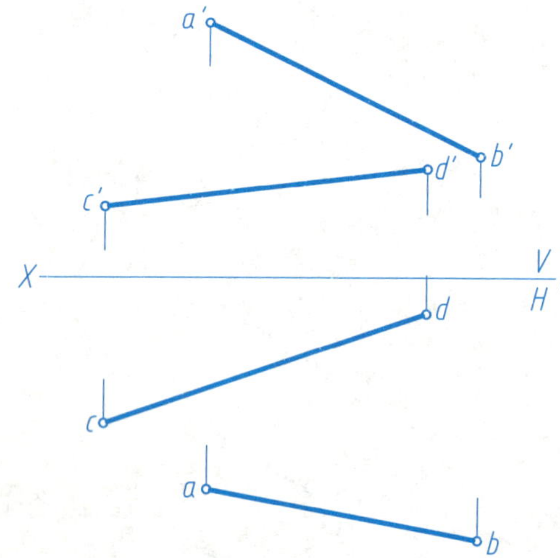

班级		姓名		学号		

1. 已知平面曲线的V、H投影，用旋转法求作该平面曲线的实形。

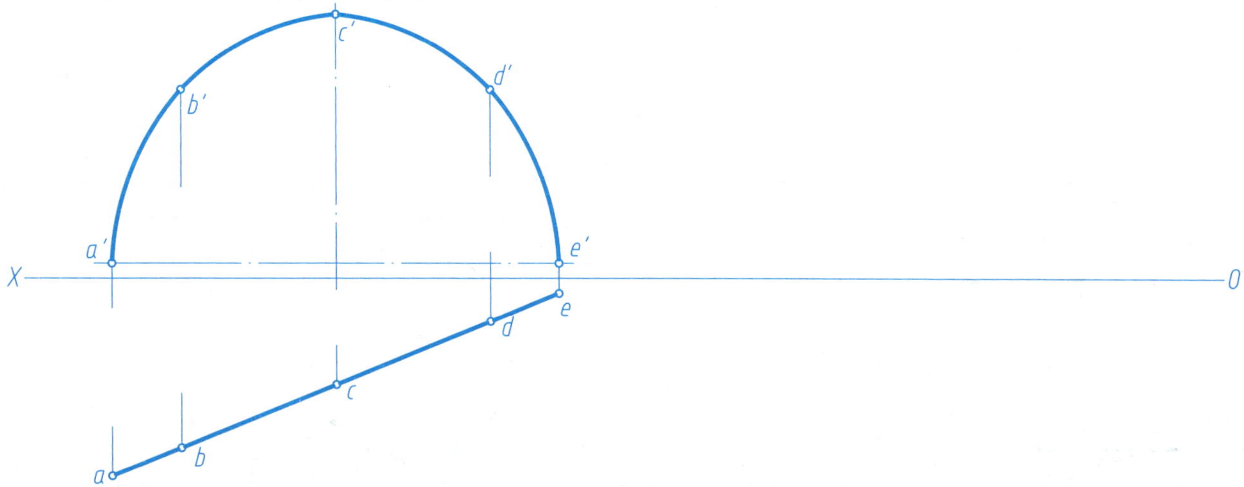

2. 已知一圆的V、H_1投影，求作圆的H投影。

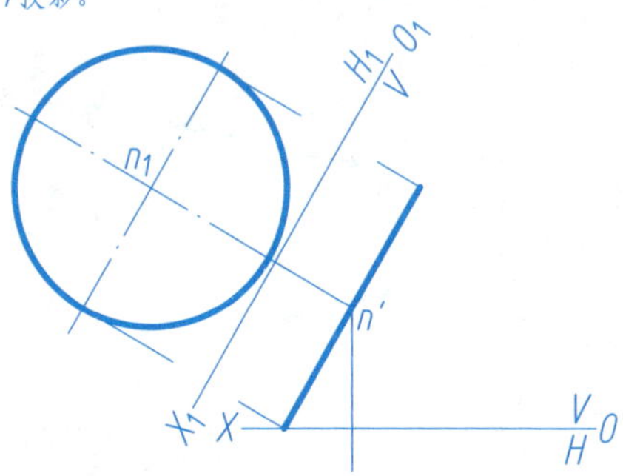

3. 已知一圆的圆心N的三面投影，圆的直径为30，圆平面垂直于H面，$\beta=30°$，求作此圆的三面投影。

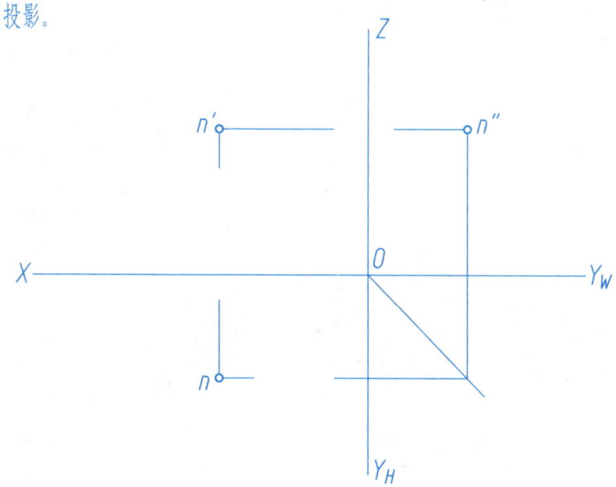

4. 补绘圆柱的W投影，并作出圆柱表面上点B、E、F及曲线ACD的其他两投影。

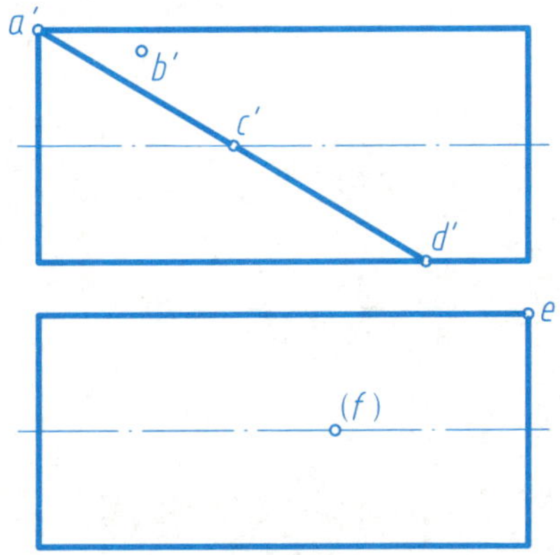

5. 已知圆锥表面上点A、F、D及曲线BC的一个投影，求作其他两投影（用素线法）。

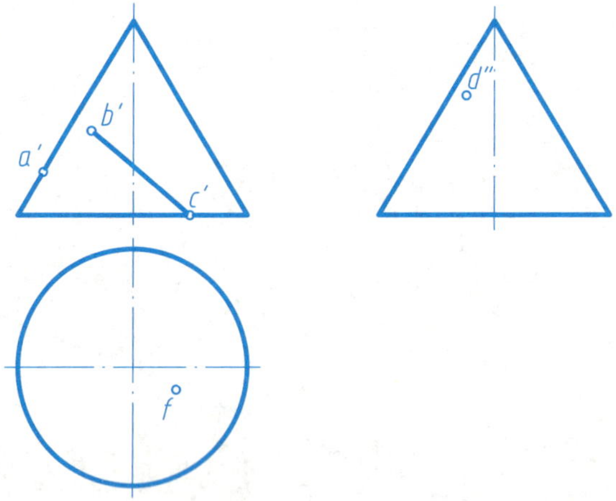

6. 已知圆台表面上点A、B及曲线MN的一个投影，求作其他两投影（用纬圆法）。

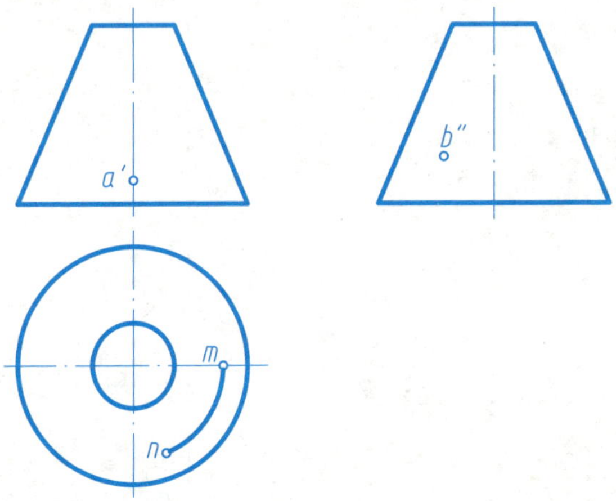

7. 补绘圆台的W投影，并作出圆台表面上曲线AB的其他两投影。

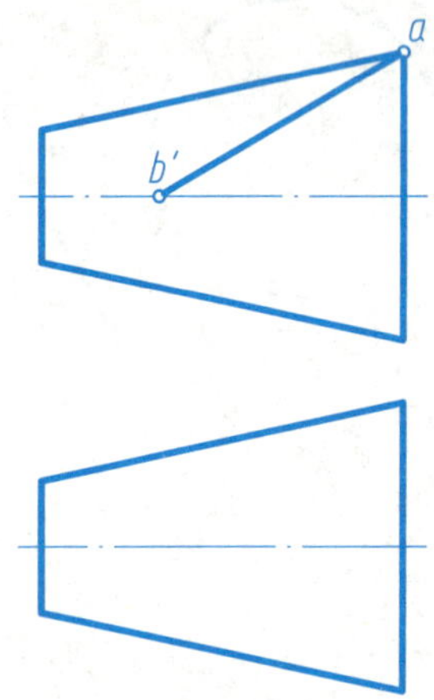

8. 已知球面上点 A、B、C、E、F、G 及曲线 DH 的一个投影，求作其他两投影。

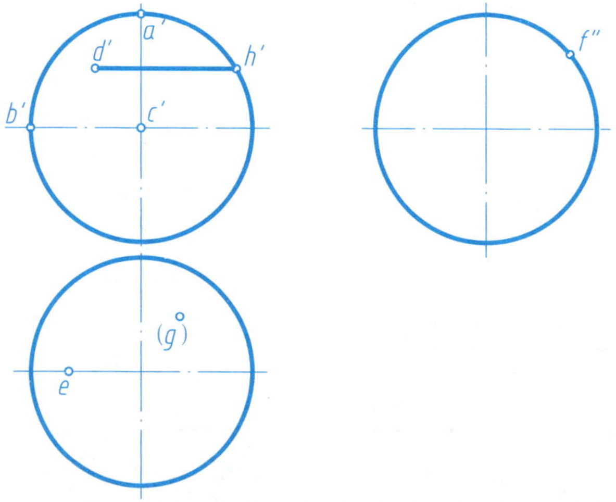

9. 已知环面上点 A、B、D、F、H 的一个投影，求作另一投影。

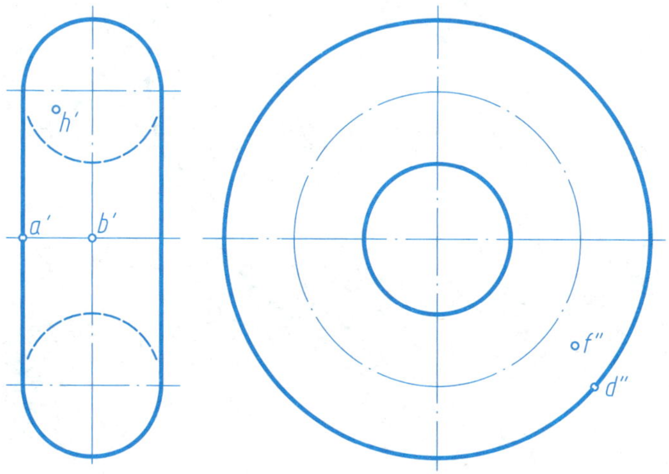

10. 已知直母线 AB 和轴线 O—O 的 V、H 投影，求作单叶双曲回转面的 V、H 投影。

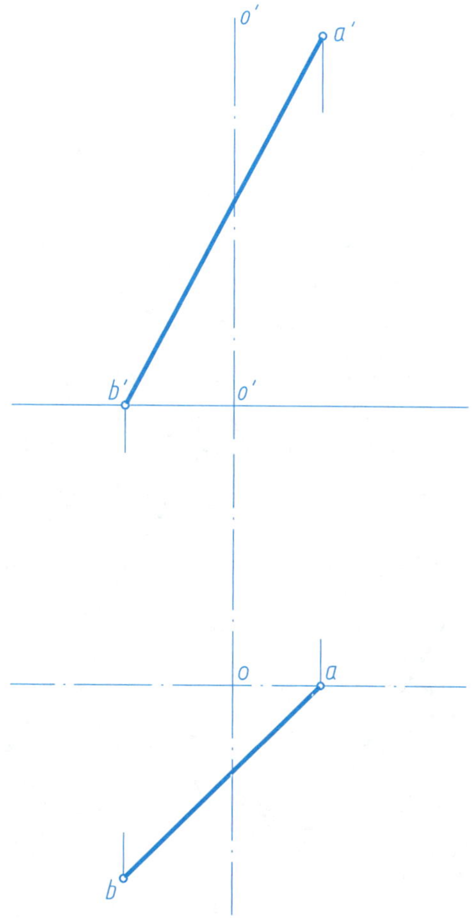

11. 已知直导线AB、CD的投影，V面为导平面，求作双曲抛物面的投影。

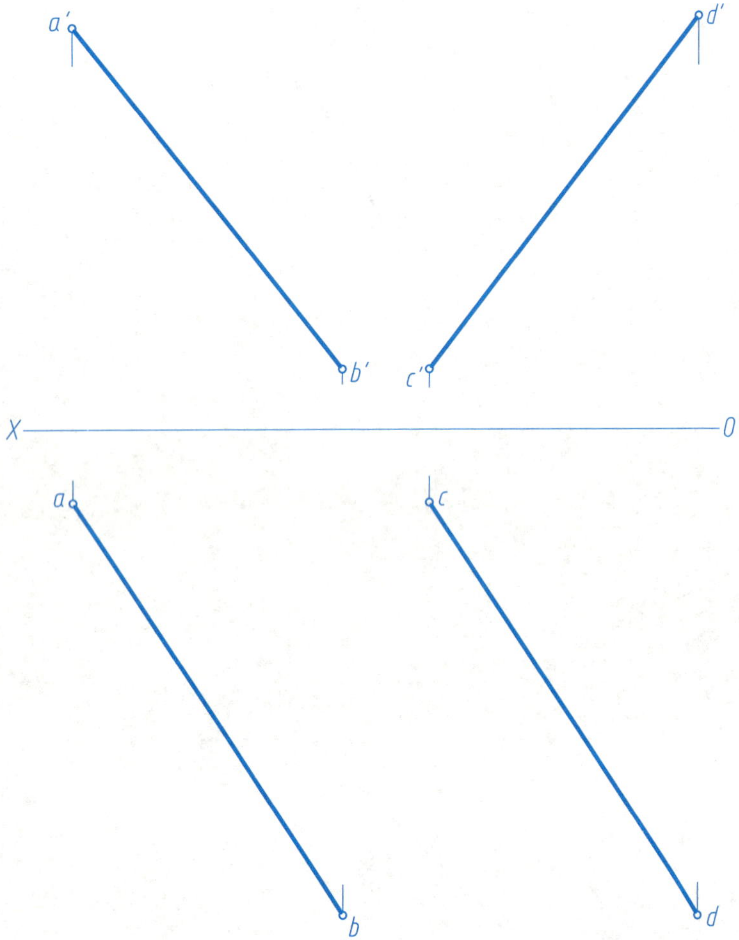

*12. 已知直导线AB、CD，导平面为铅垂面R，以及椭圆柱的投影，求作双曲抛物面与椭圆柱面交线的投影。

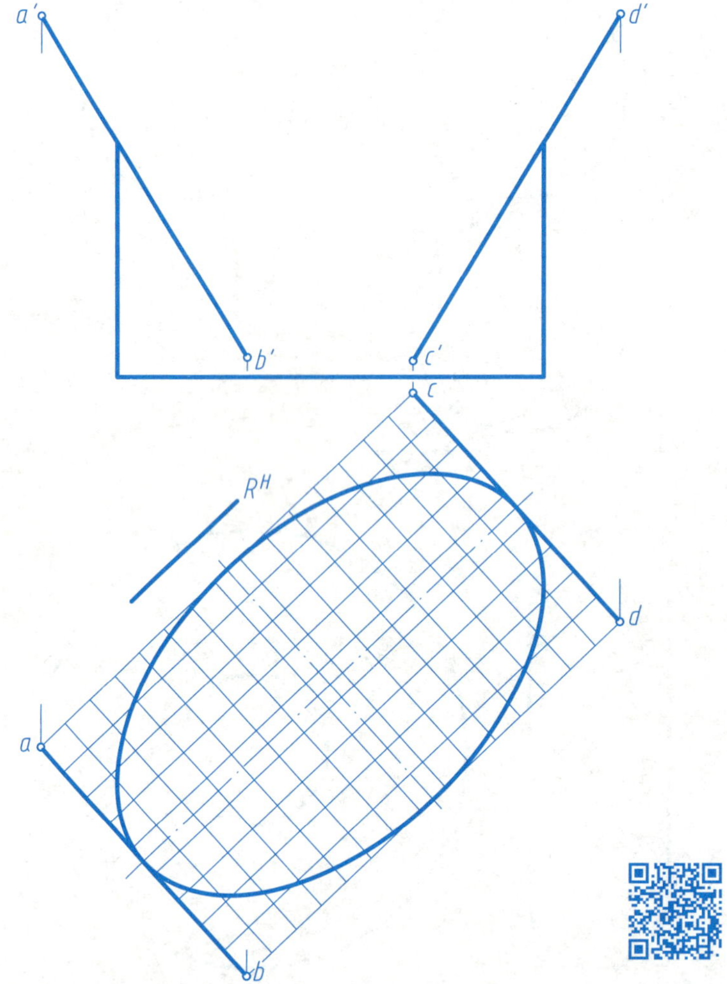

班级　　姓名　　学号

13. 以直线 AB 和曲线 CD 为导线，V 面为导平面，求作锥状面的投影图。

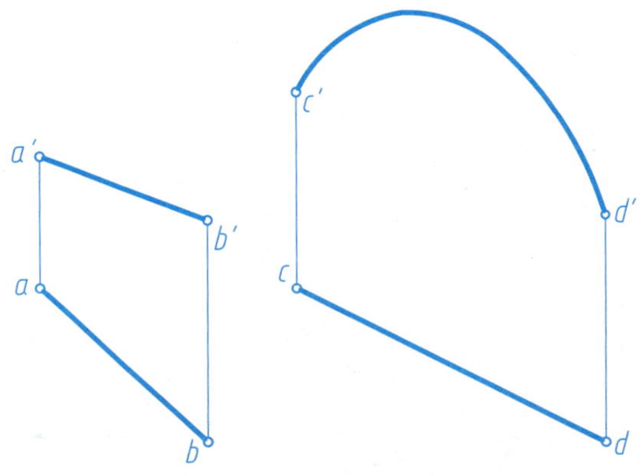

14. 以曲线 AB、CD 为导线，V 面为导平面，求作柱状面的投影图。

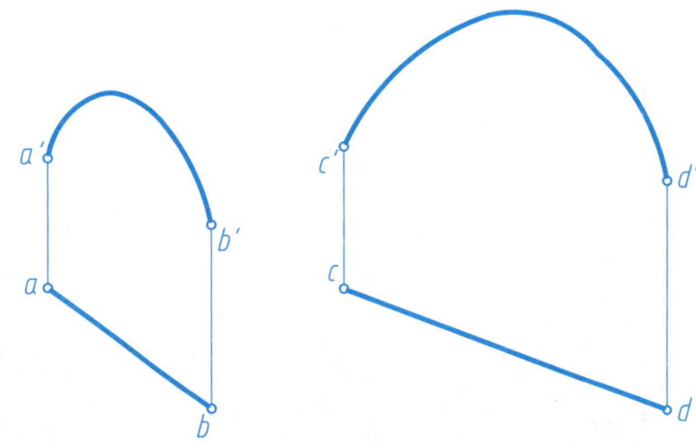

15. 已知导圆柱及导程 Ph，求作右螺旋线的投影（判别可见性）。

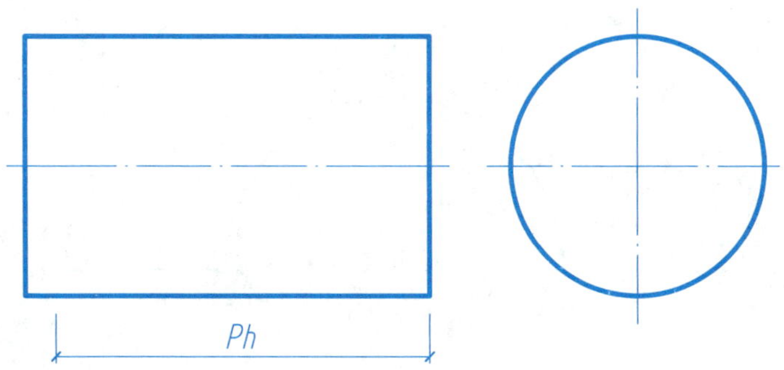

*16. 一钢轴在车床上加工，当车刀从点 A 等速运动到点 B，同时钢轴匀速旋转两周，求作车刀在钢轴表面上刻出的刀痕线的投影（判别可见性）。

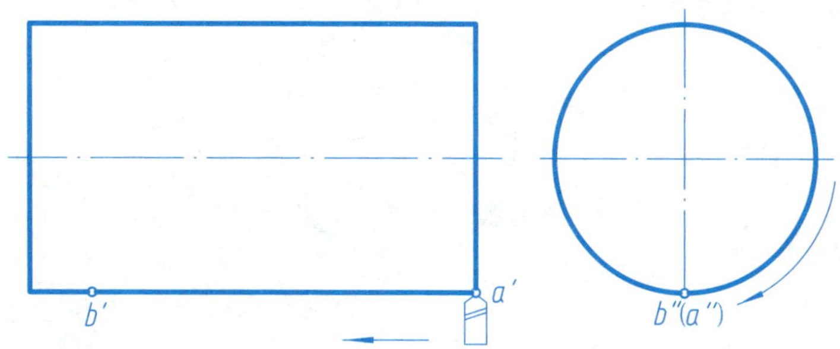

17. 已知曲导线为右螺旋线，导程为Ph，求作内、外圆柱之间的平螺旋面的投影，并判别可见性。

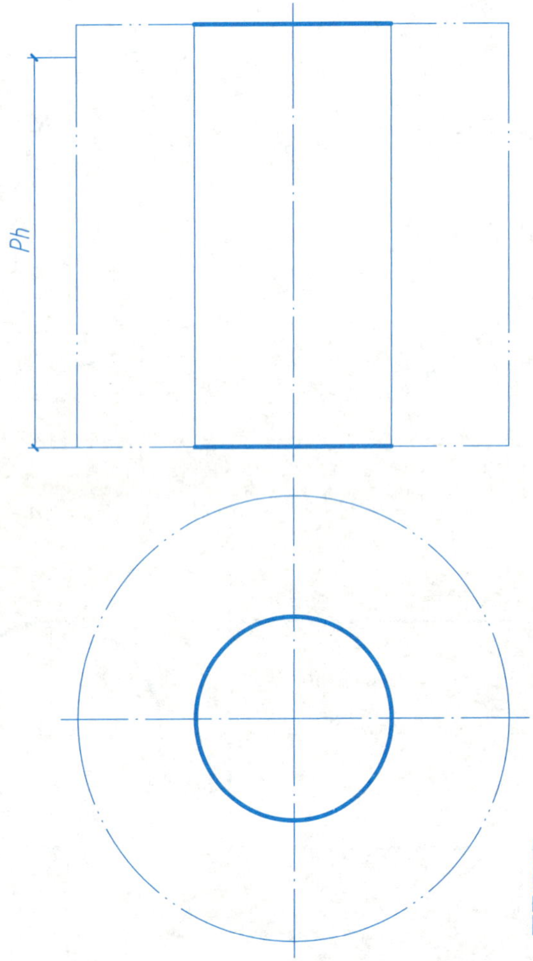

18. 已知楼梯扶手弯头断面的V投影和弯头的H投影，补绘由平螺旋面组成的楼梯扶手弯头的V投影。

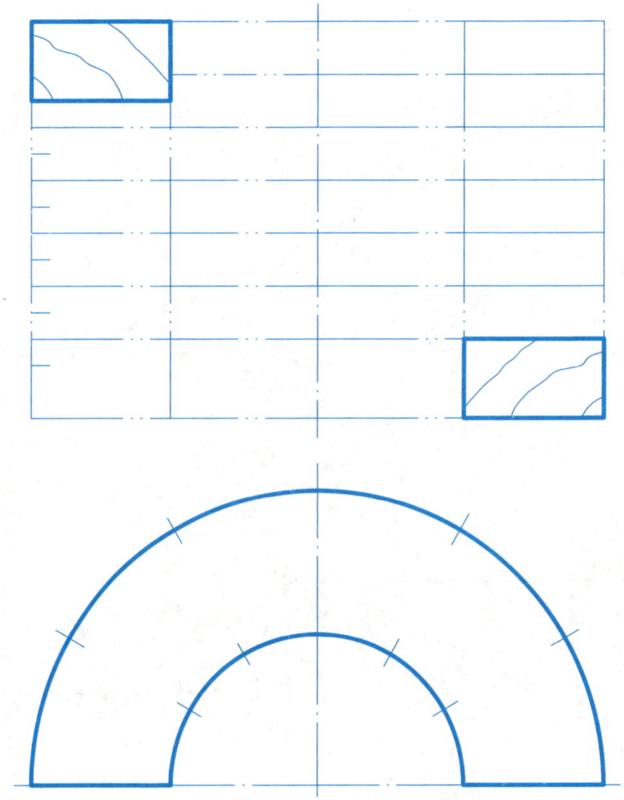

班级　　姓名　　学号

19. 已知内、外圆柱直径分别为D、D_1，导程为Ph，踏步高为$\frac{Ph}{12}$，梯板厚为$\frac{Ph}{12}$，试绘制右螺旋楼梯的投影。

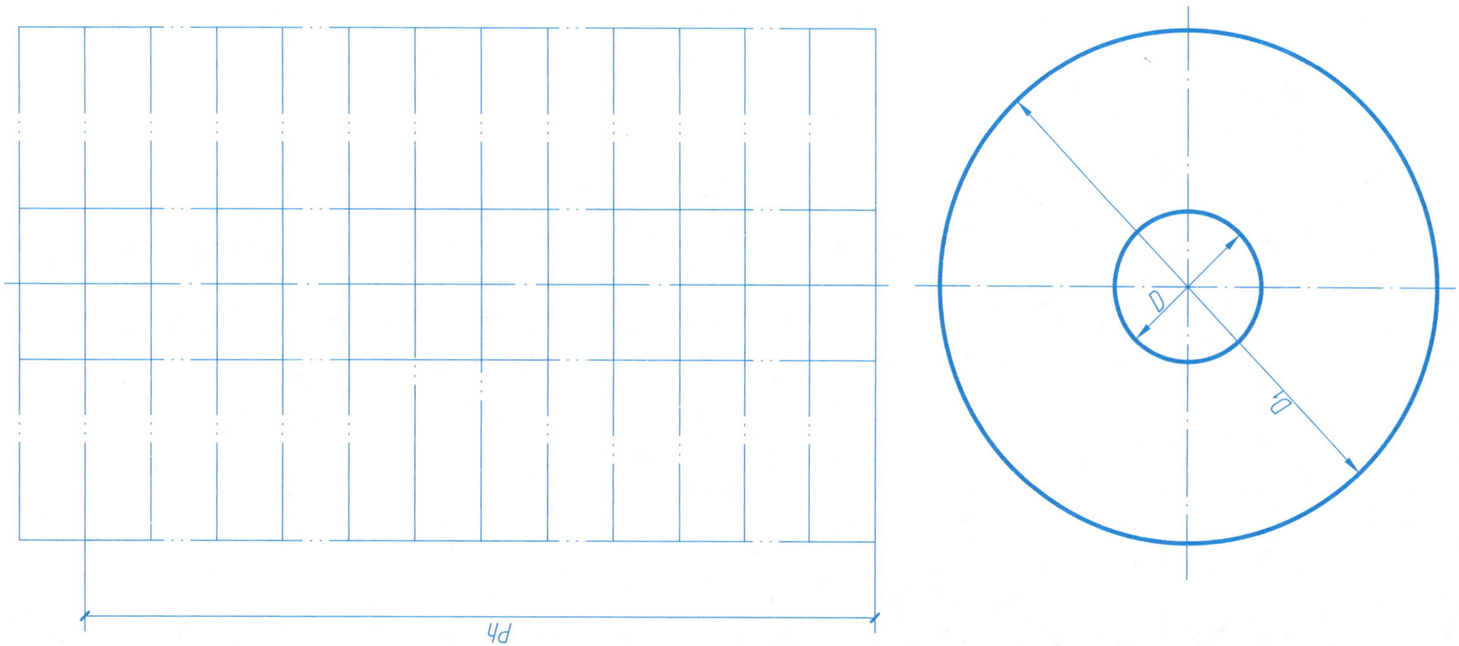

曲线和曲面	班级		姓名		学号		57

1. 求作三棱锥被平面R截割后的H投影及断面实形。

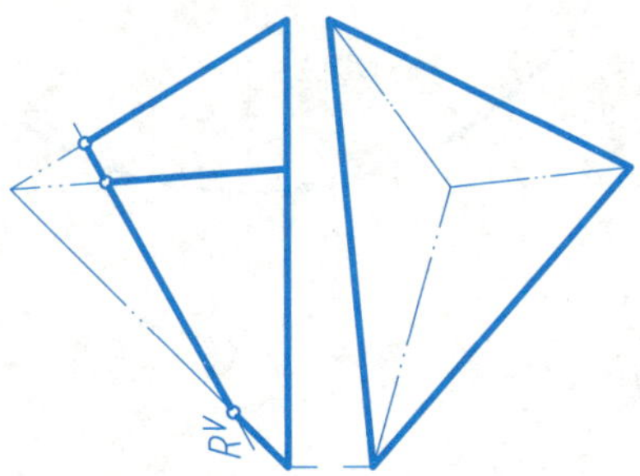

2. 补全四棱锥被平面P、R截割后的H、W投影。

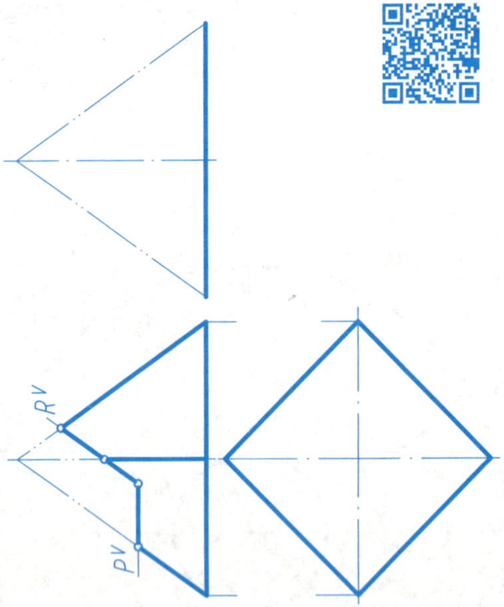

*3. 补全带缺口的四棱台的H、W投影。

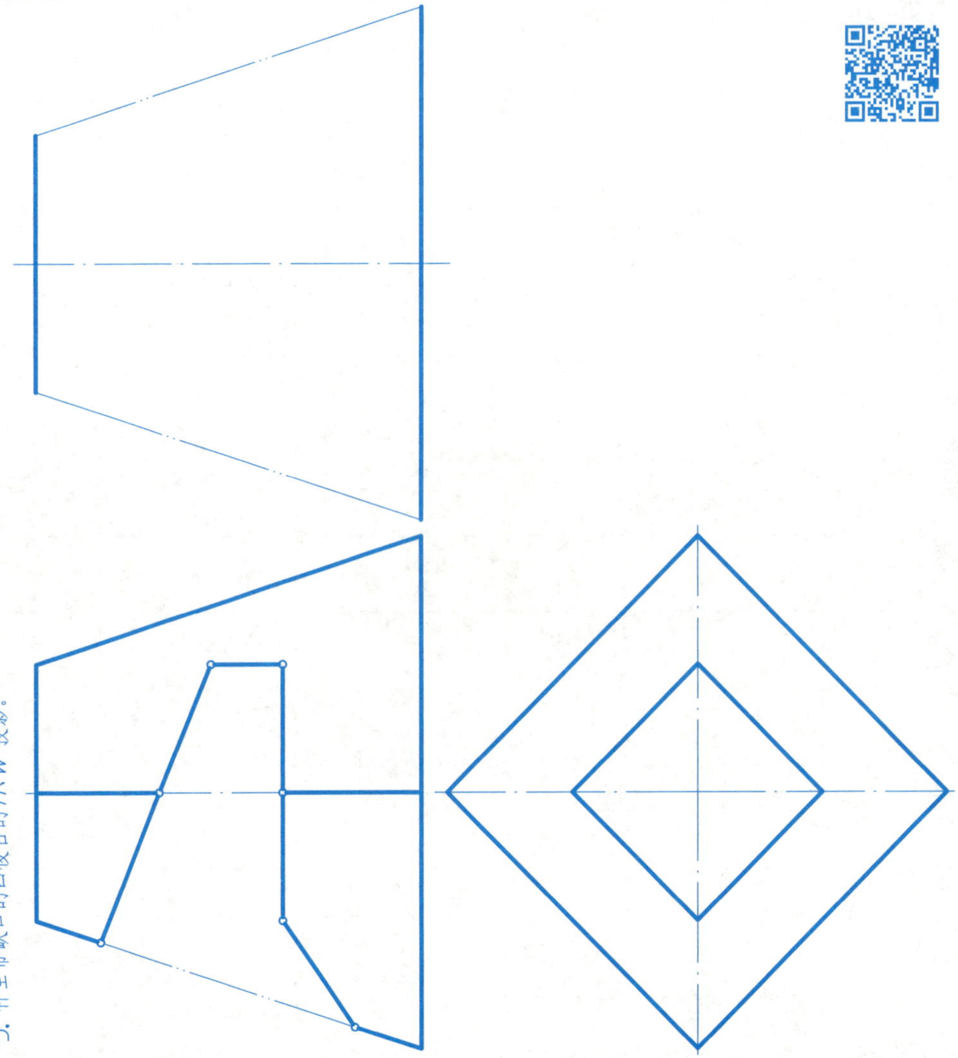

4. 补绘歇山屋面的H投影。

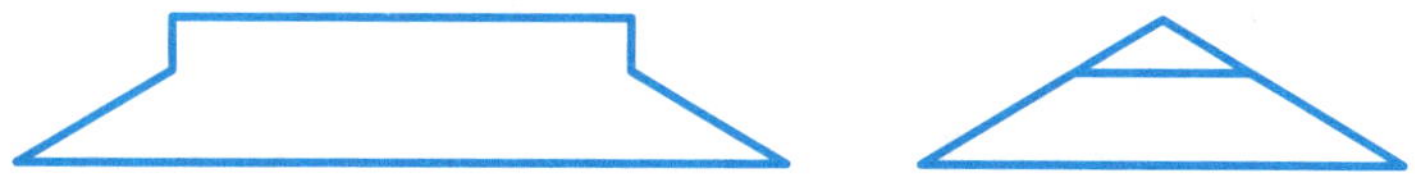

5. 补绘木榫头的H投影。

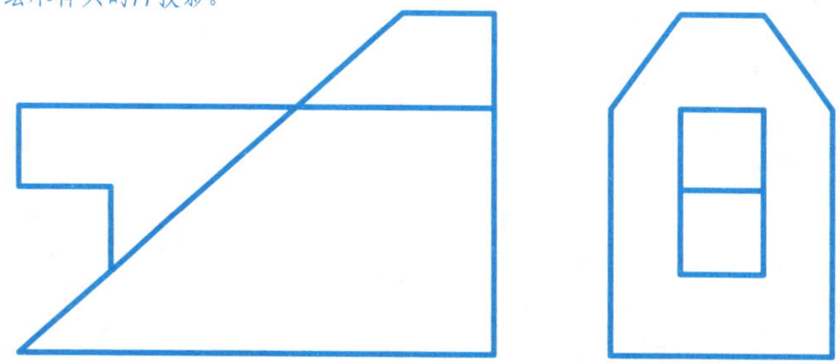

6. 补绘带缺口的四棱台的H投影。

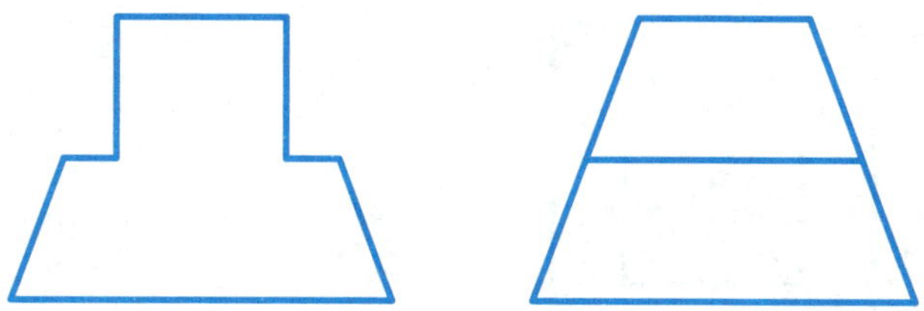

7. 补全带缺口的垫块的H、W投影。

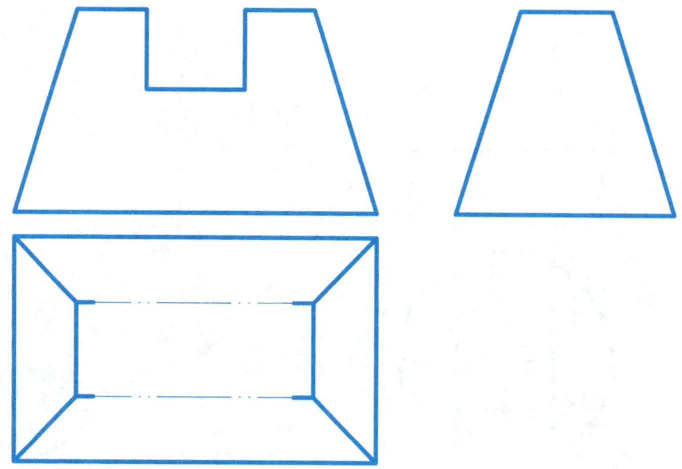

1. 补全圆柱榫头的 H、W 投影。

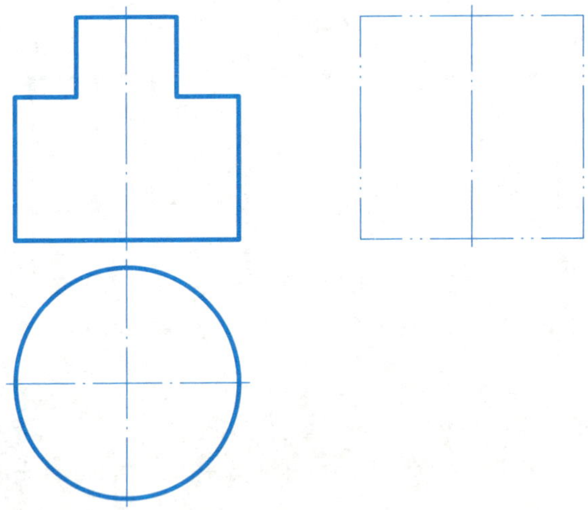

2. 补全带榫槽的圆柱的 H、W 投影。

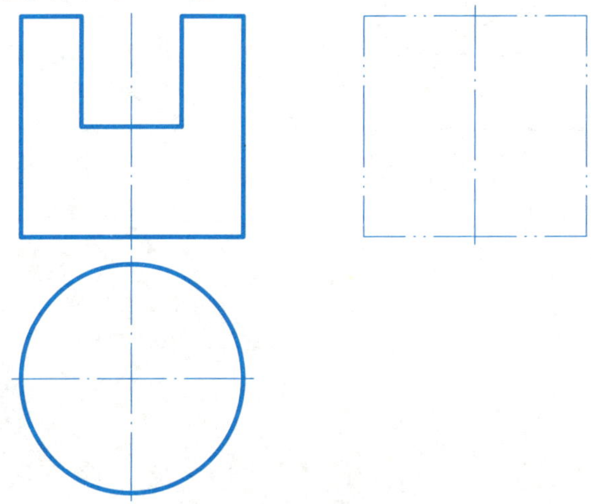

3. 补绘圆柱榫头的 W 投影。

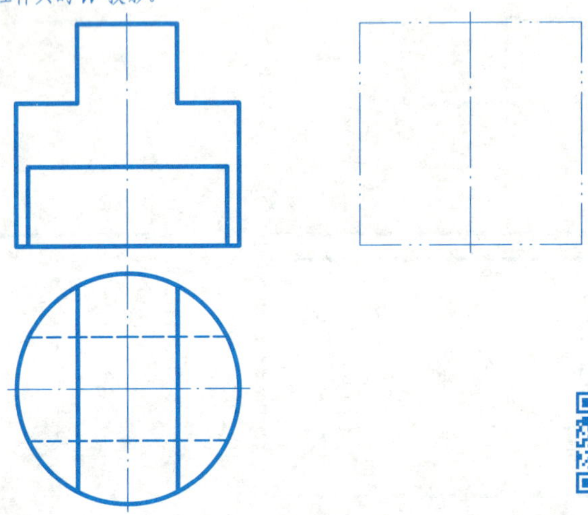

4. 补全带通孔的圆柱的 H、W 投影。

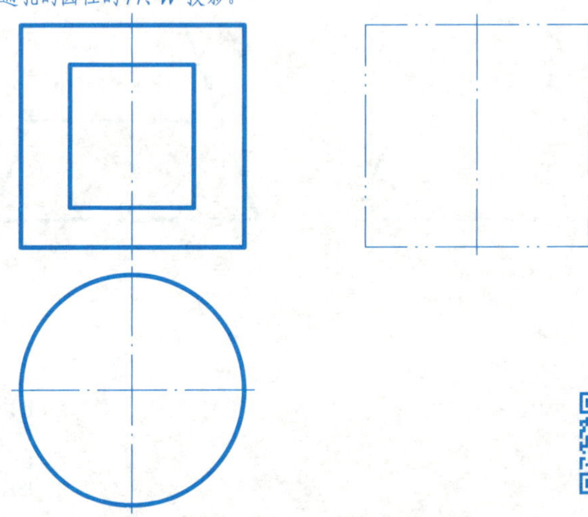

班级		姓名		学号	

5.已知圆柱被四个正垂面截割，补全此圆柱的 H、W 投影。

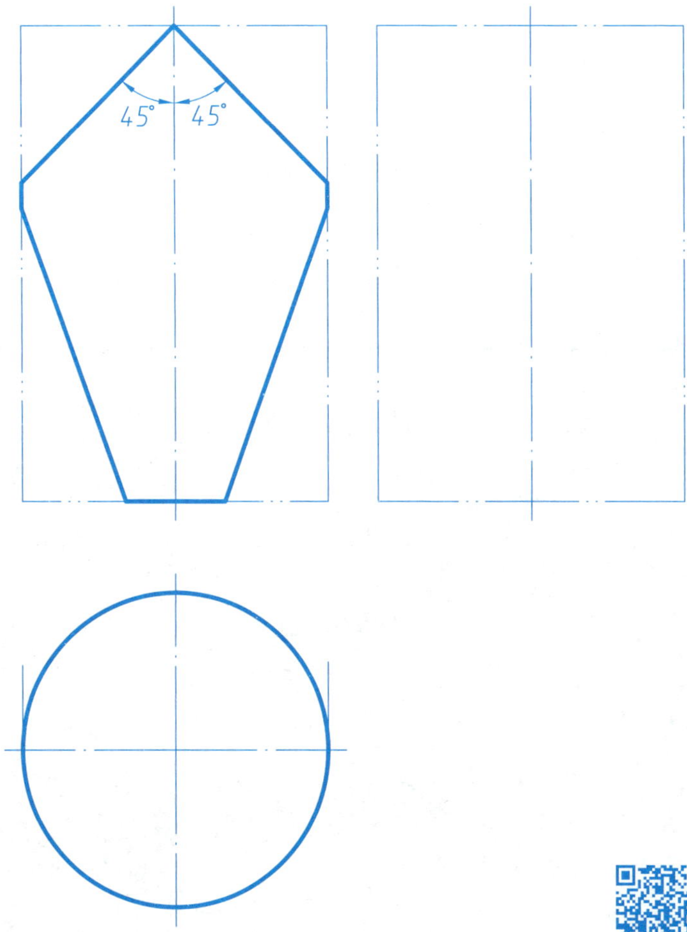

*6. 已知共轴线（轴线垂直于 V 面）的不等径组合圆柱，被水平面、侧平面和正平面截去左上前方的一部分，补绘此组合圆柱的 W 投影。

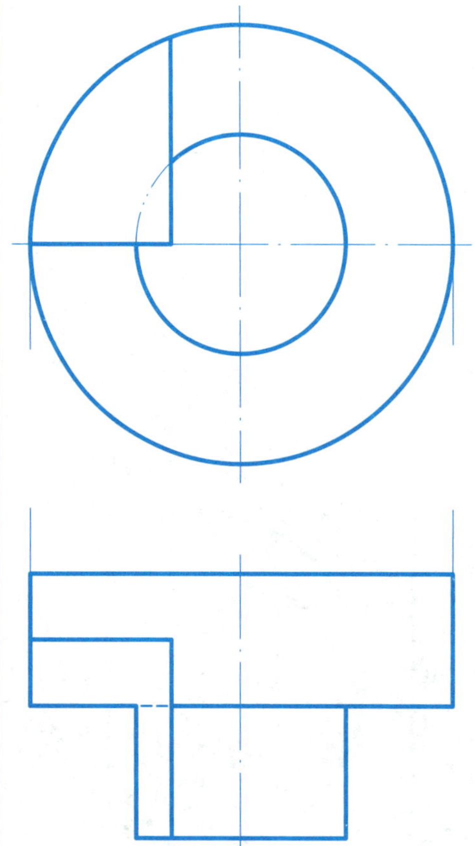

7. 补全圆锥被平面截割后的H、W投影。

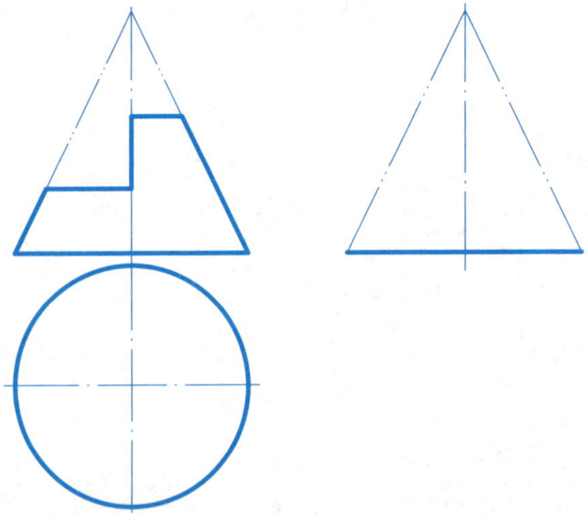

8. 补全圆锥被平面P截割后的V投影。

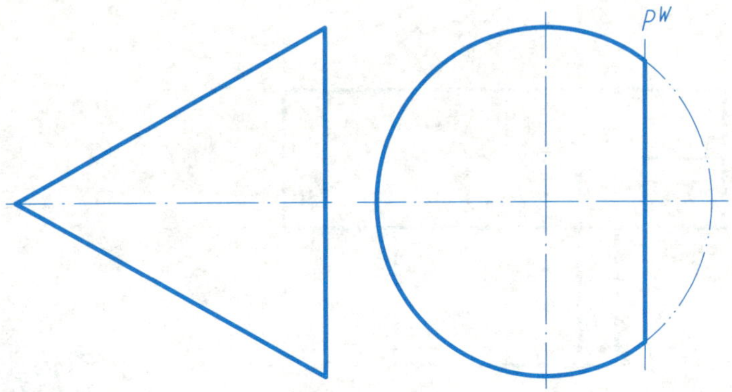

9. 补全圆锥被平面R截割后的H、W投影。

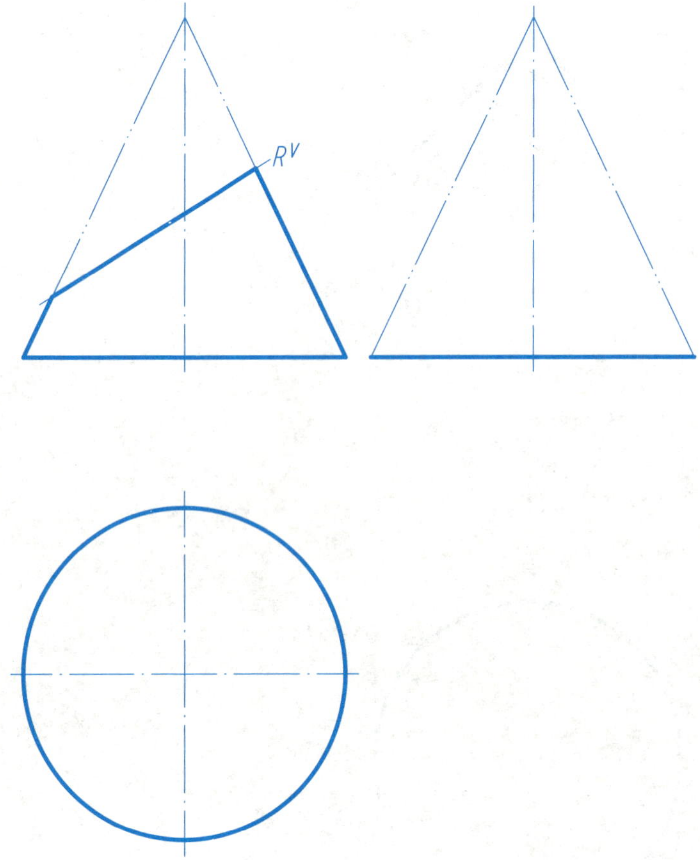

班级		姓名		学号		

*10. 补全圆锥被平面截割后的 H、W 投影。

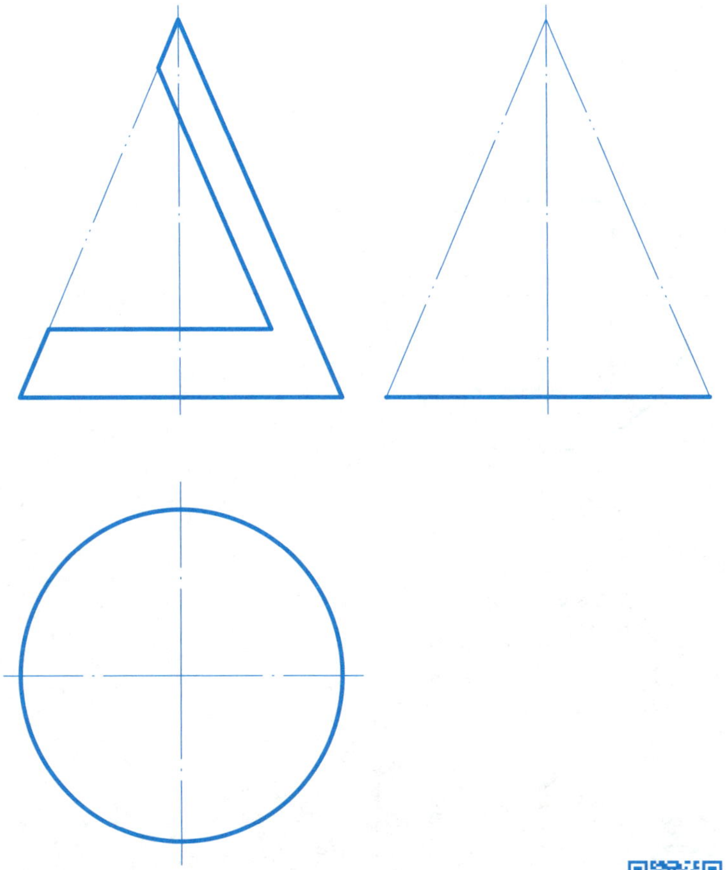

11. 求作球被平面 R 截割后的 H、W 投影及断面实形。

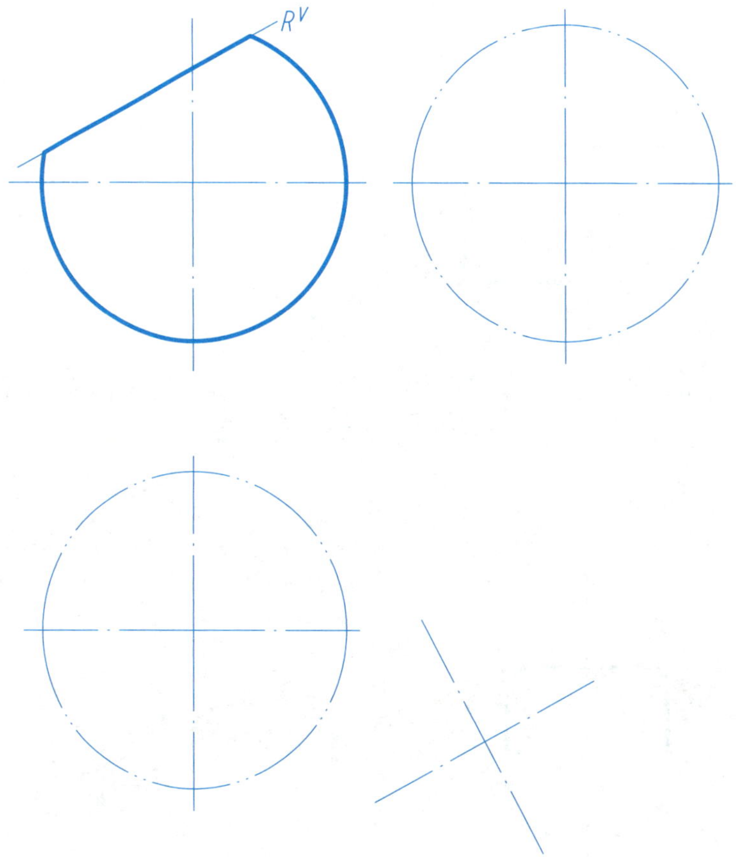

12. 补绘球壳屋面的 V、W 投影。

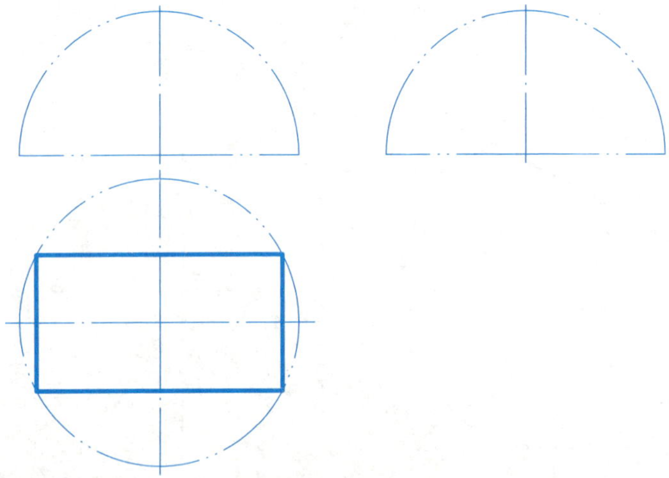

13. 补绘球壳屋面的 V、W 投影。

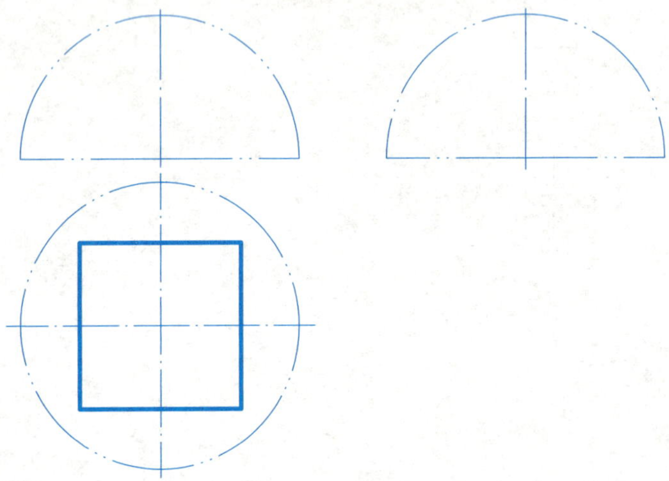

*14. 补绘带通孔的球的 H、W 投影。

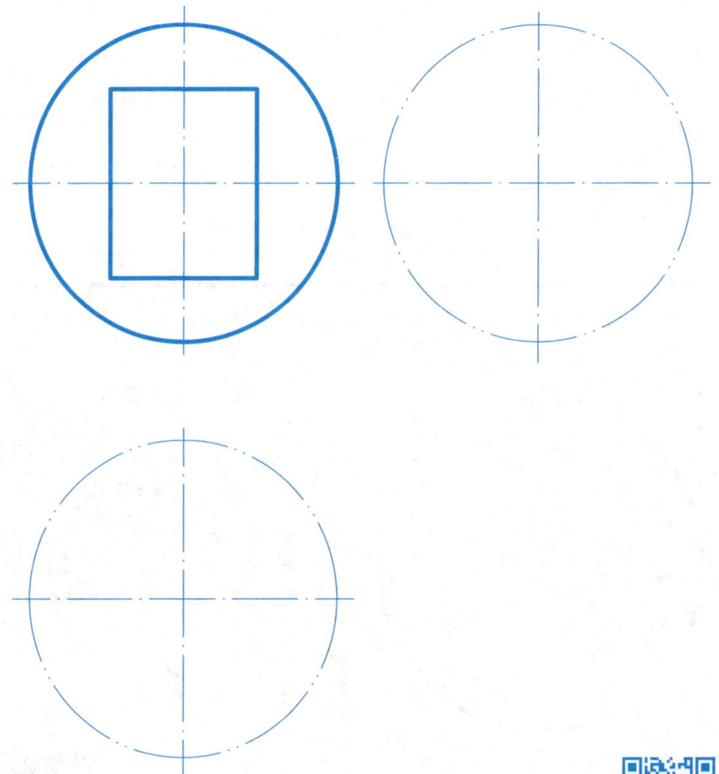

1. 补绘烟囱、气窗与屋面的交线。

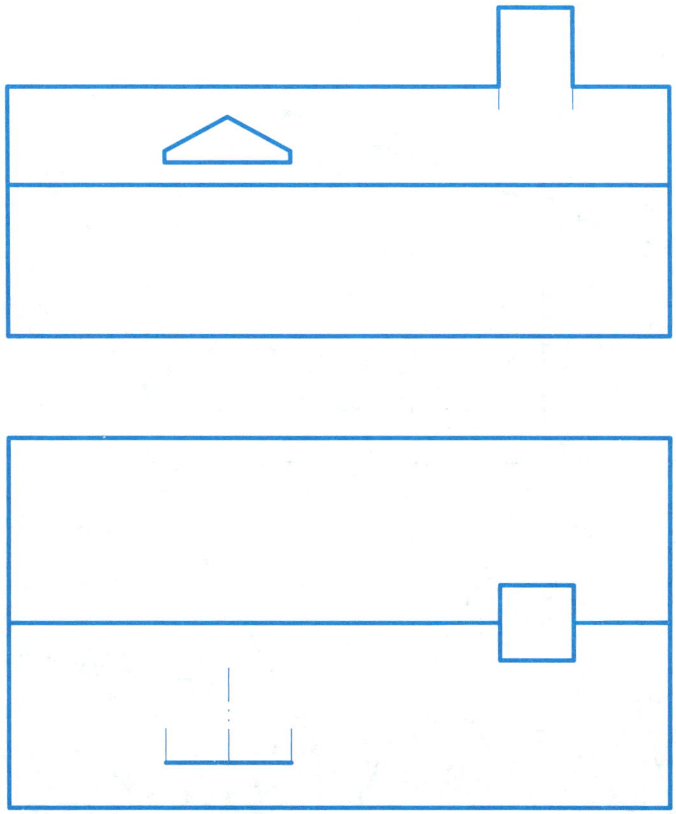

2. 补绘屋面的交线。

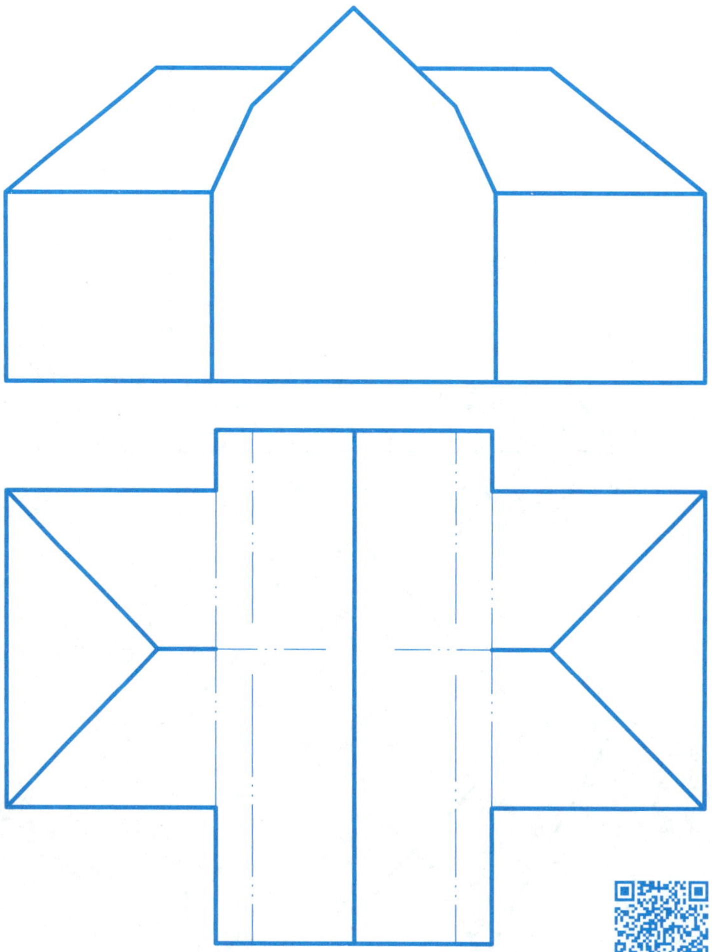

3. 补绘六棱锥与四棱柱的表面交线。

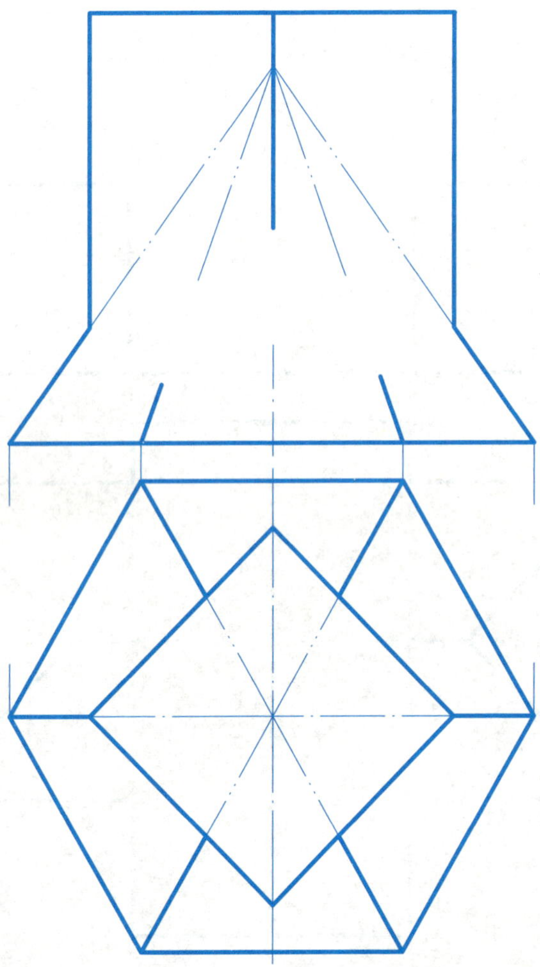

*4. 补绘两个三棱柱的表面交线。

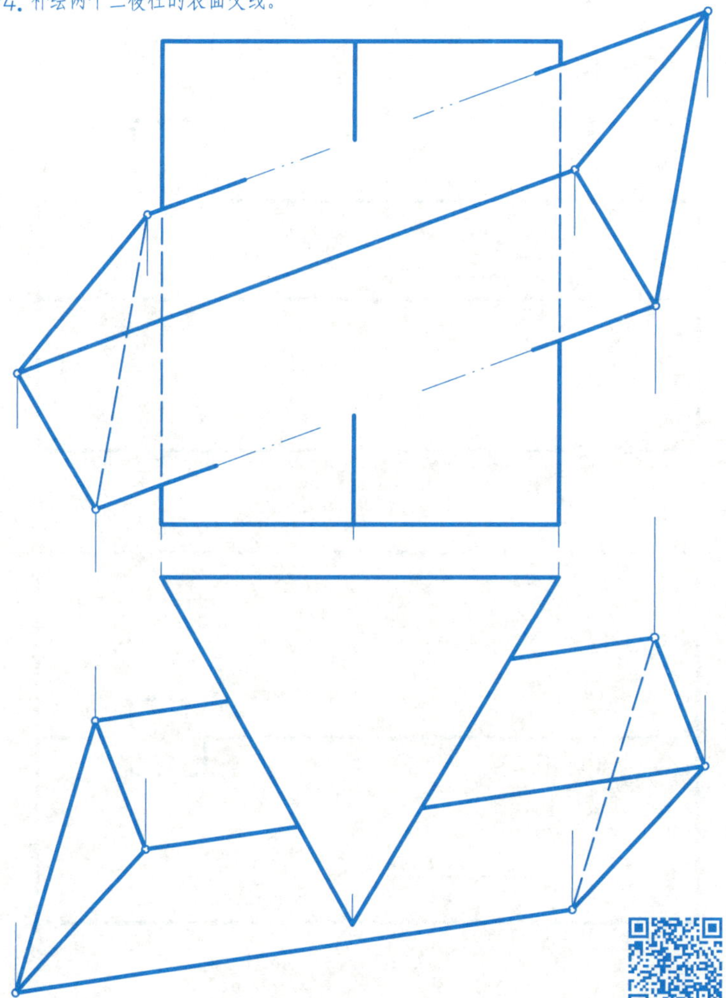

班级 姓名 学号

*5. 补绘四棱柱（被斜截）与四棱锥的表面交线。

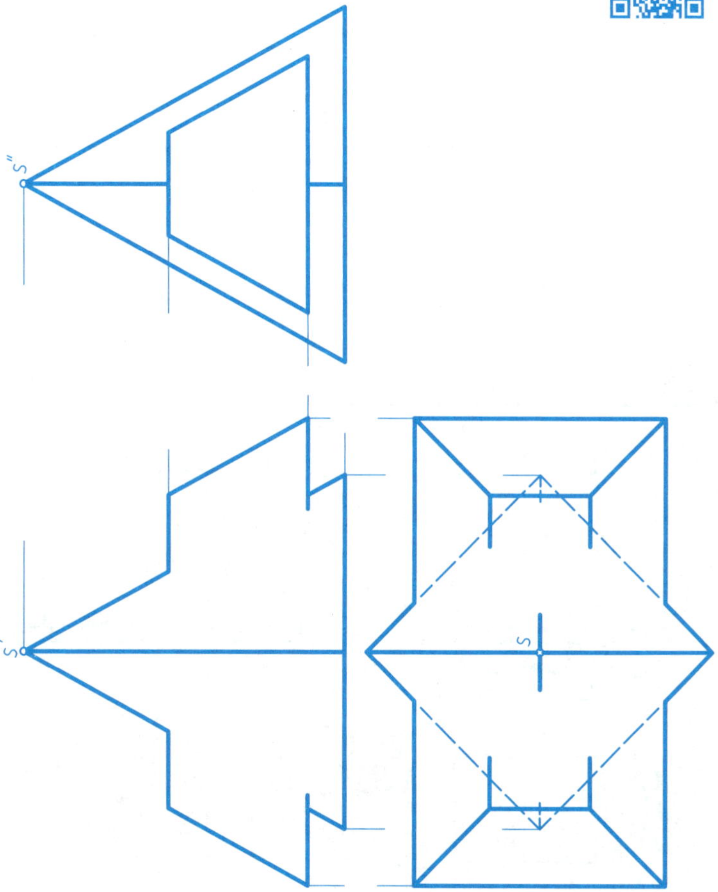

*6. 补绘三棱柱与三棱锥的表面交线。

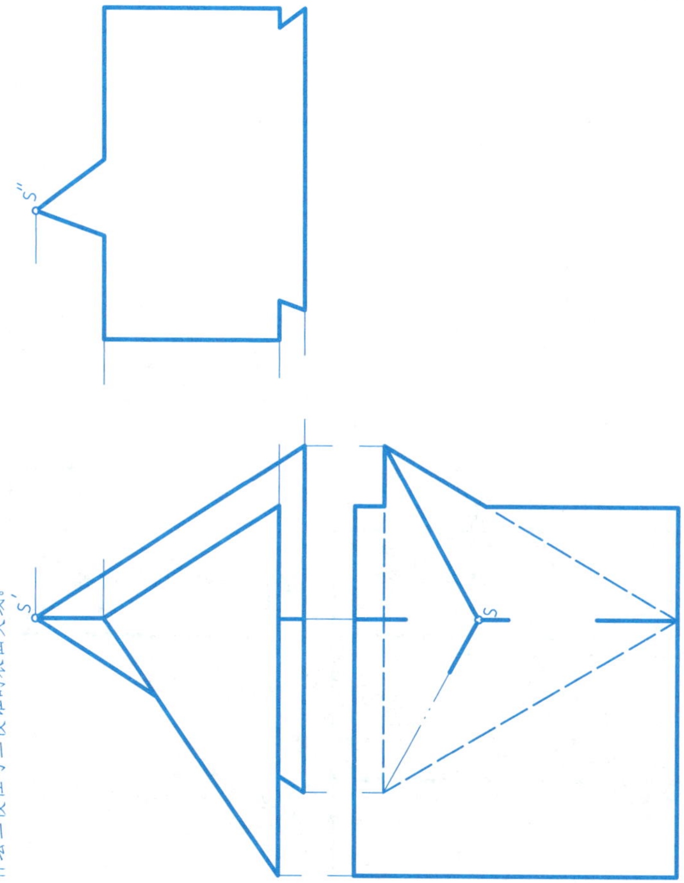

1. 补绘矩形梁与圆柱的表面交线。

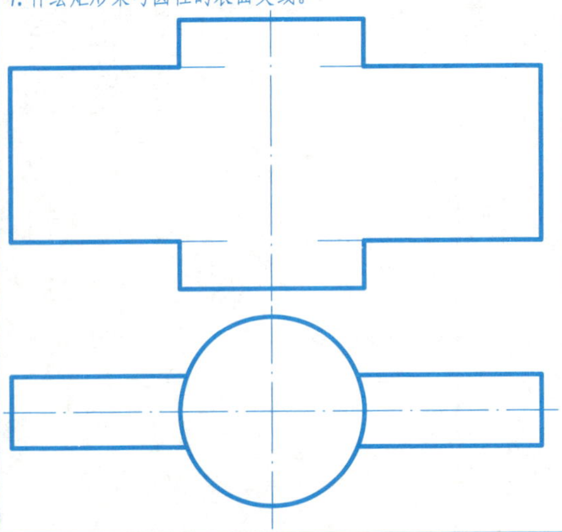

2. 补绘烟囱与圆拱屋面的交线。

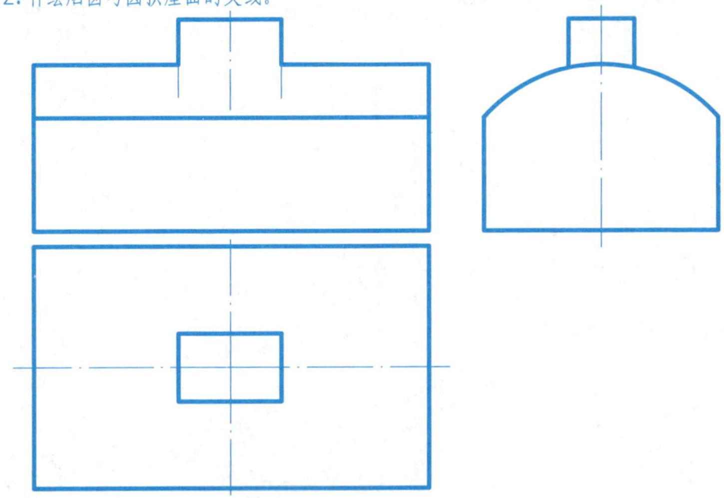

3. 补绘圆拱屋面与斜屋面的交线。

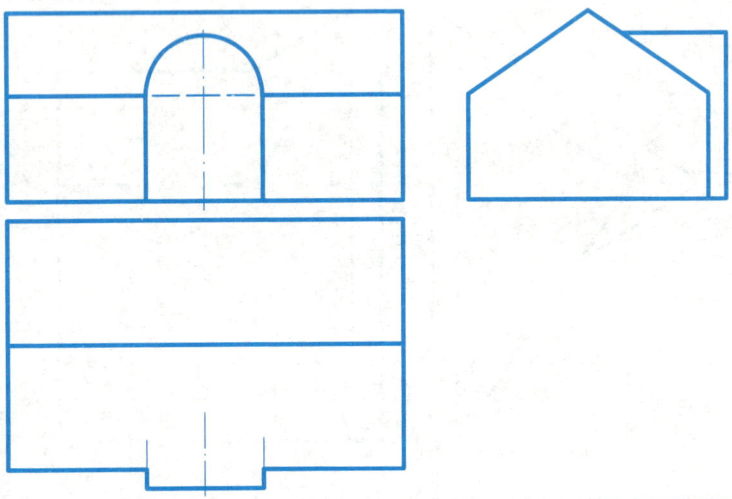

4. 补绘球式杯形柱基础的表面交线。

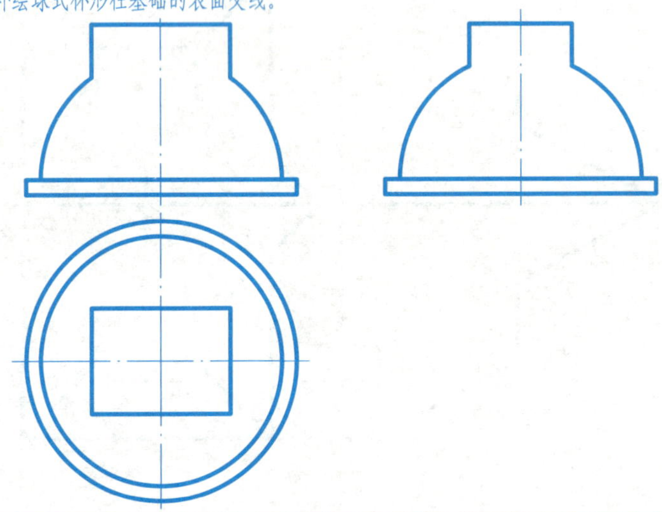

班级		姓名		学号	

5. 补绘三棱柱与圆锥的表面交线。

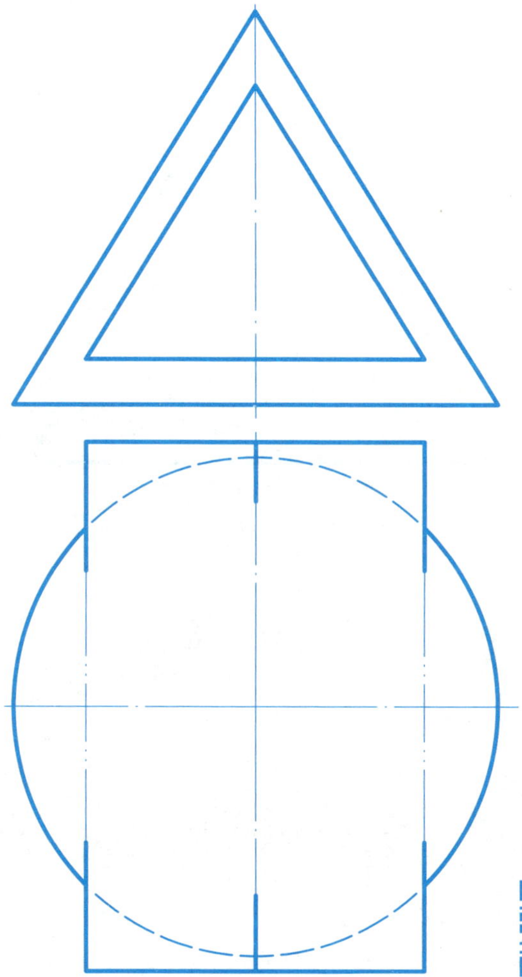

6. 补绘下部四坡屋面与上部圆柱墙身的表面交线。

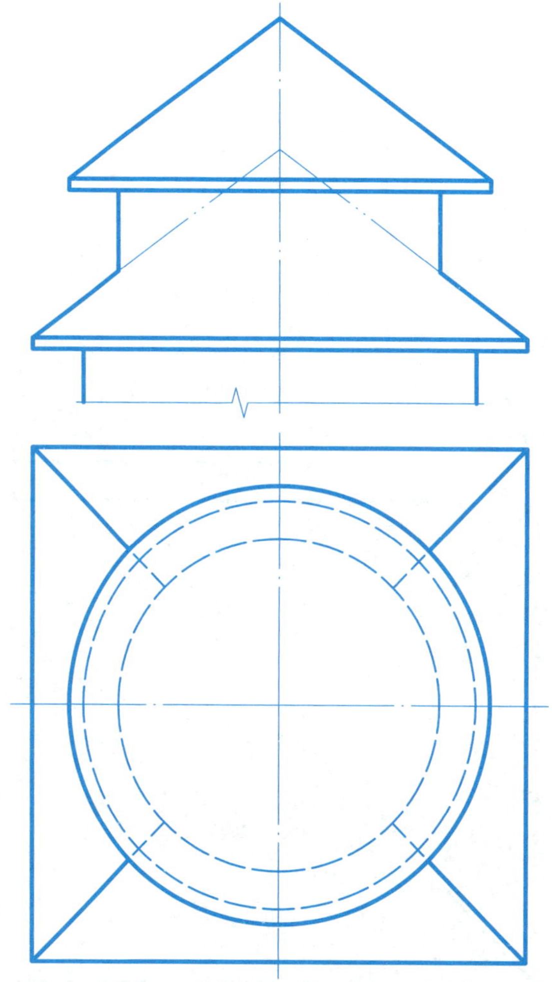

班级		姓名		学号	

*7. 补绘圆锥与坡屋面的表面交线。

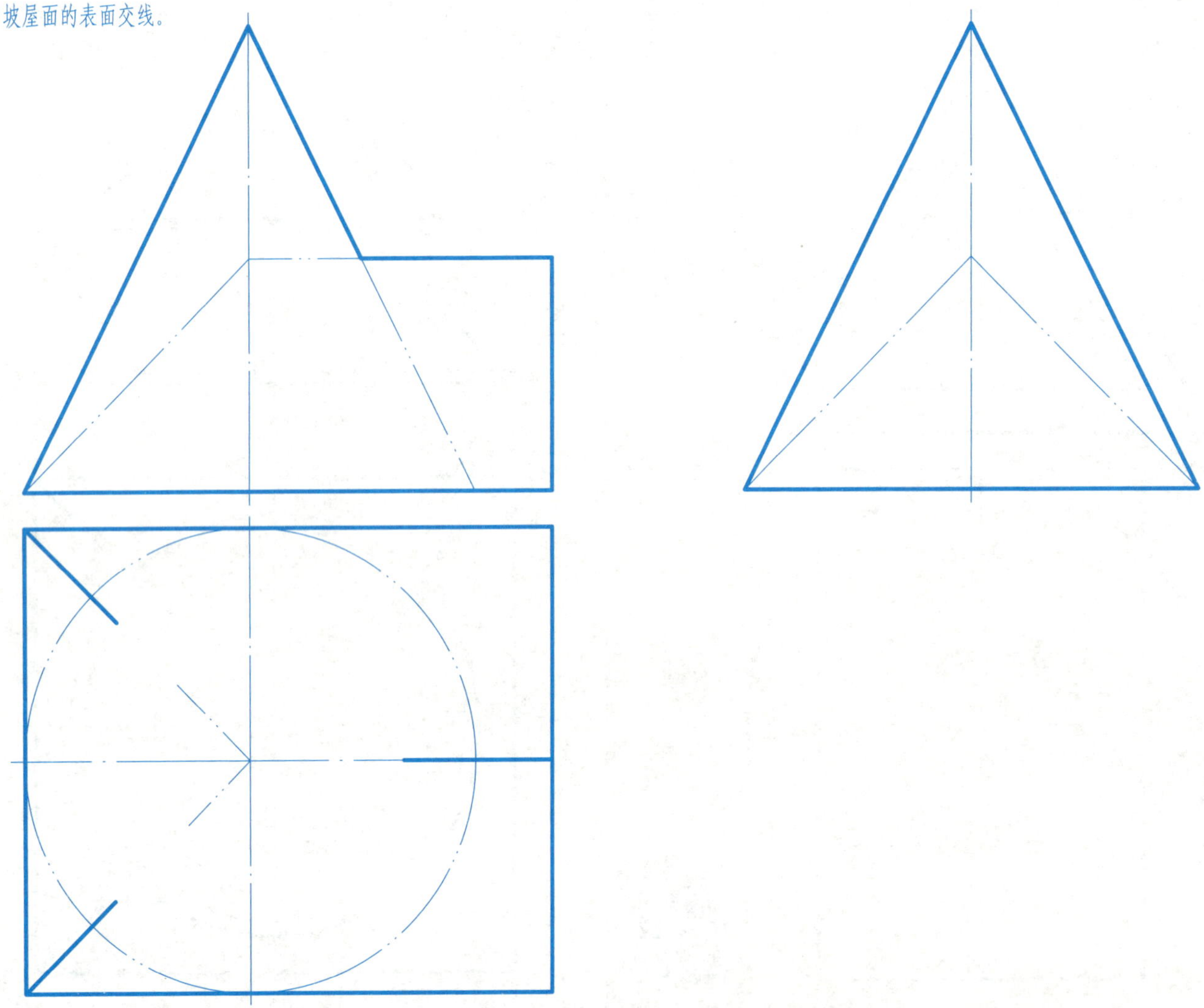

班级		姓名		学号	

1. 补绘形体的表面交线。

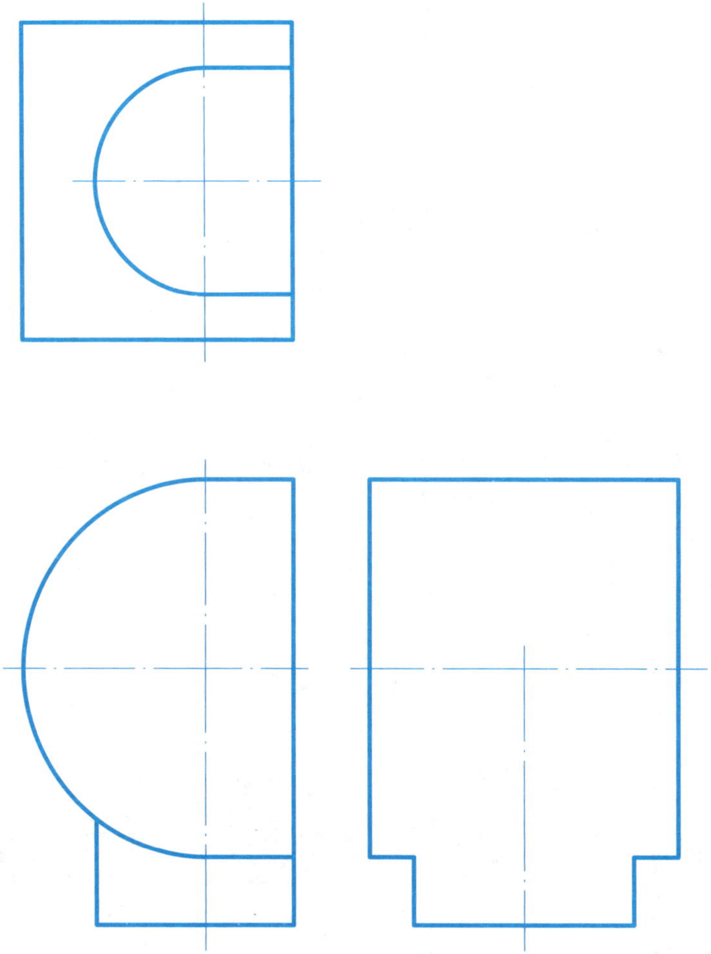

2. 补绘两圆柱管的内、外表面交线。

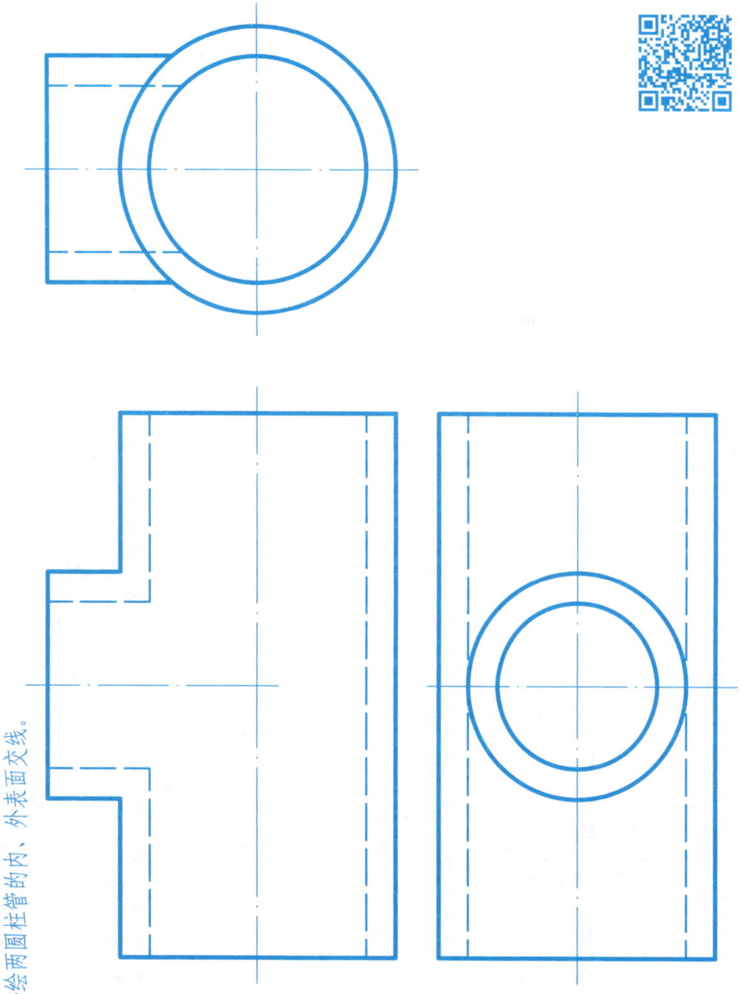

	相贯线——曲面体与曲面体相贯	班级		姓名		学号		71

3. 补绘圆锥与圆柱的表面交线。

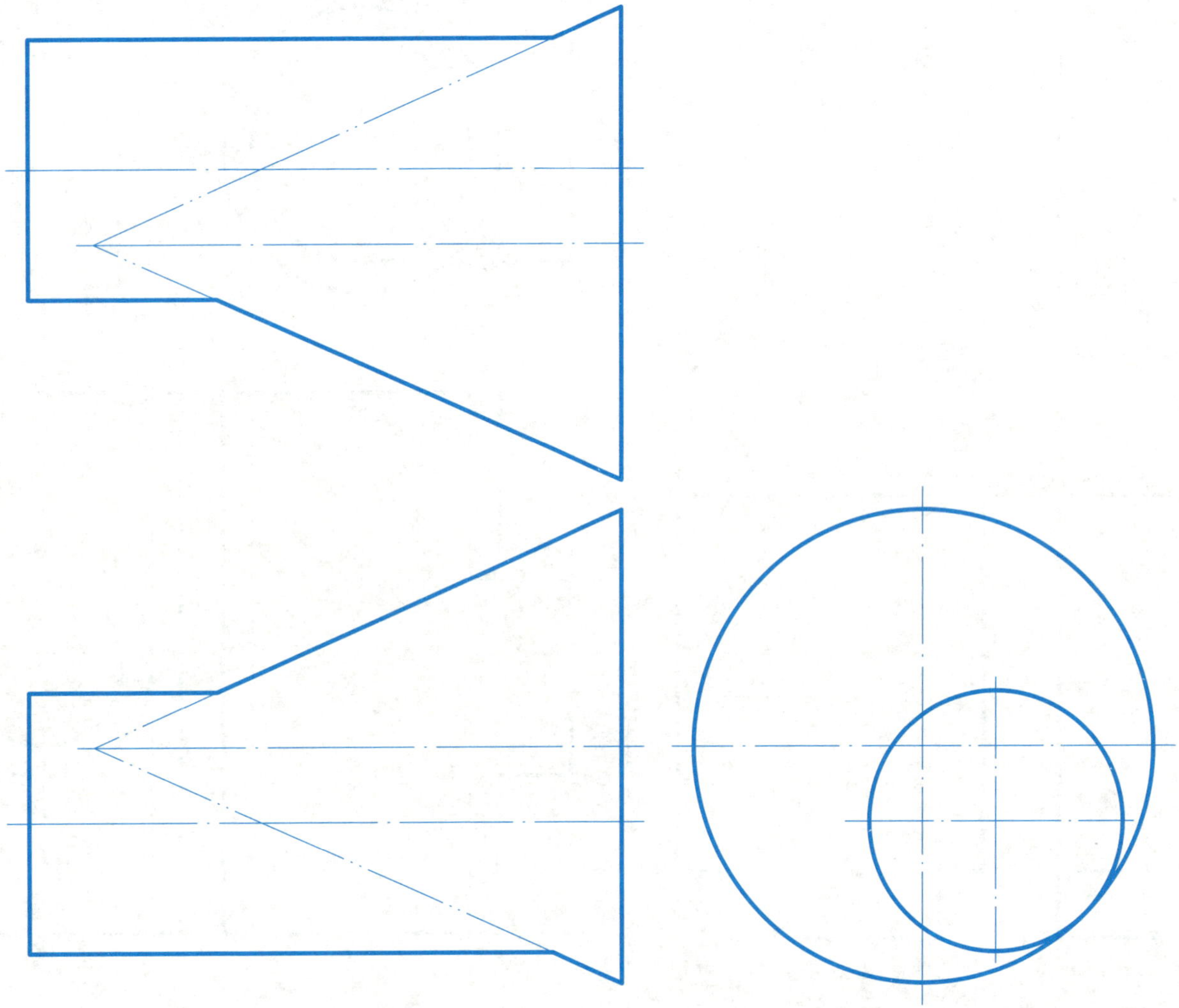

4. 补绘圆柱与圆台的表面交线。

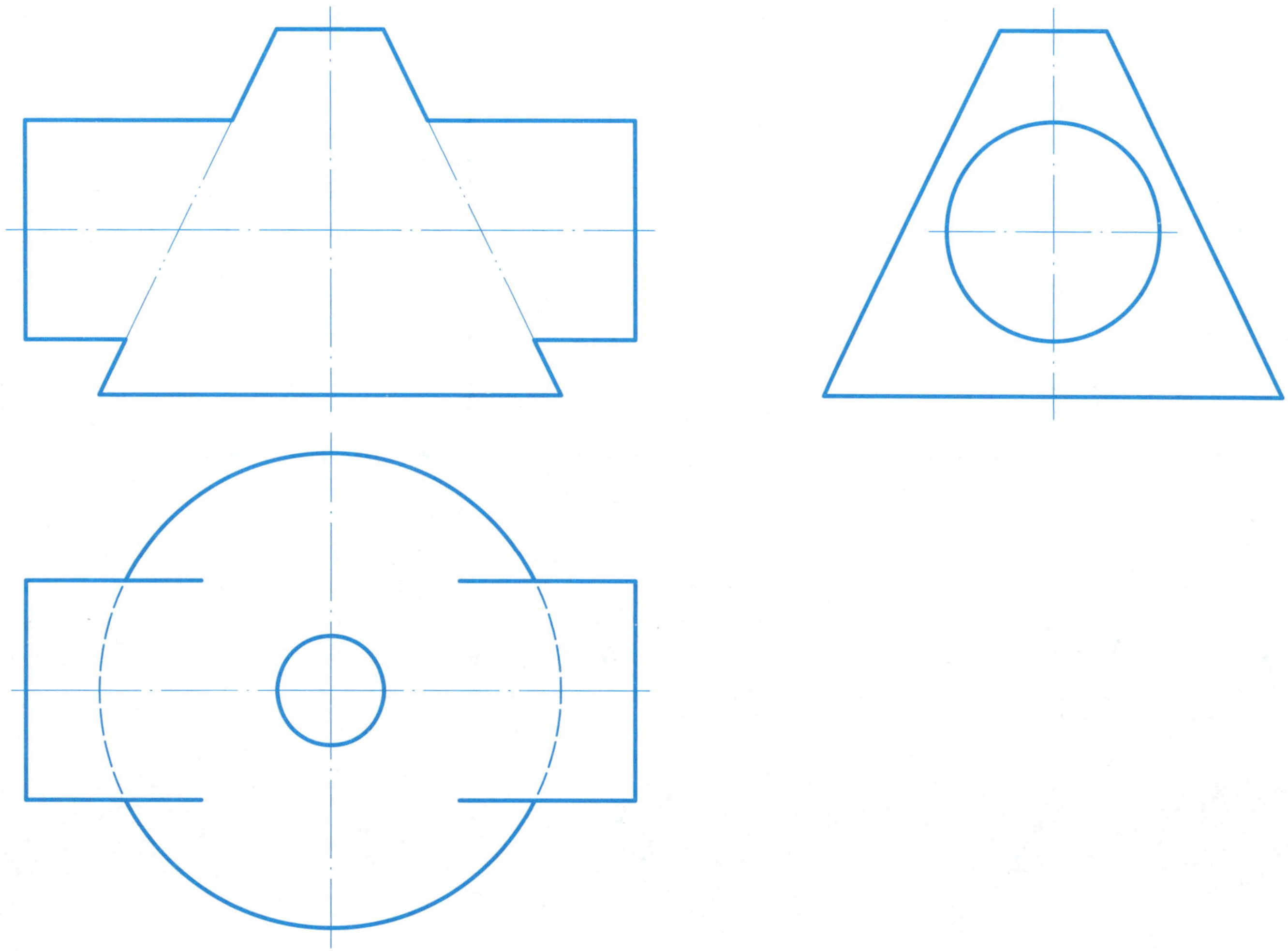

5. 补绘斜交圆柱的表面交线。

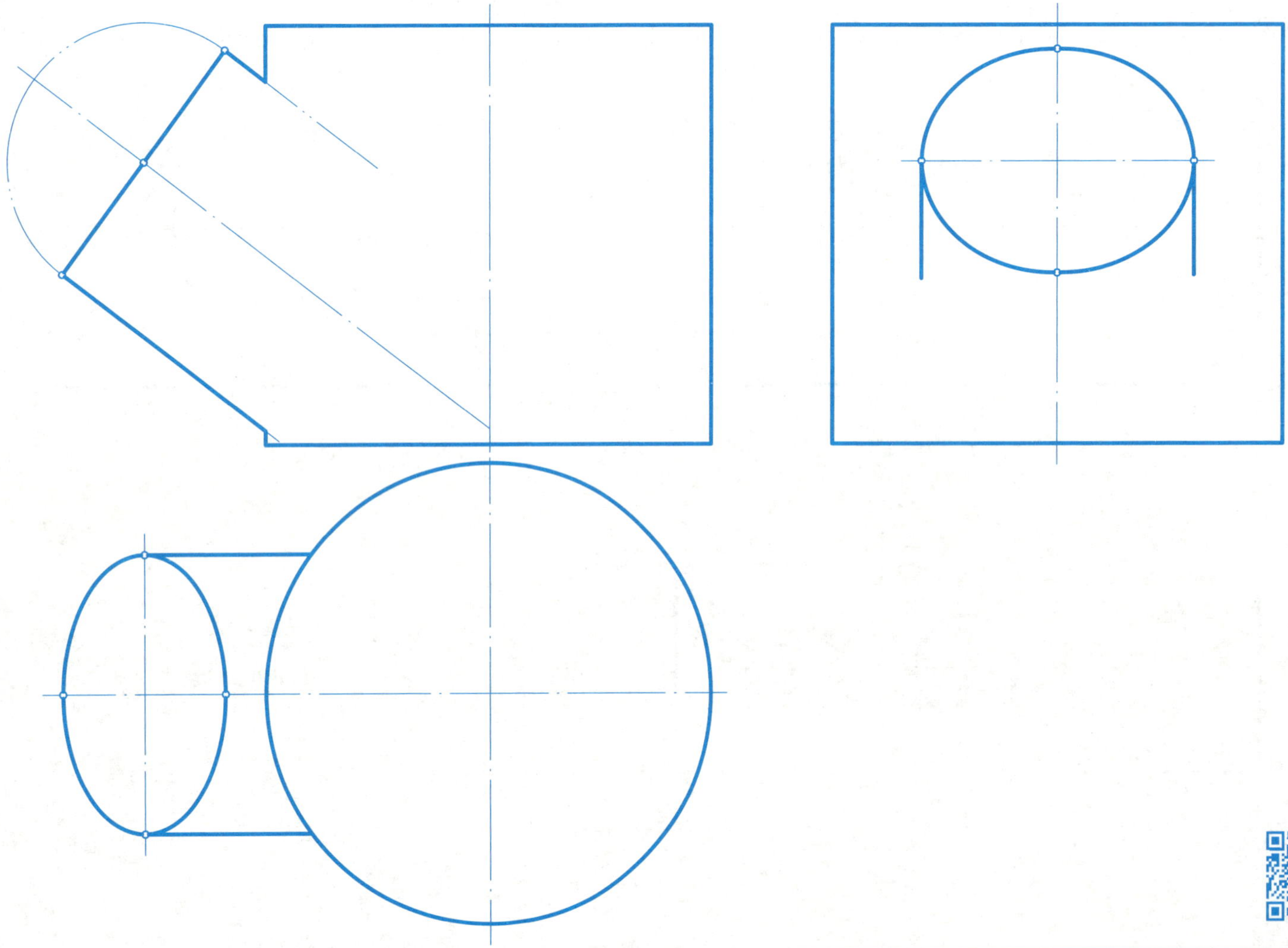

*6. 补绘半球与圆台的表面交线。

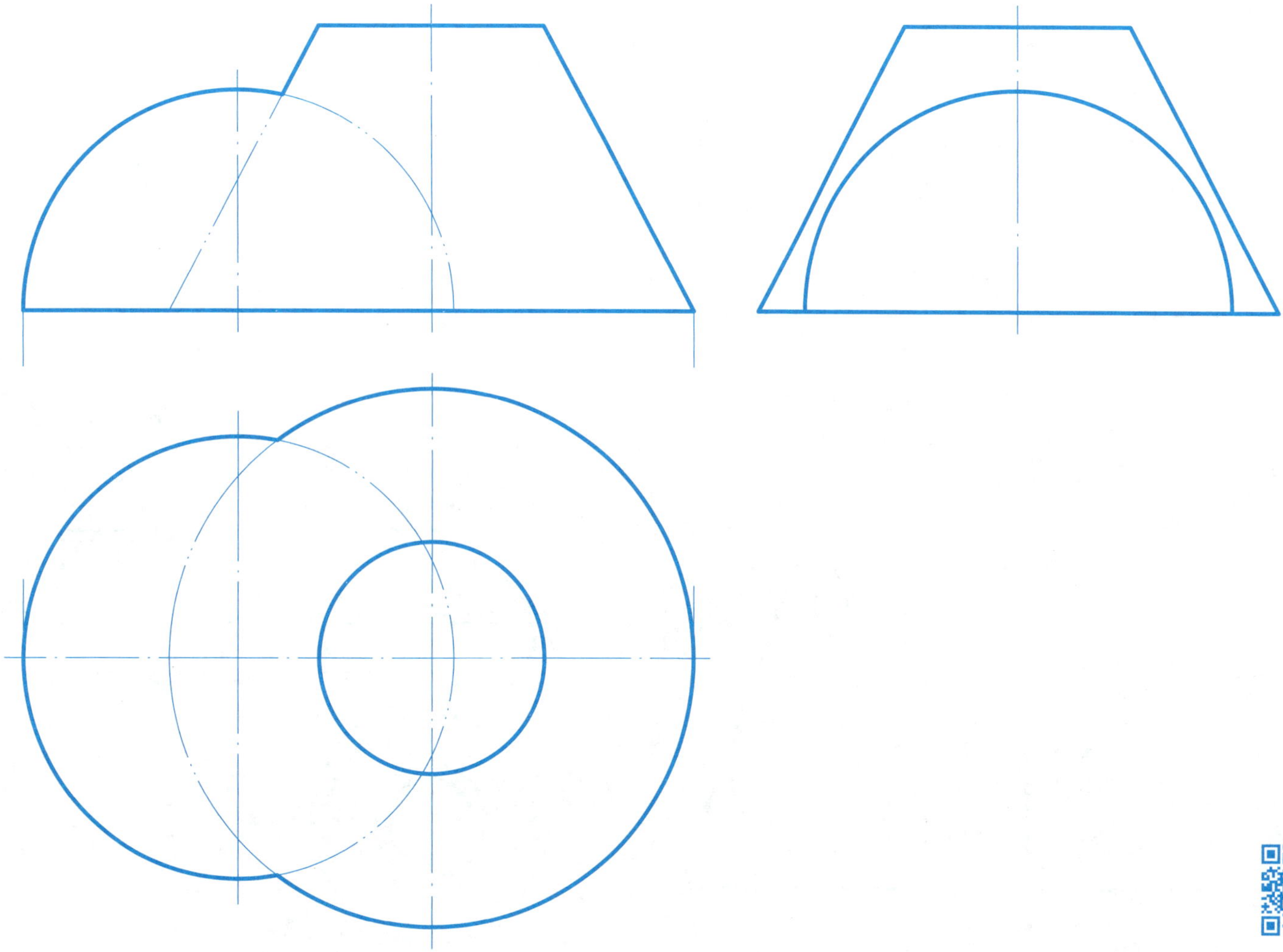

7. 补全形体的 *V* 投影。

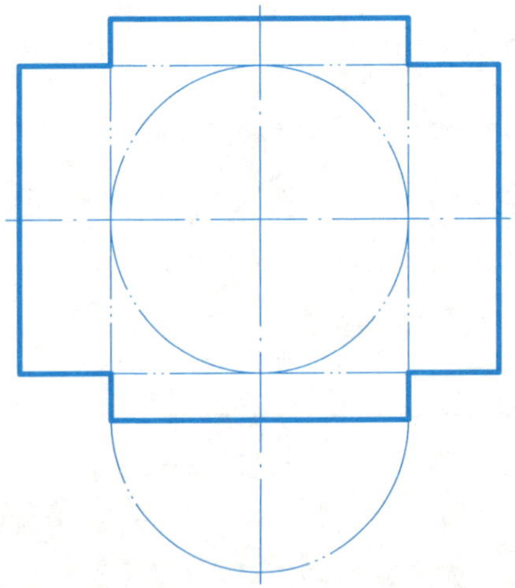

8. 补绘形体的 *H* 投影。

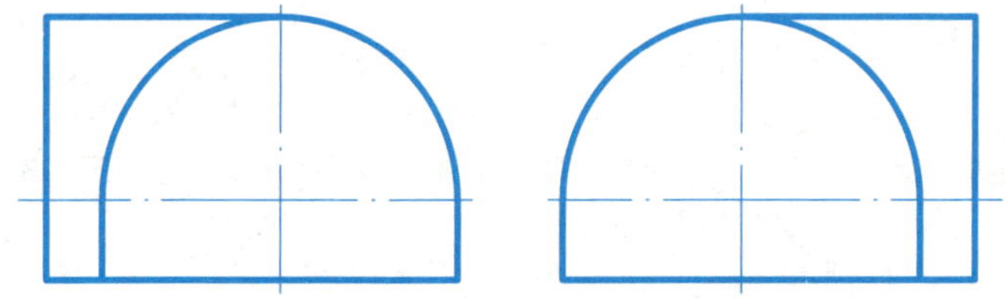

9. 补绘具有公共内切球的圆柱和圆锥的表面交线。

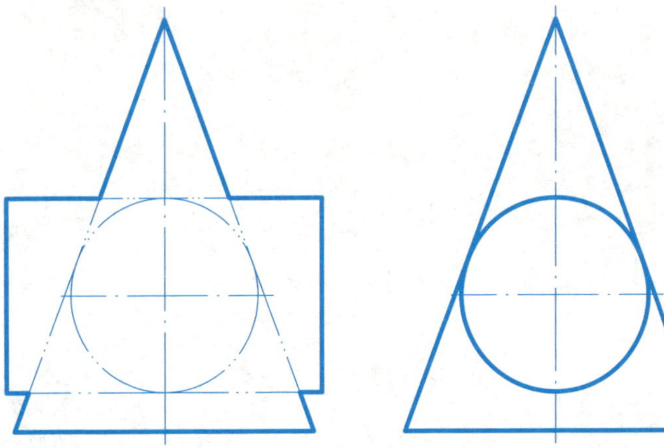

10. 补绘圆柱形气窗与球壳屋面的交线。

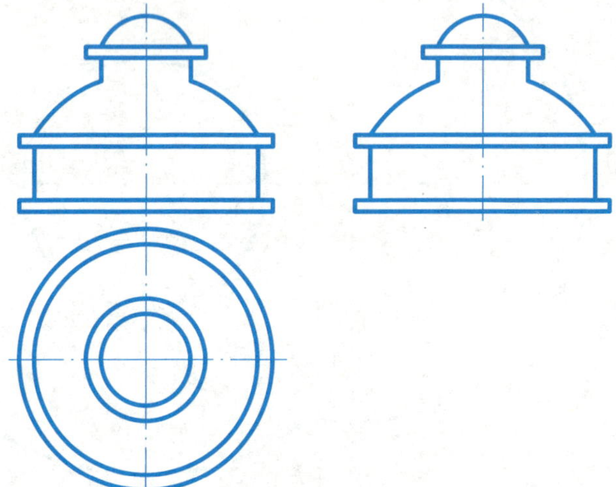

班级　　姓名　　学号

根据模型（或轴测图）作三视图草图；根据草图绘制仪器图，并标注尺寸（比例 1:1）。

1）

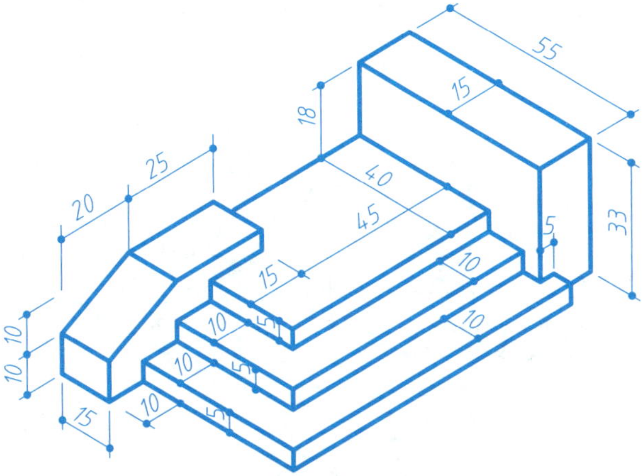

2）

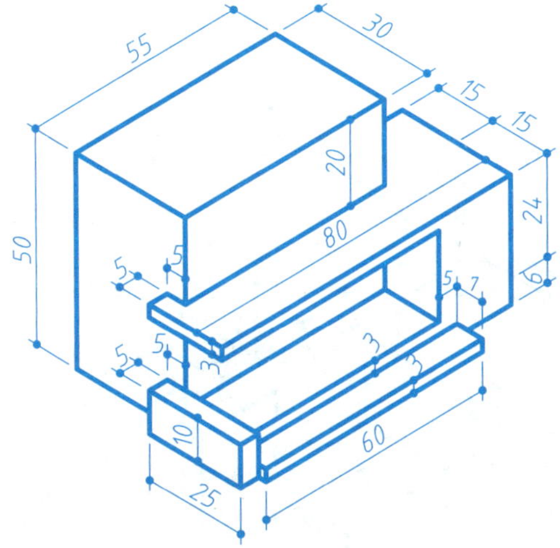

3）

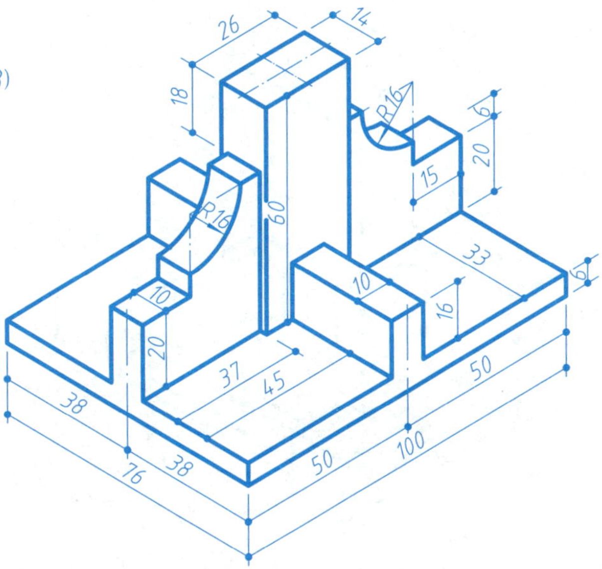

4）

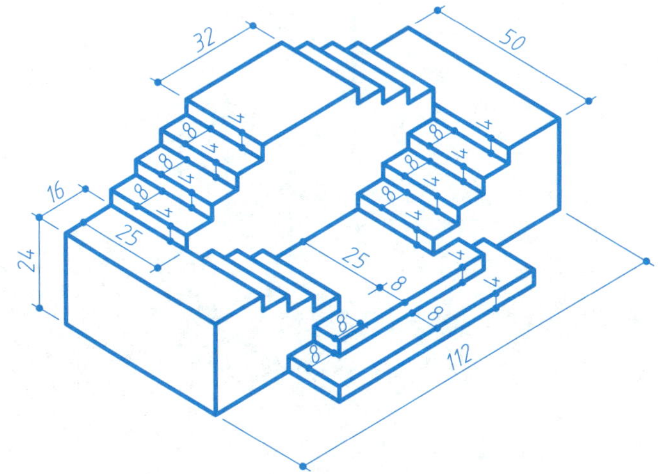

	建筑形体的画法——测绘模型	班级		姓名		学号		77

5)

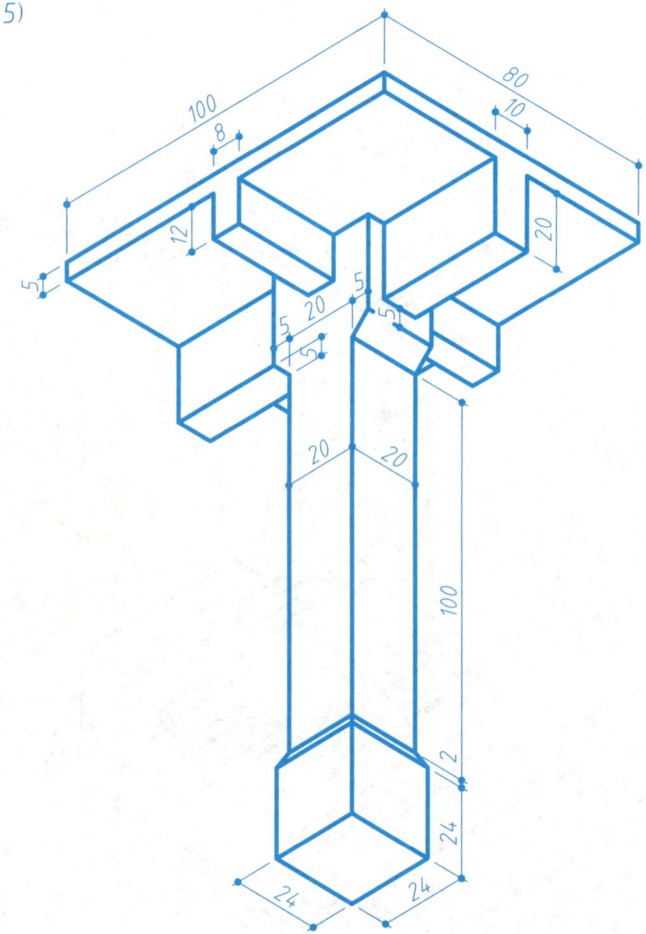

6)

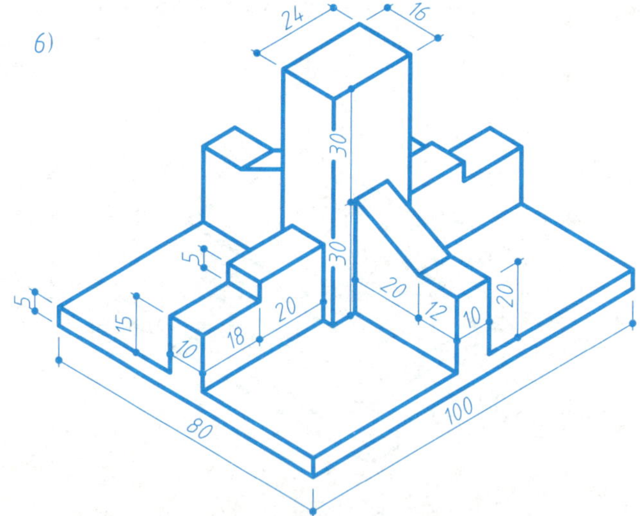

7)

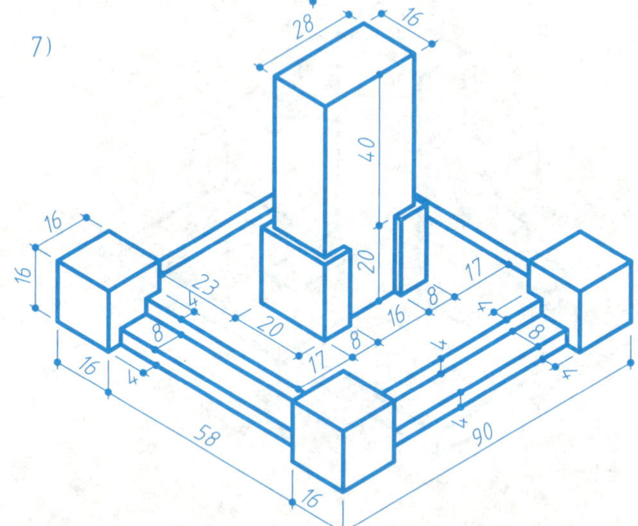

1. 补绘梯级的左侧立面图。

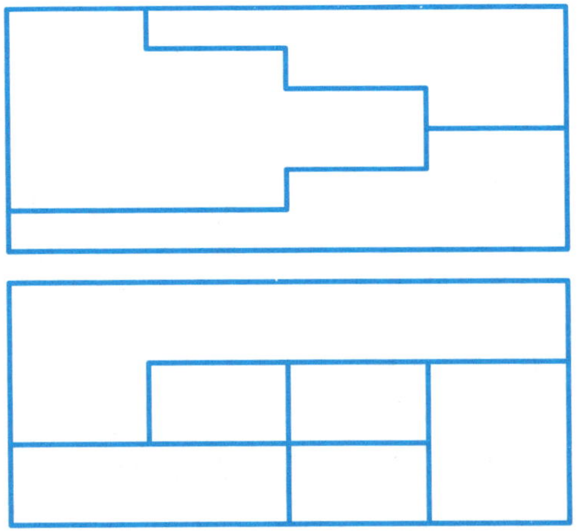

2. 补绘坡道的平面图。

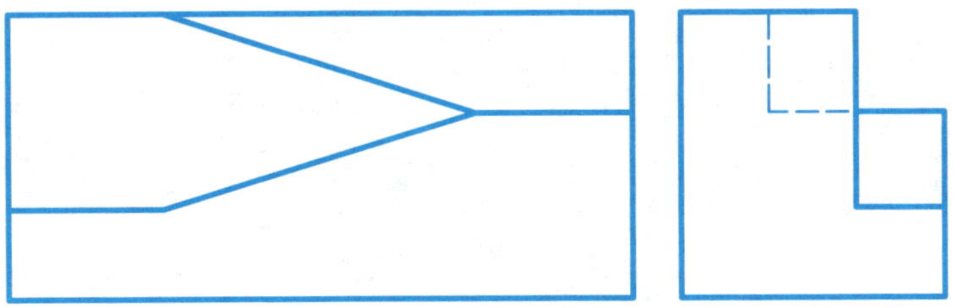

3. 补绘梯级的左侧立面图。

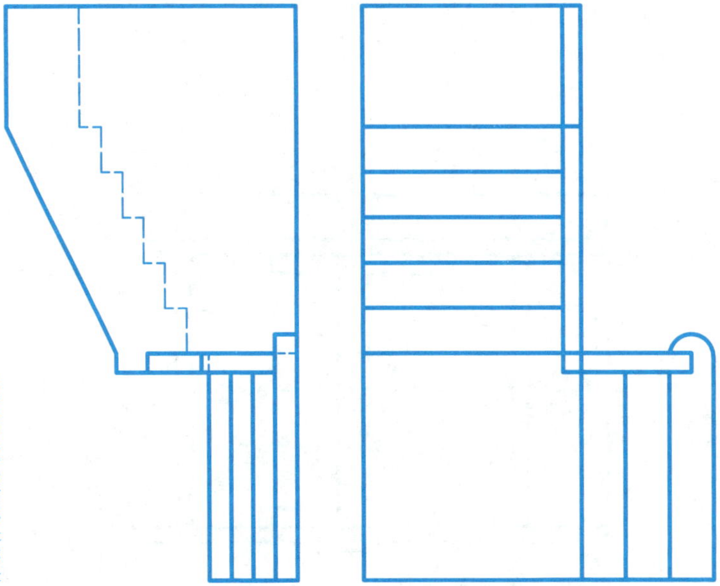

4. 补绘钢柱座的左侧立面图，并标注尺寸（本图绘图比例为1:50）。

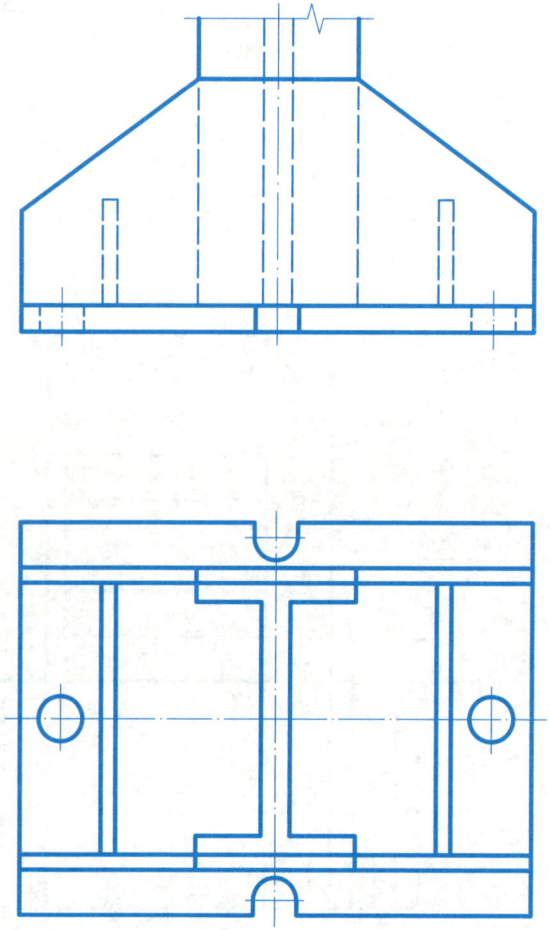

1. 补绘基础的左侧立面图，并将正立面图、左侧立面图改画成合适的剖面图。（不需要的线上画“×”标记，各题同。）

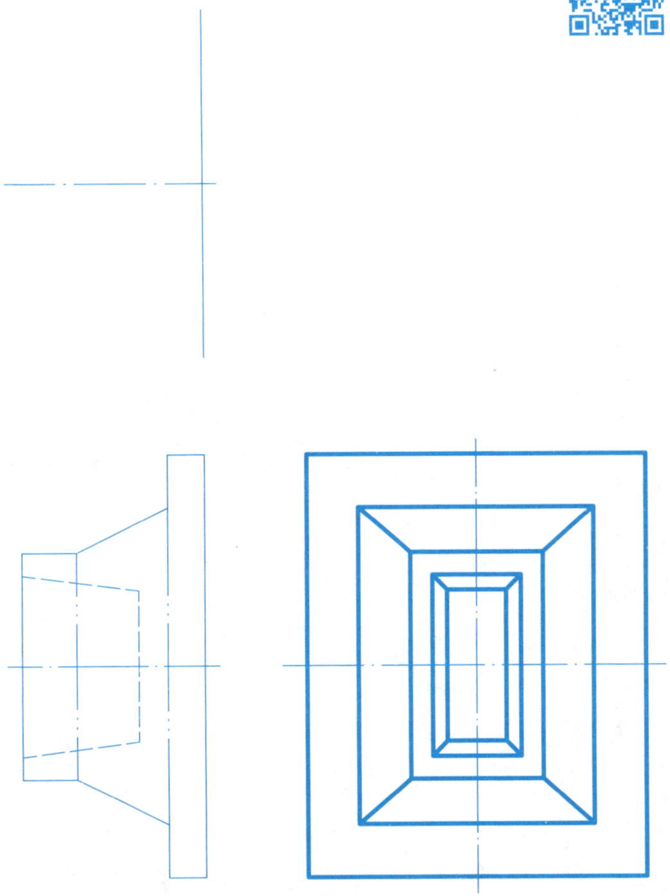

2. 补绘基础的左侧立面图，并将正立面图、左侧立面图改画成合适的剖面图。

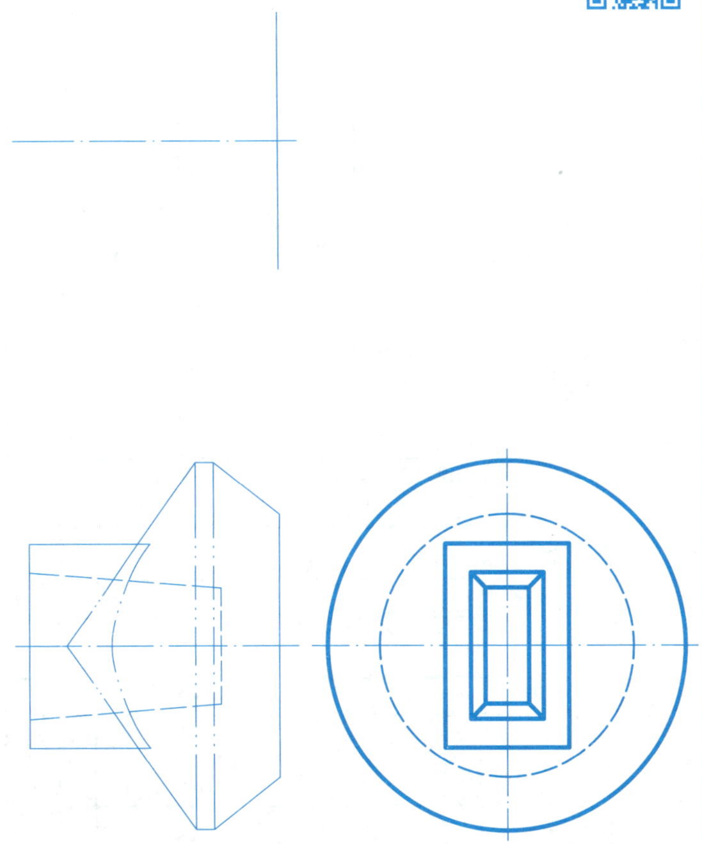

3. 补绘建筑细部的1—1剖面图。

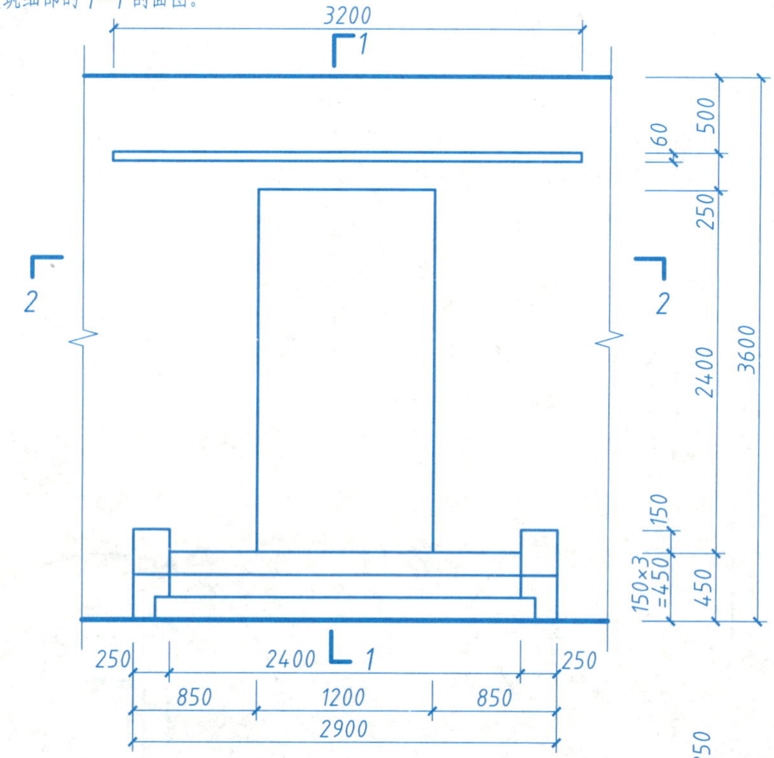

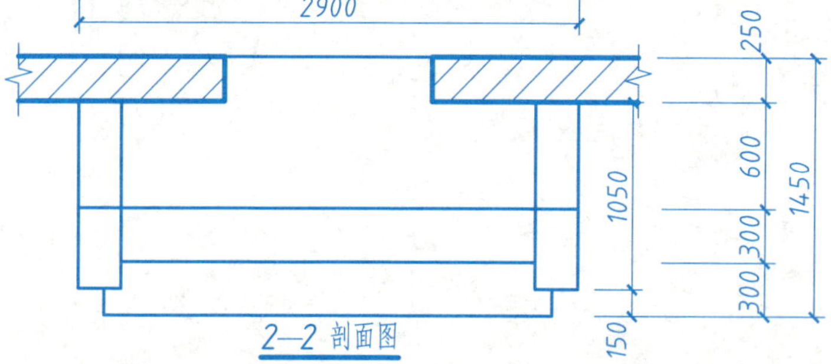

2—2 剖面图

注：雨篷宽度1200

 班级 姓名 学号

4. 补绘形体的左侧立面图，将正立面图、左侧立面图画成合适的剖面图。

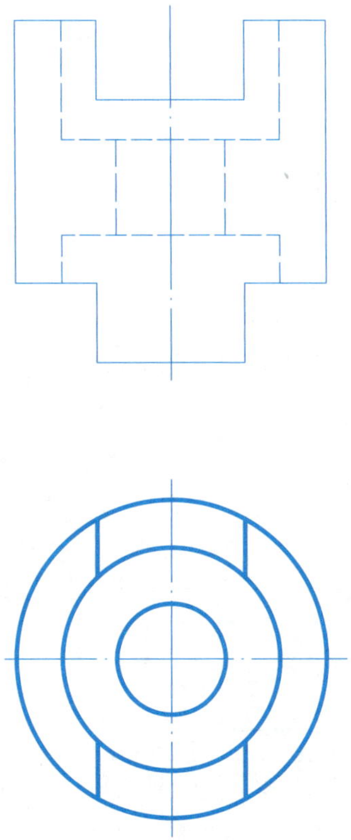

*5. 用合适的剖切方法，作形体的左侧立面图。

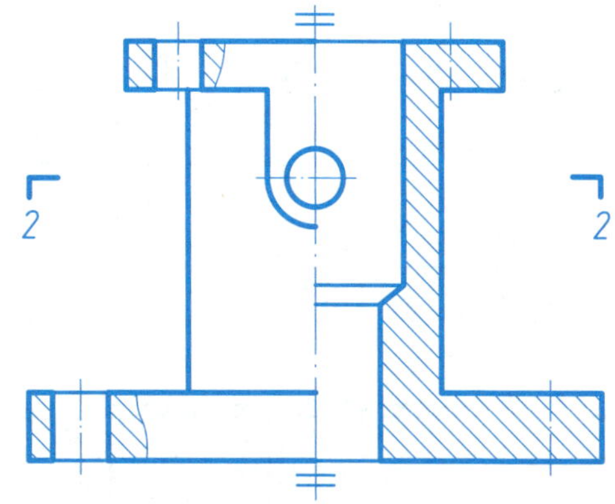

1—1剖面图

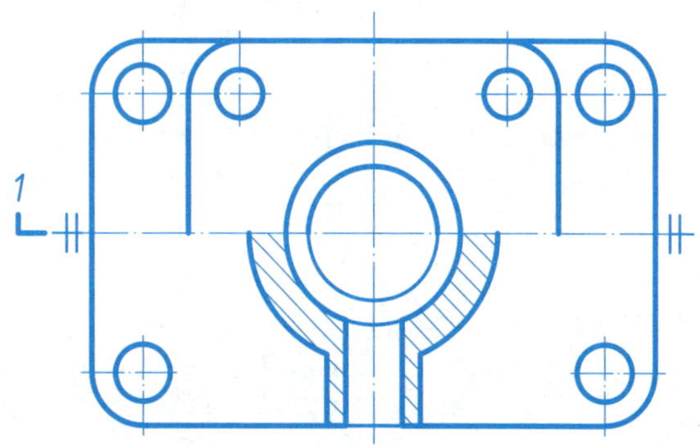

2—2剖面图

6. 用 A3 幅面图纸, 1:100 的比例抄绘平面图、立面图和门窗表, 并补绘 1—1 剖面图和节点 ① 的剖面详图（比例1:20）。

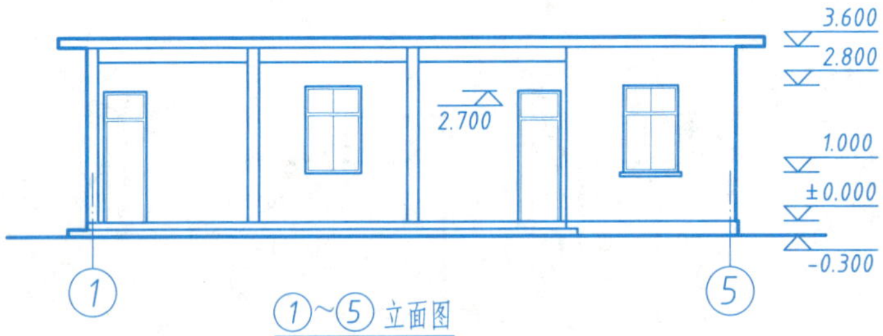

①~⑤ 立面图

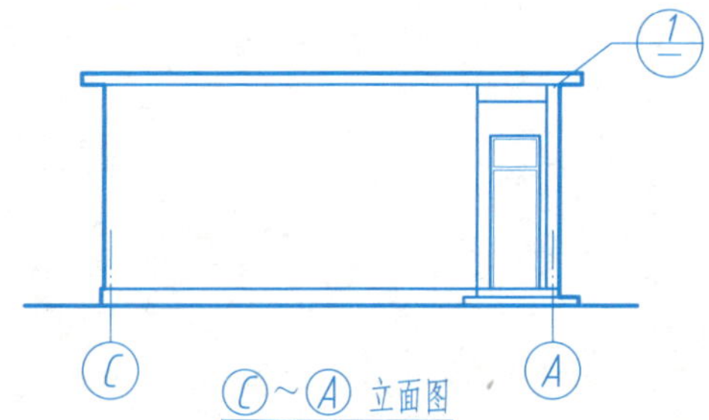

Ⓒ~Ⓐ 立面图

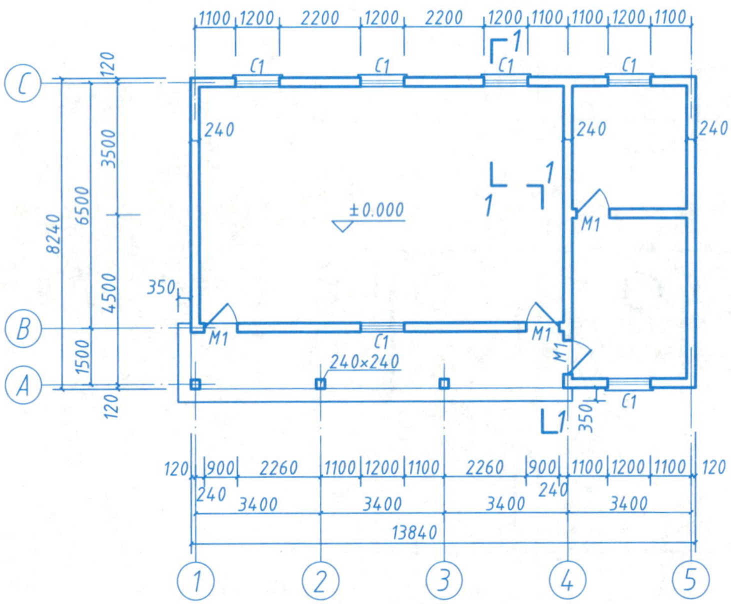

平面图

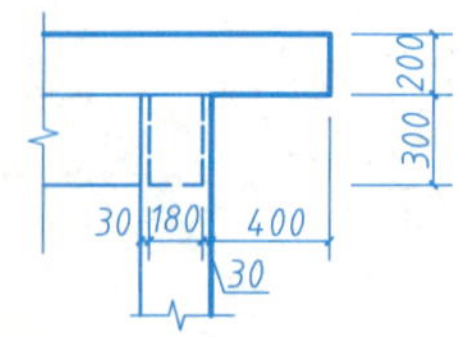

① 1:20

门窗表

编号	名　称	宽度	高度	数量
C1	双扇普通窗	1200	1800	6
M1	带亮子门	900	2700	4

注：详图和剖面详图参照《建筑制图》（第八版）第十章。

班级		姓名		学号	

7. 在指定位置绘制形体的 1—1 剖面图。

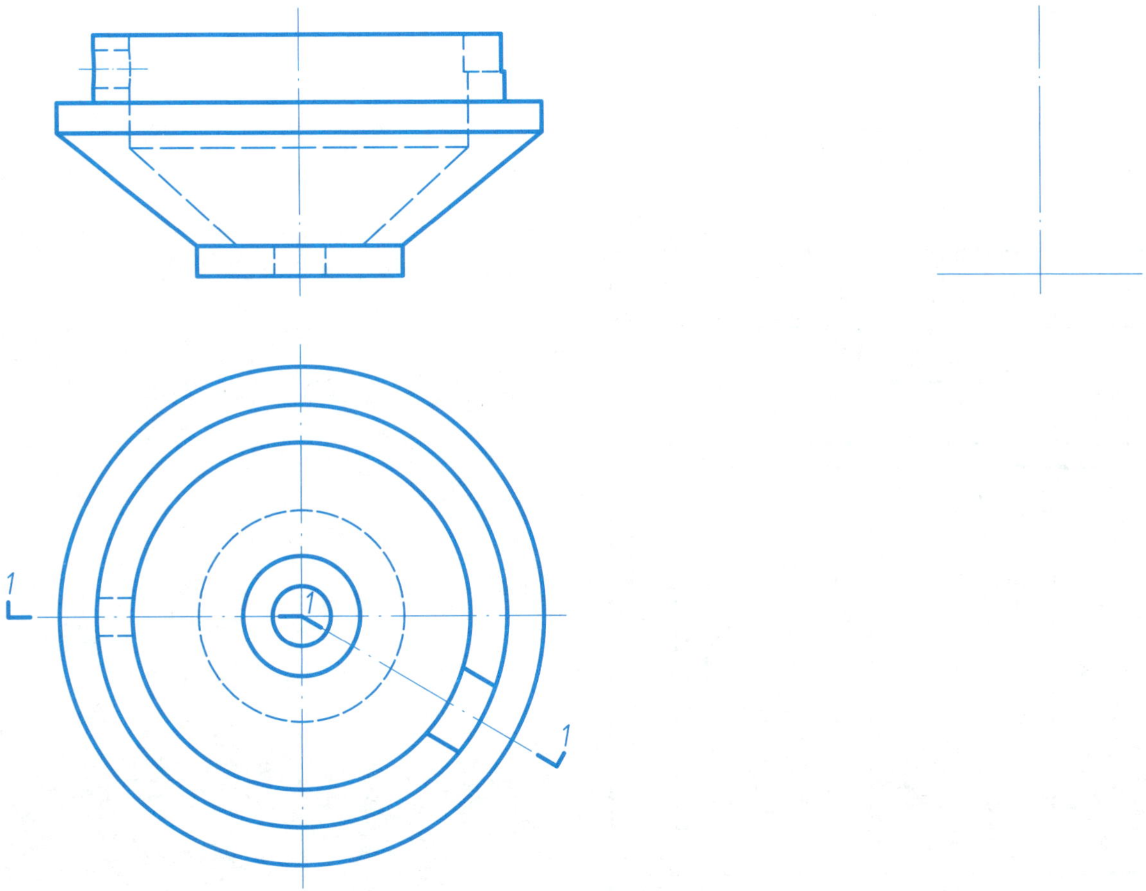

8. 在指定位置绘制形体的2—2剖面图。

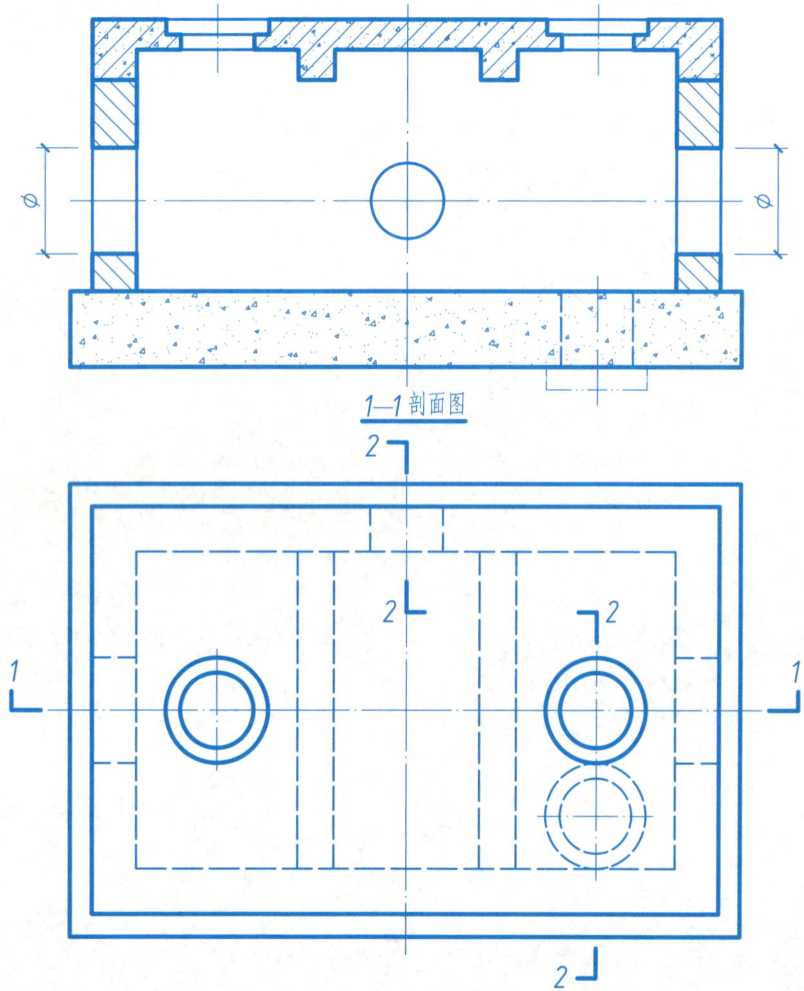

 班级 姓名 学号

1. 绘制钢筋混凝土檩条的1—1、2—2、3—3、4—4断面图。

1）

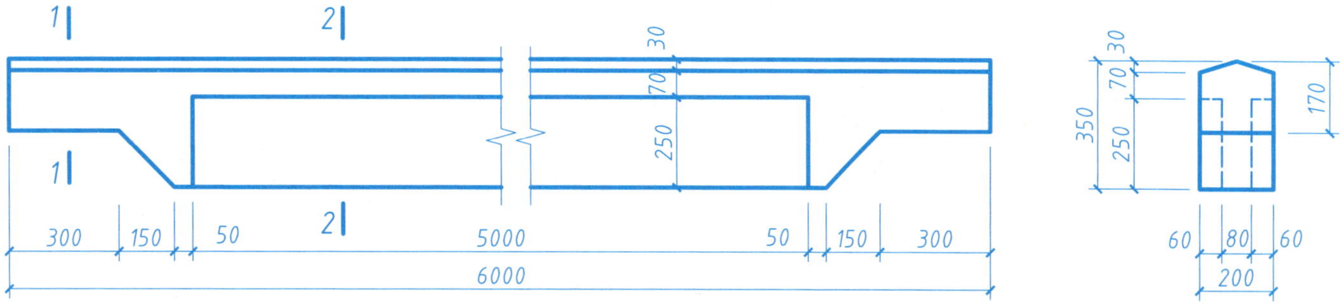

2）

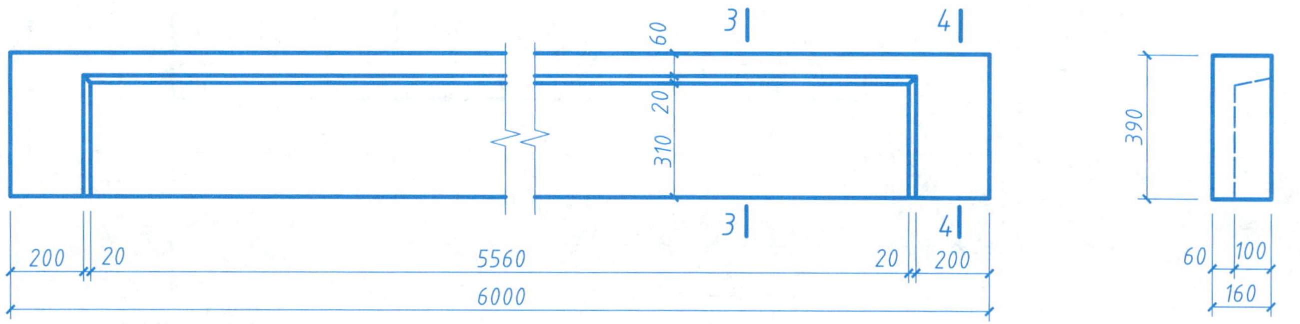

2. 绘制钢筋混凝土柱的1—1、2—2、3—3、4—4断面图。

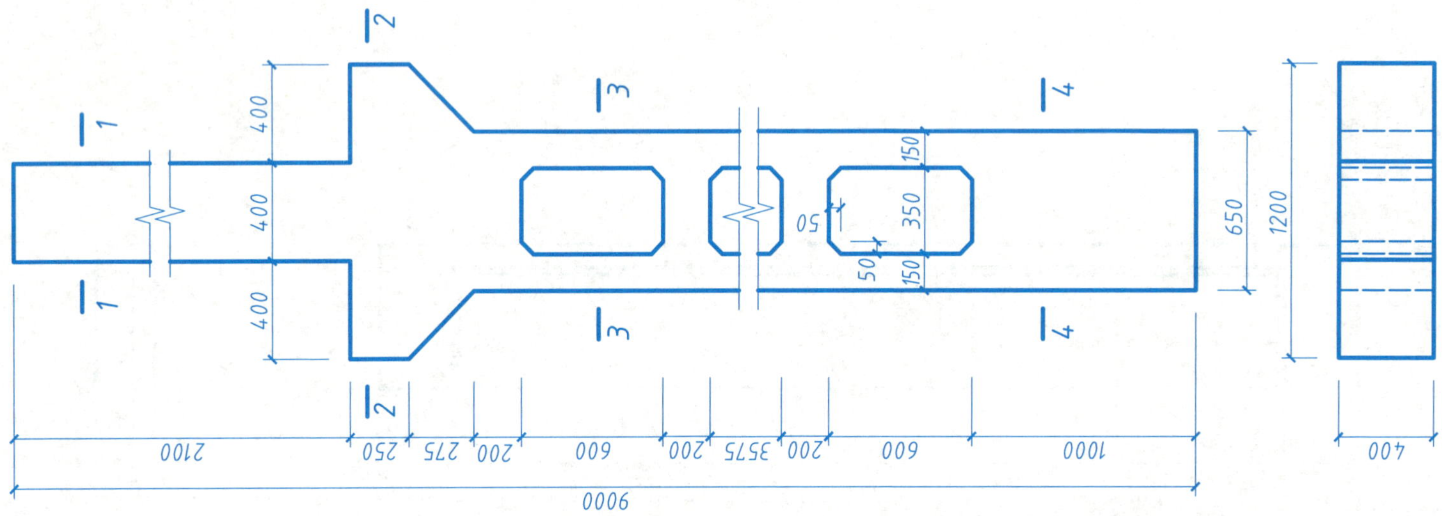

88	断面图	班级		姓名		学号		

1. 补绘左侧立面图。

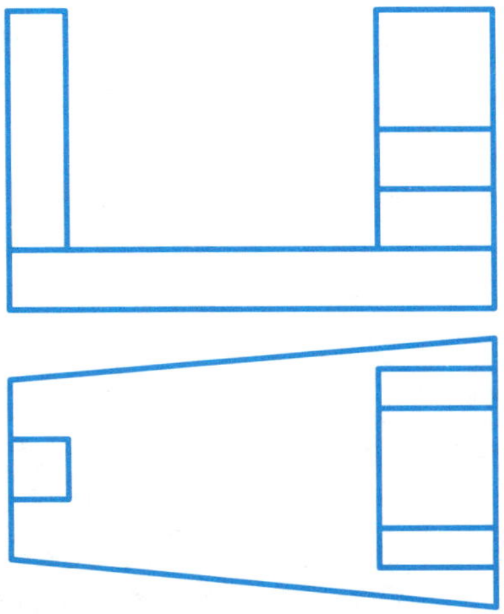

2. 补绘左侧立面图。

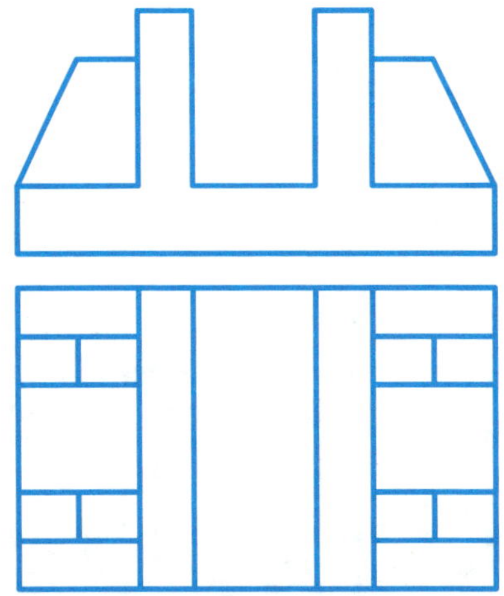

*3. 补绘左侧立面图。

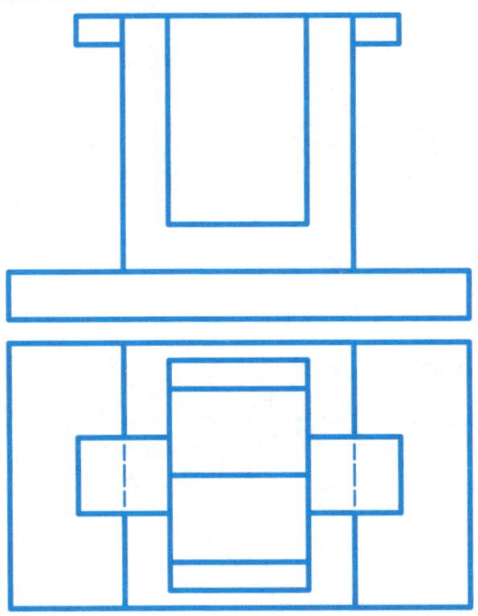

4. 补绘左侧立面图。

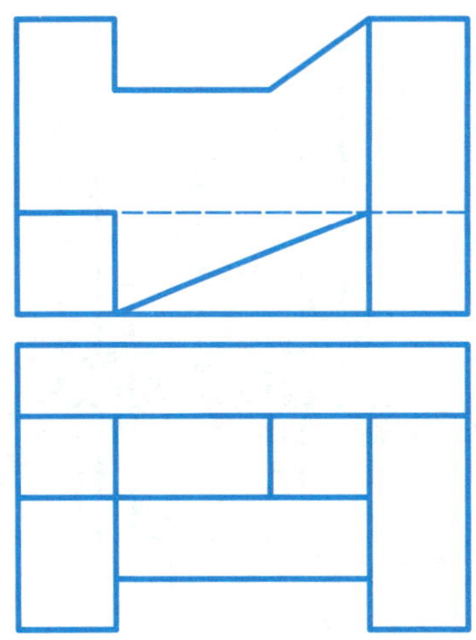

5. 补绘左侧立面图。

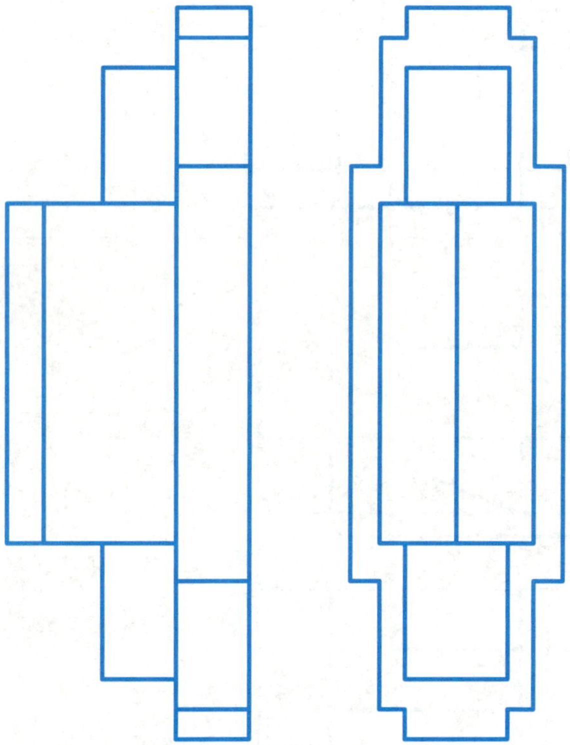

6. 补绘平面图，并补全正立面图。

班级 姓名 学号

7. 补绘左侧立面图，并求作顶板下承托板与圆柱的表面交线。

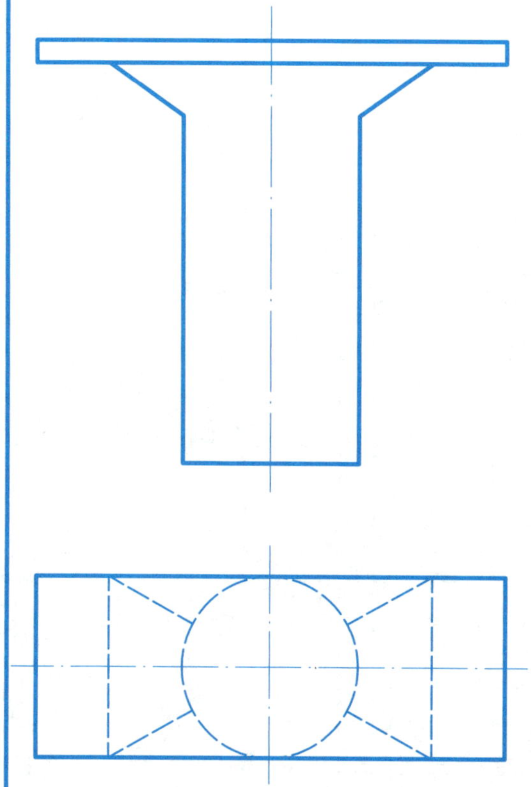

*8. 补绘基础的正立面图。

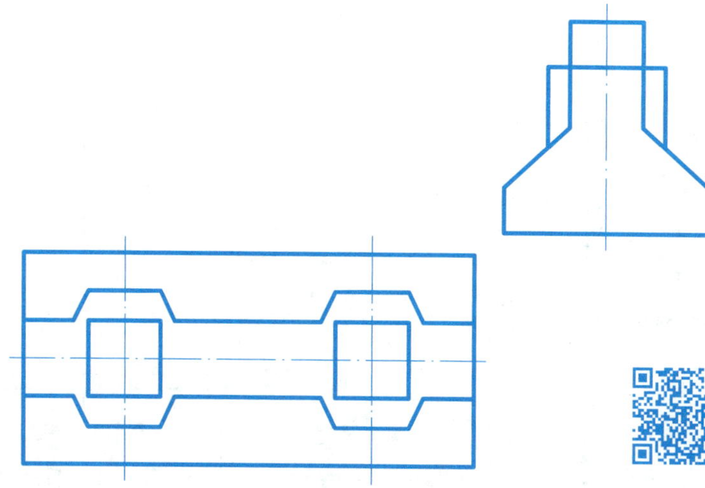

*9. 补绘焙烘炉的正立面图。

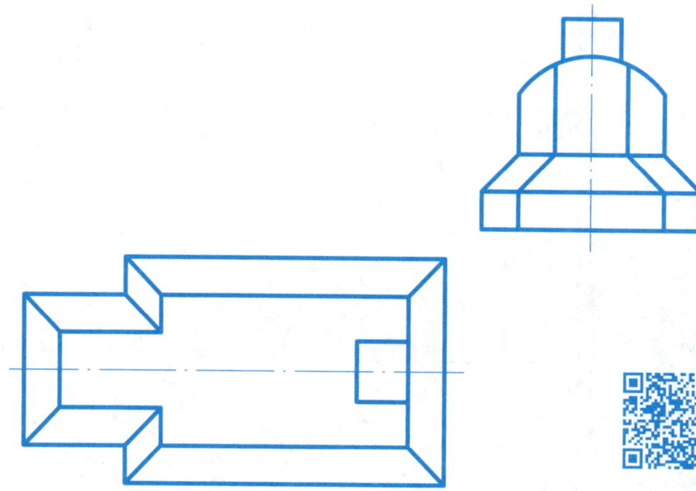

用A3幅面图纸，1:50的比例绘图：1）抄绘1—1剖面图和平面图；2）补绘2—2剖面图和3—3、4—4、5—5断面图；3）绘出楼板的仰视立体图（选作）。

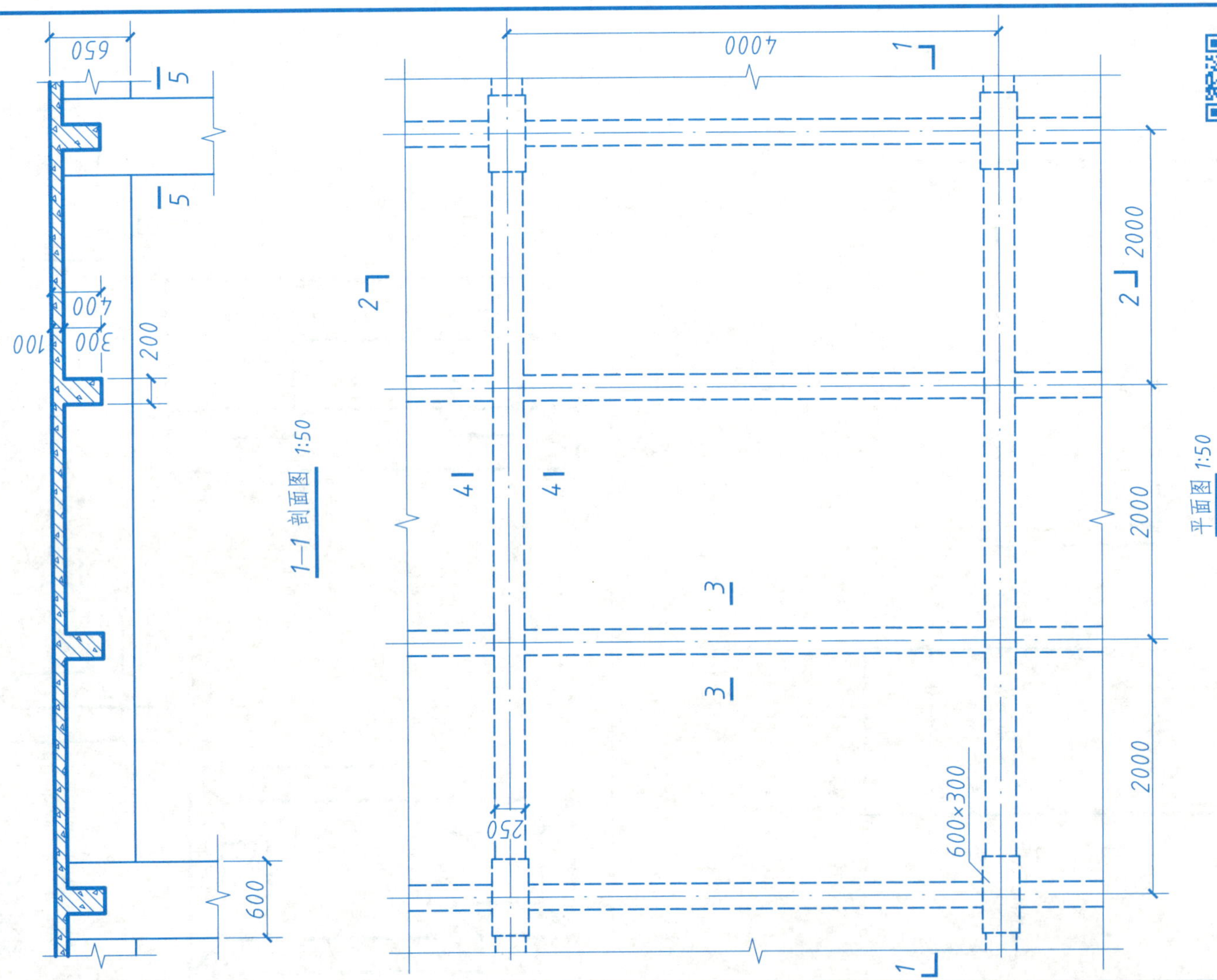

 读图3——补绘剖面图、断面图和立体图

班级		姓名		学号	

1. 作形体的正等轴测图。

1）

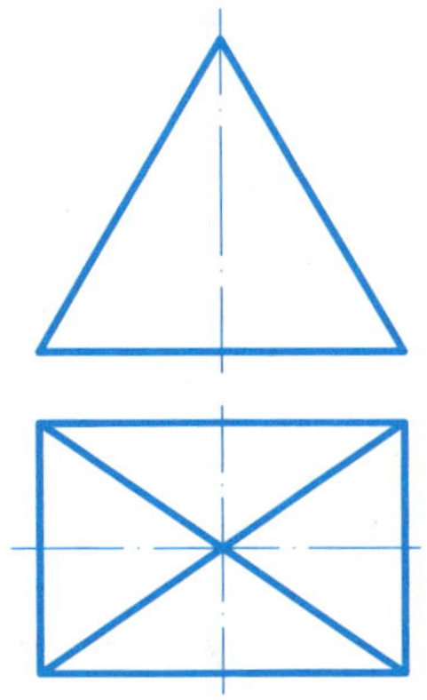

2）

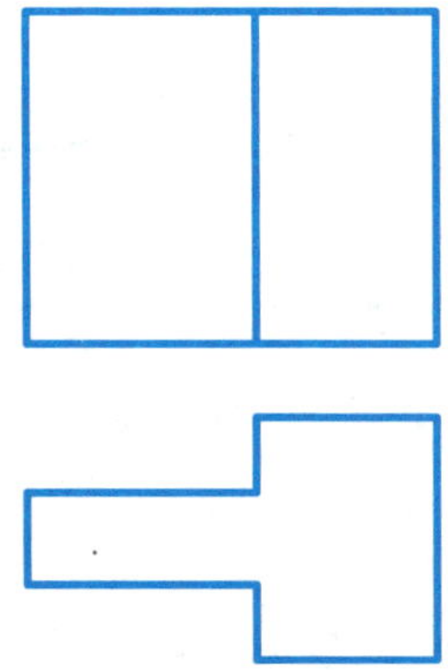

3）

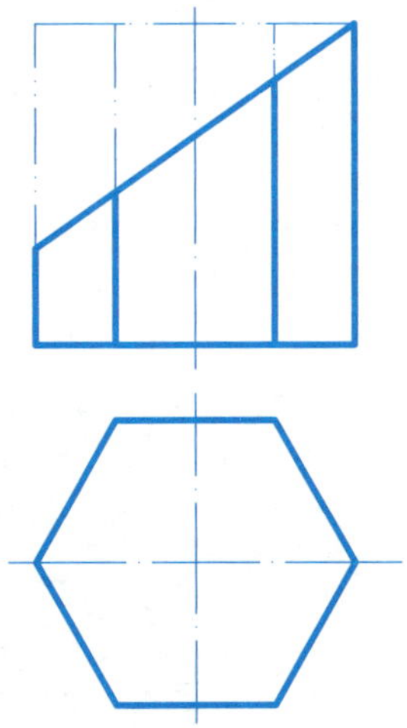

4）

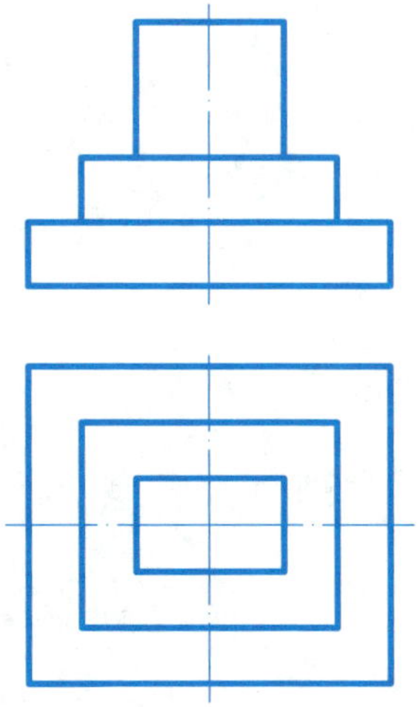

2. 补绘台阶的H投影，并作正等轴测图。

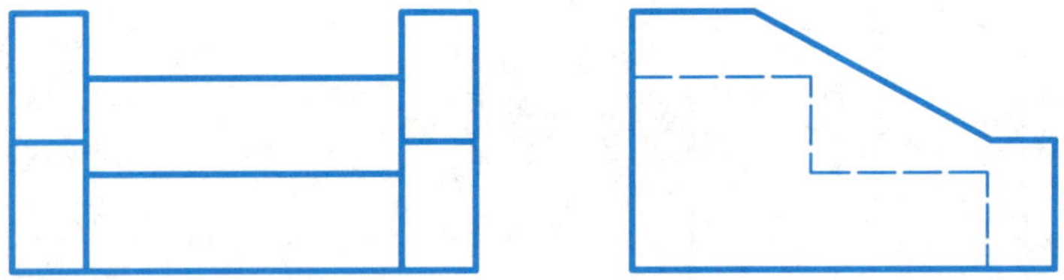

*3. 作形体的正等轴测图。

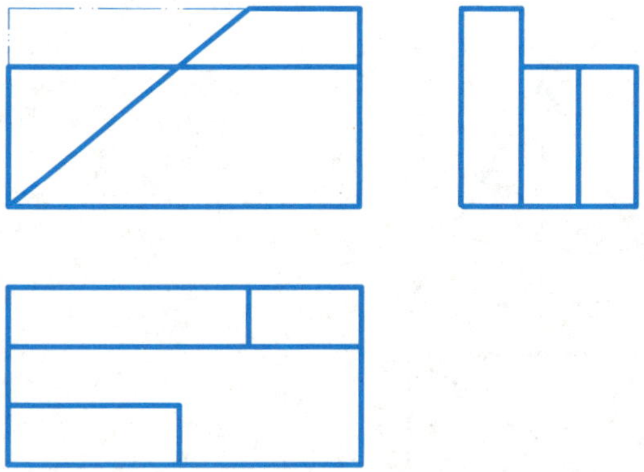

 班级 姓名 学号

4. 作梁板柱节点的仰视正等轴测图。

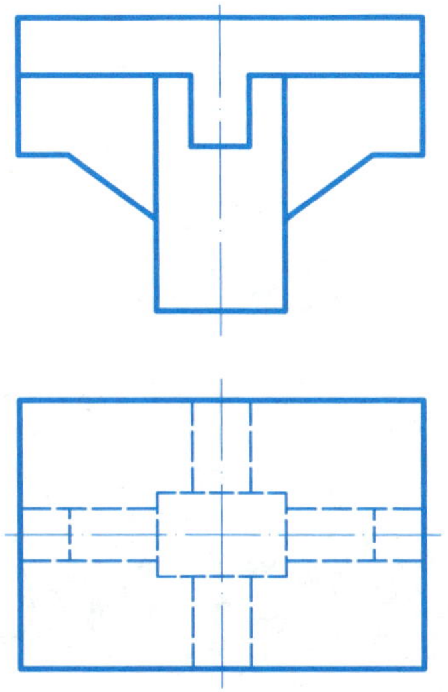

*5. 作形体的正等轴测图。

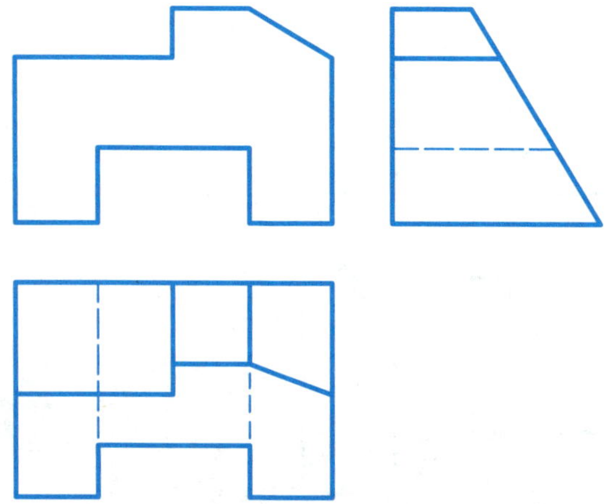

6. 作形体的正二轴测图（或自选轴测图种类）。

1）

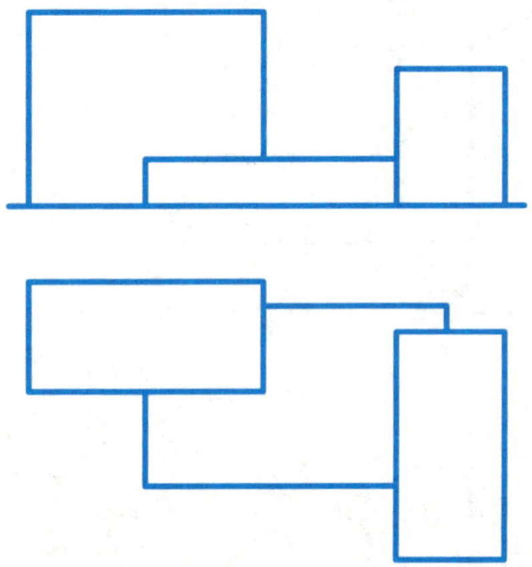

2）

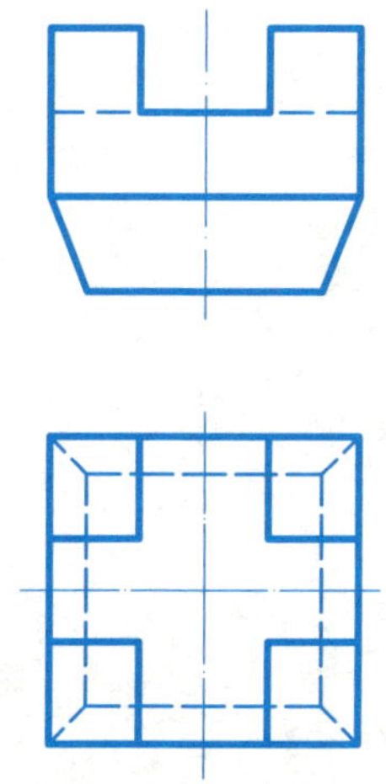

班级		姓名		学号		

7. 作曲面体的正等轴测图。

1)

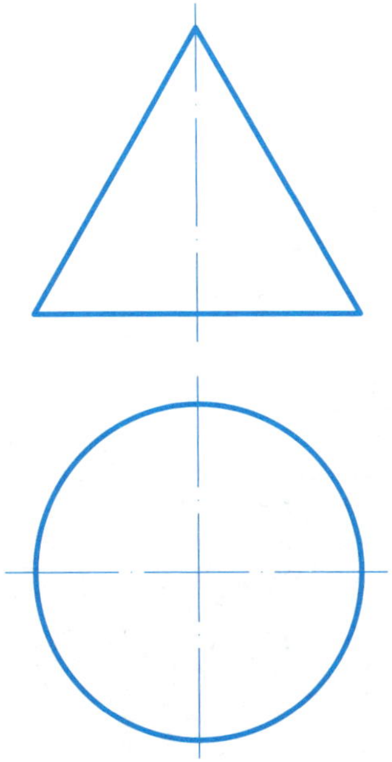

2)

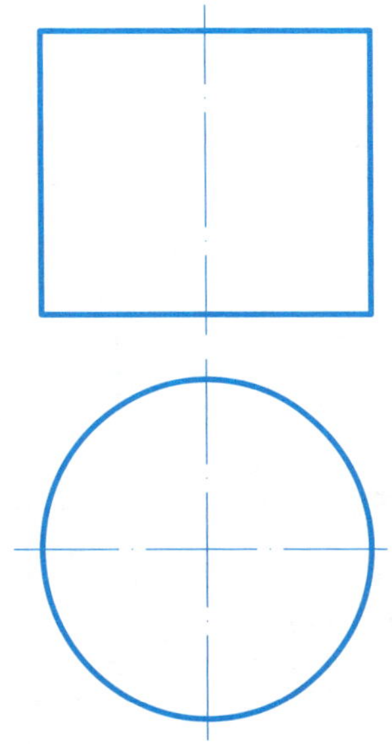

3)

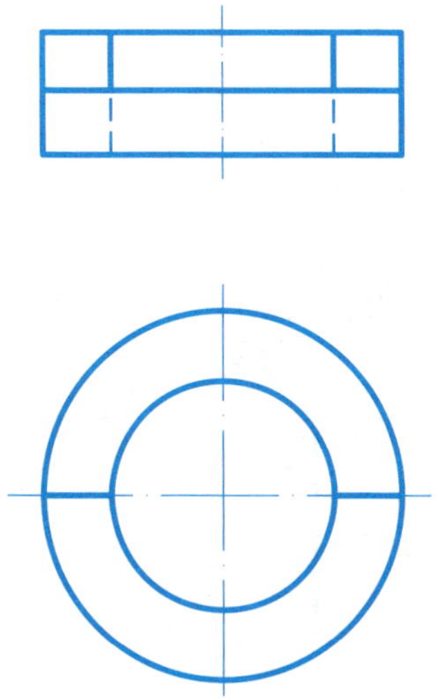

	轴测投影	班级		姓名		学号		97

8. 作形体的正面斜二轴测图。

1)

2)

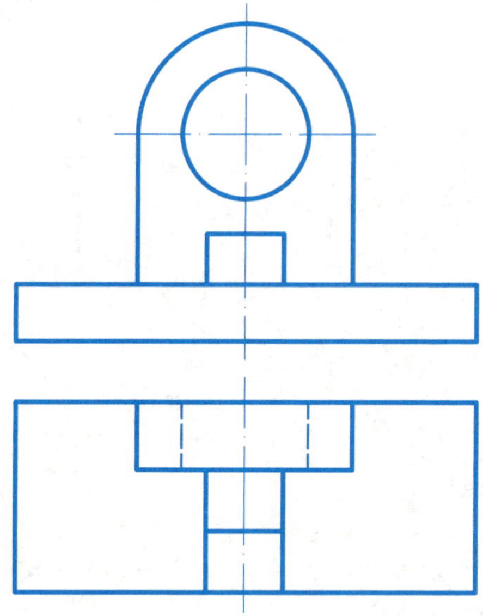

班级		姓名		学号	

*9. 作形体的轴测图，自选轴测图种类。

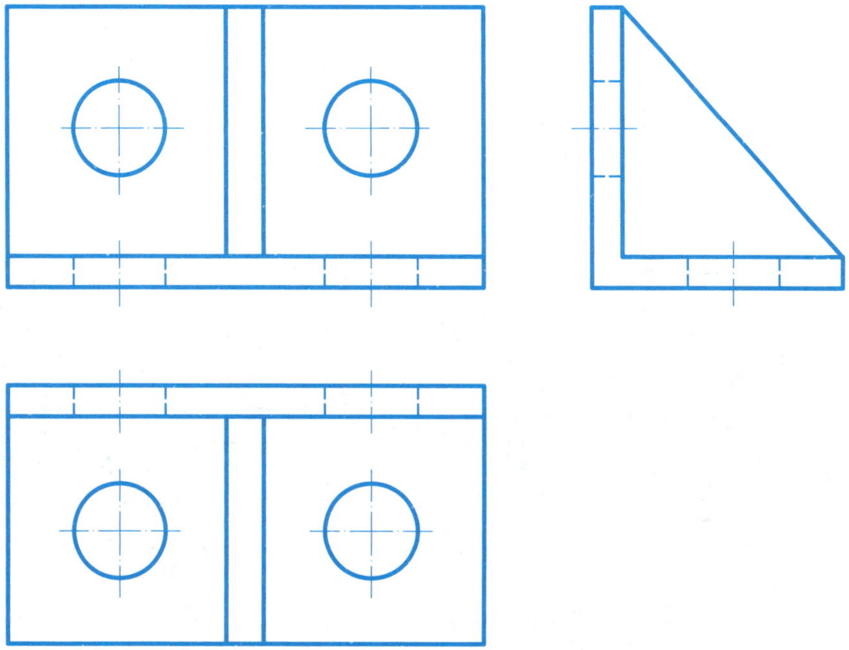

1. 用A3幅面图纸,1:100比例（另注明除外）完成作业：1）抄绘平面图、①~④立面图、Ⓐ~Ⓒ立面图；2）抄绘1—1剖面图,并补充标注尺寸。

①~④立面图

Ⓐ~Ⓒ立面图

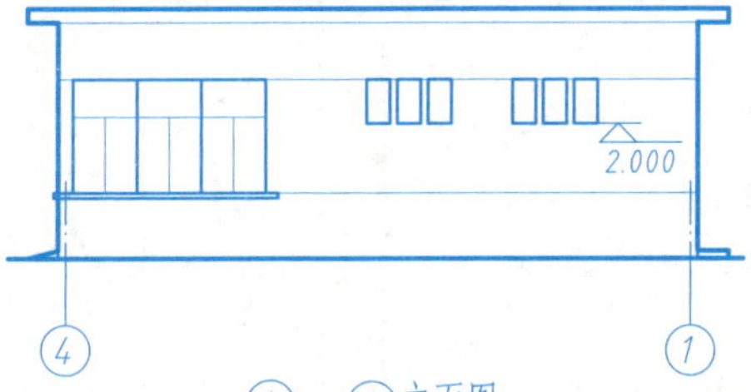

④~①立面图

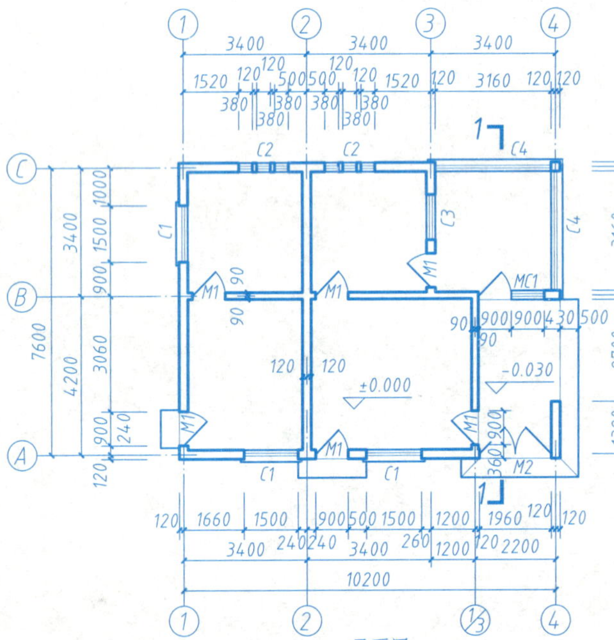

平面图

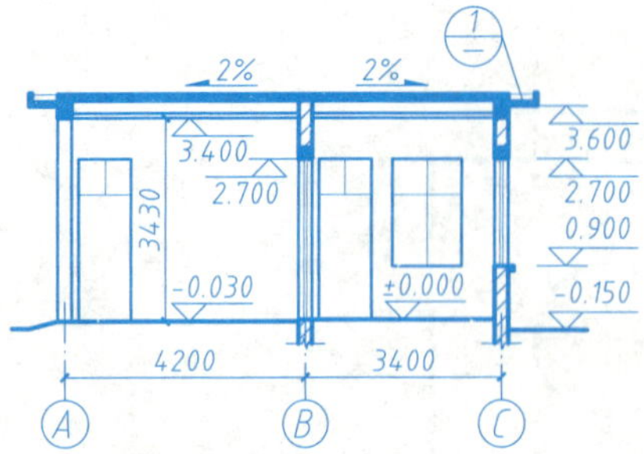

1—1 剖面图

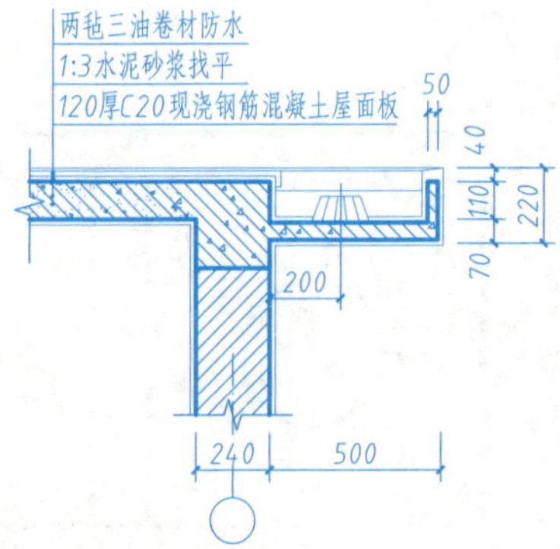

① 1:20

门窗表

类别	代号	宽×高	数量	类别	代号	宽×高	数量
窗	C1	1500×1800	3	门	M1	900×2700	6
	C2	380×700	6	门连窗	MC1	900×2700	1
	C3	1200×1800	1			900×1800	
	C4	3160×1800	2	门	M2	1960×2700	1

注：本平房引自某单位门卫室之一，图中散水省略。

100	建筑施工图——门卫室平、立、剖面图与详图	班级		姓名		学号	

2\. 1）阅读住宅建筑施工图（第101~108页）及结构施工图（第111、112页）；2）用A2幅面图纸，1:100的比例抄绘标准层平面图、①~⑦立面图、Ⓙ~Ⓑ立面图；3）补绘2—2剖面图；4）其他内容由教师指定。

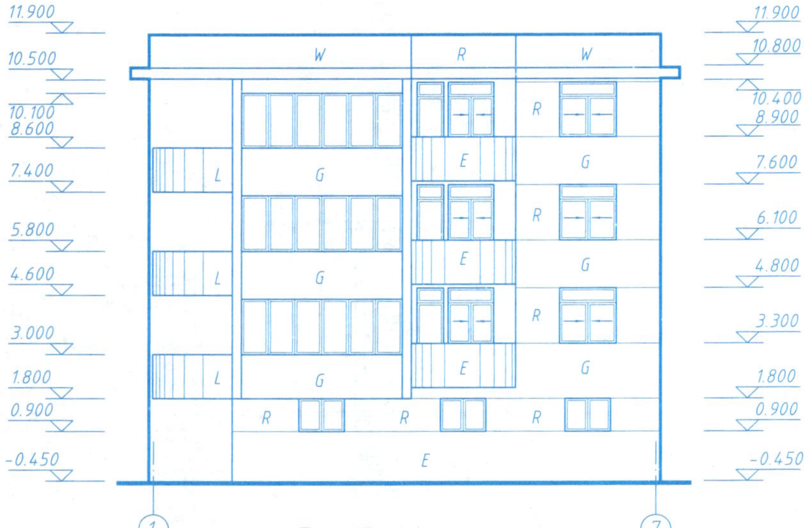

①~⑦立面图 1:100

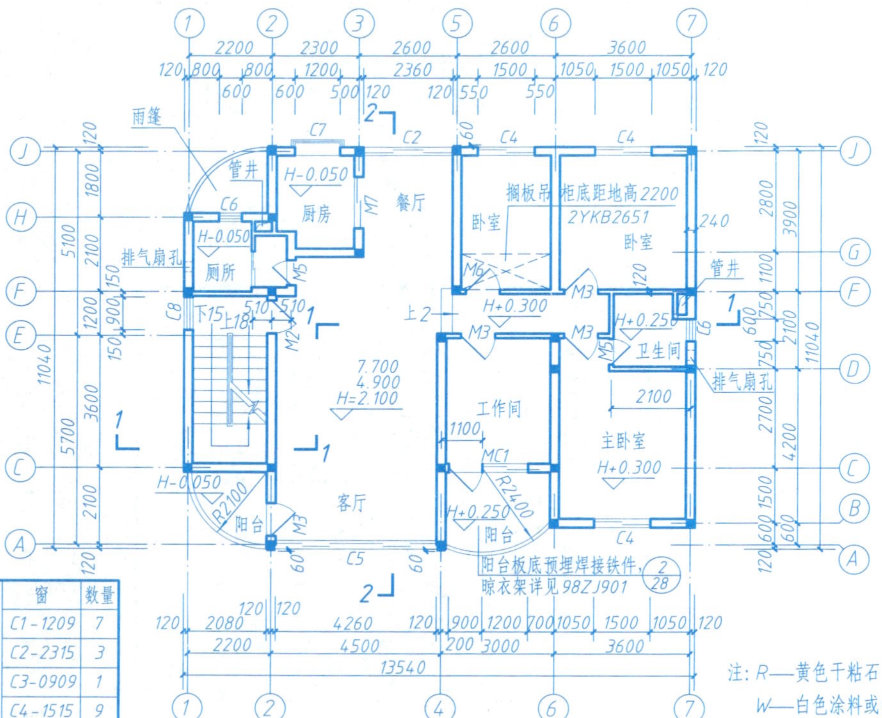

标准层平面图 1:100

门窗表

门	数量	窗	数量
M1-0819	7	C1-1209	7
M2-0921	3	C2-2315	3
M3-0924	12	C3-0909	1
M4-1019	1	C4-1515	9
M5-0720	6	C5-4215	3
M6-0922	3	C6-0612	6
M7-1421	3	C7-1215	3
MC1-2124	3	C8-0915	3

注：R——黄色干粘石

W——白色涂料或瓷砖

G——灰绿色面砖或涂料

E——灰色面砖

L——暖色面砖或涂料

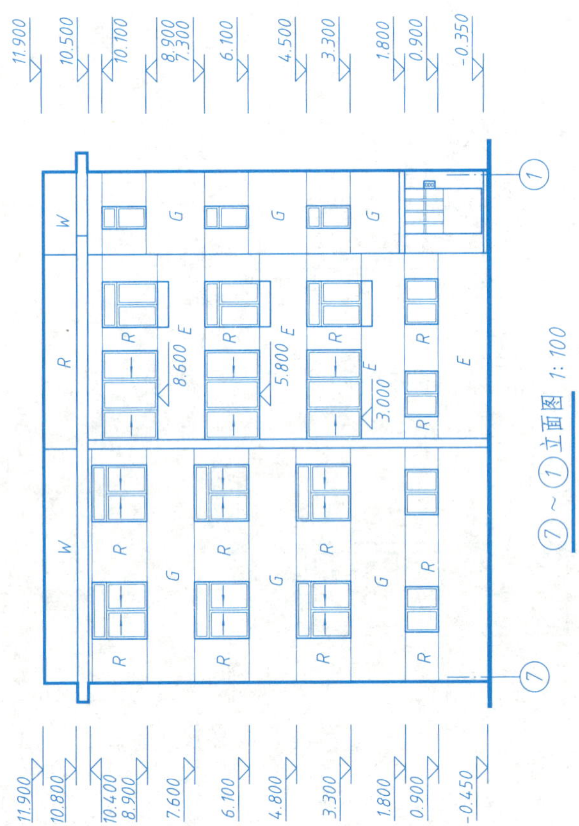

⑦~①立面图 1:100

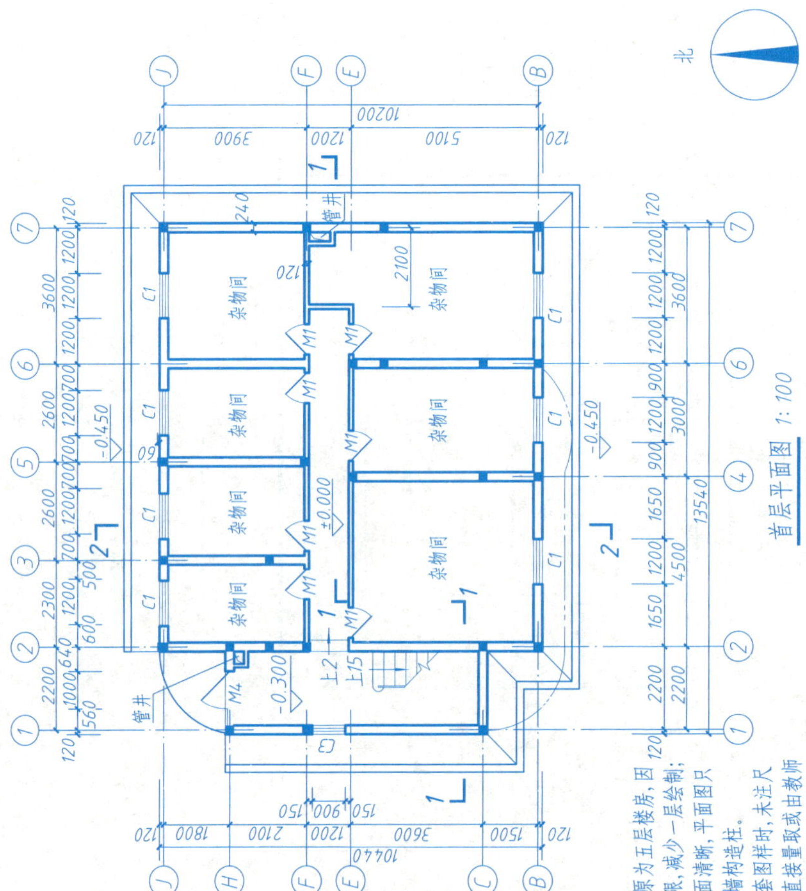

首层平面图 1:100

注:1. 本住宅原为五层楼房,因图幅有限,减少一层绘制;为了图面清晰,平面图只绘出外墙构造柱。
2. 抄绘本套图样时,未注尺寸可以直接量取或由教师指定。

102	建筑施工图——首层平面图、⑦~①立面图	班级		姓名		学号		

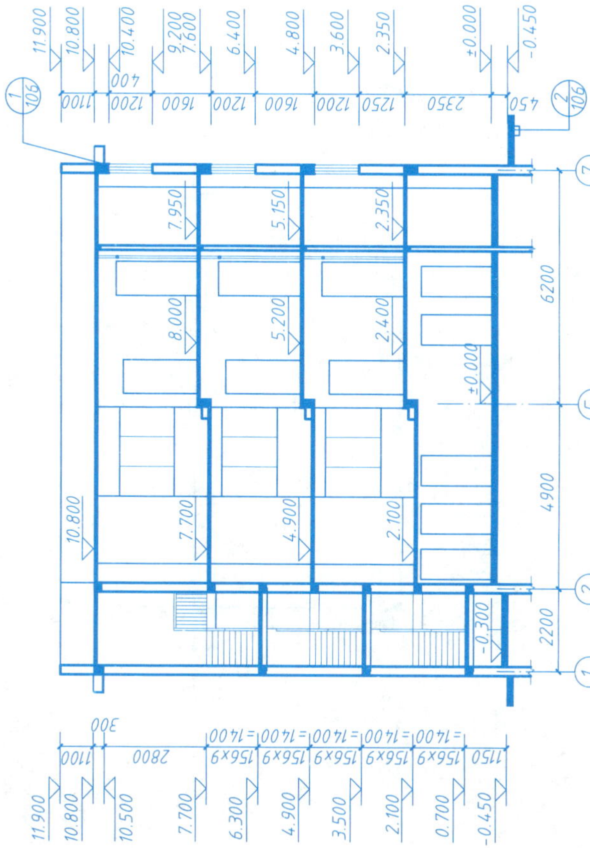

1—1剖面图 1:100

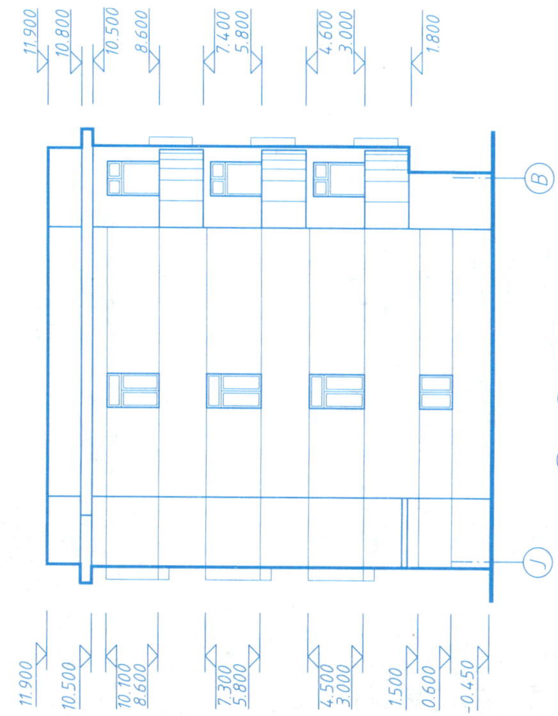

Ⓙ~Ⓑ立面图 1:100

	建筑施工图——1—1剖面图、Ⓙ~Ⓑ立面图	班级		姓名		学号		103

3. 1）阅读楼梯详图（第104、105页）；2）用A2幅面图纸绘制楼梯间平面图、剖面图，并任选部分楼梯节点详图（或由教师指定）进行绘制。

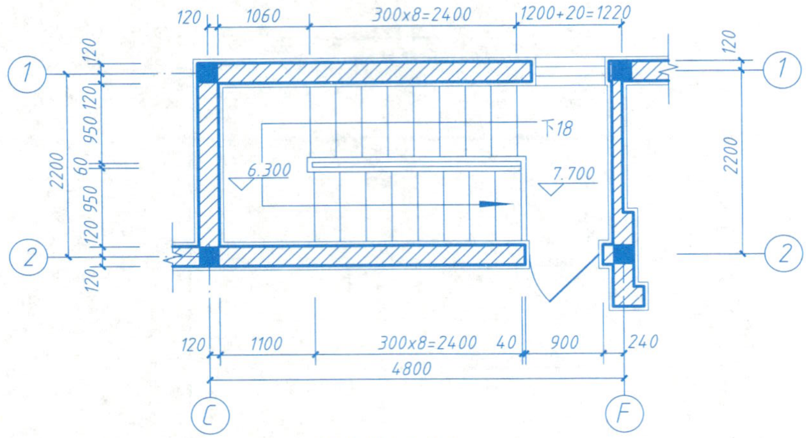

顶层楼梯间平面图 1:50

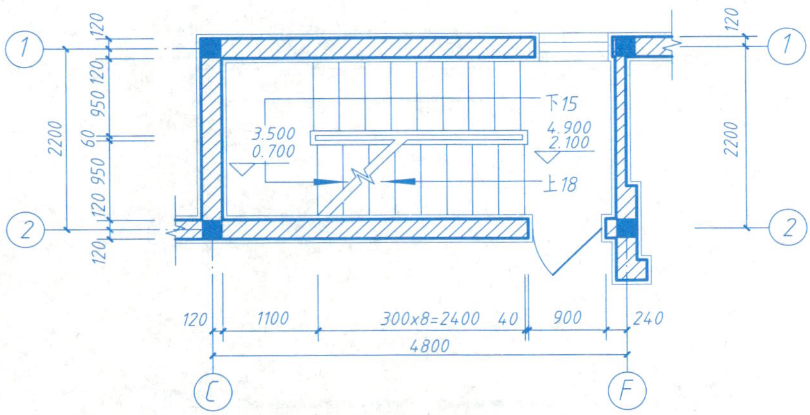

标准层楼梯间平面图 1:50

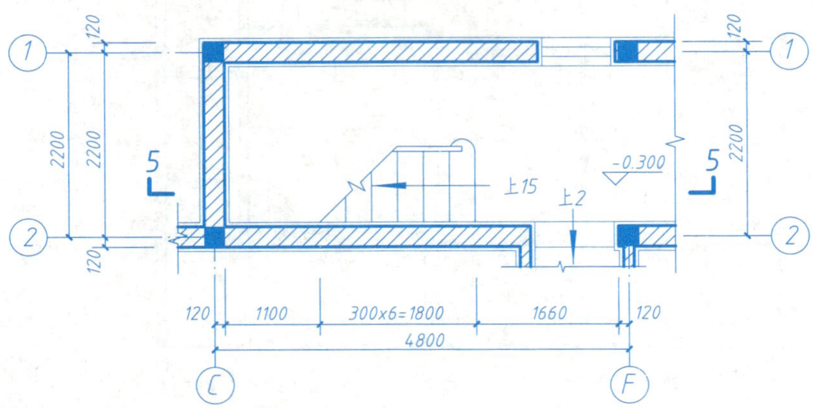

注：楼梯详图中南面阳台省略。

首层楼梯间平面图 1:50

104	建筑施工图——住宅楼梯间平面图	班级		姓名		学号	

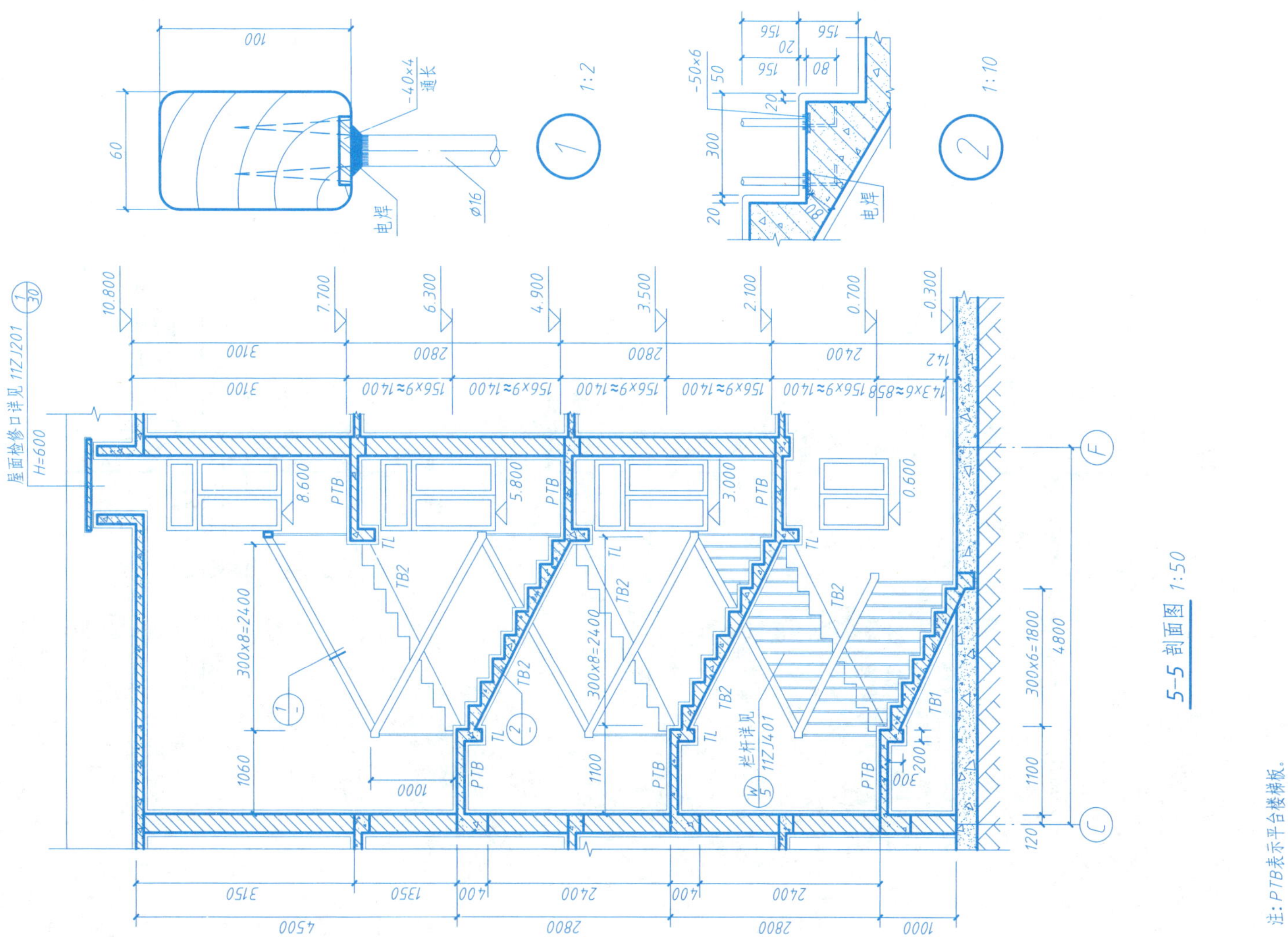

	建筑施工图——住宅楼梯间剖面图及节点详图	班级		姓名		学号		105

4.1) 阅读外墙剖面详图；2) 用A3幅面图纸抄绘外墙剖面详图。

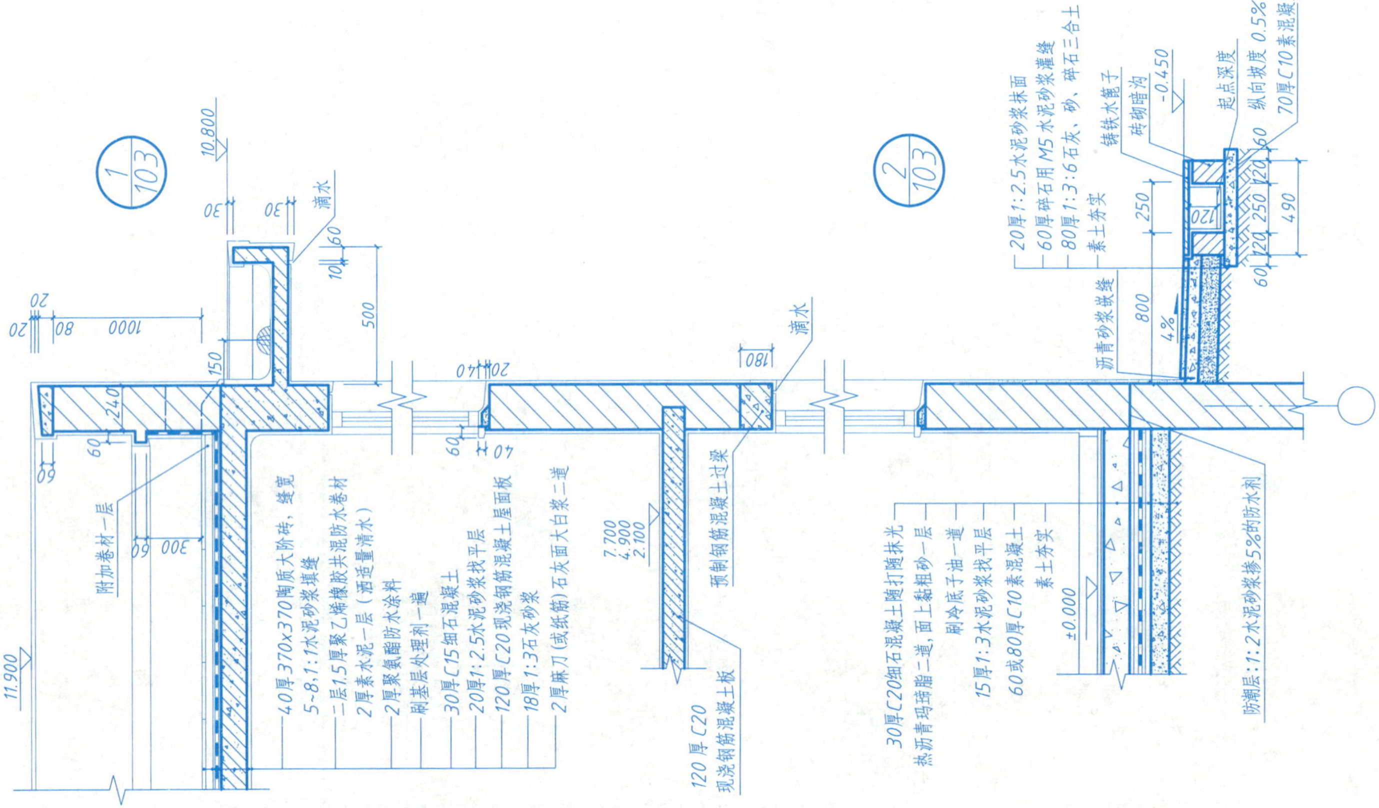

外墙剖面详图 1:20

建筑施工图——住宅外墙剖面详图	班级		姓名		学号	

5.1) 阅读厨卫详图（第107、108页）；*2) 抄绘厨卫平面、剖面图，图幅自定或由教师指定。

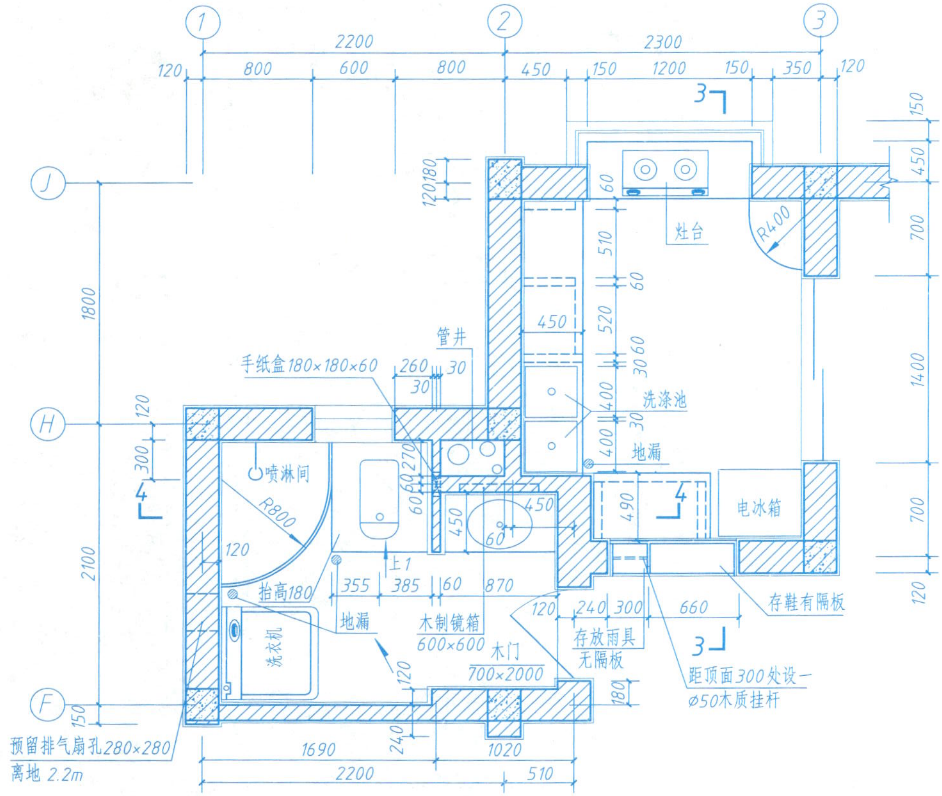

厨房和卫生间平面 1:30

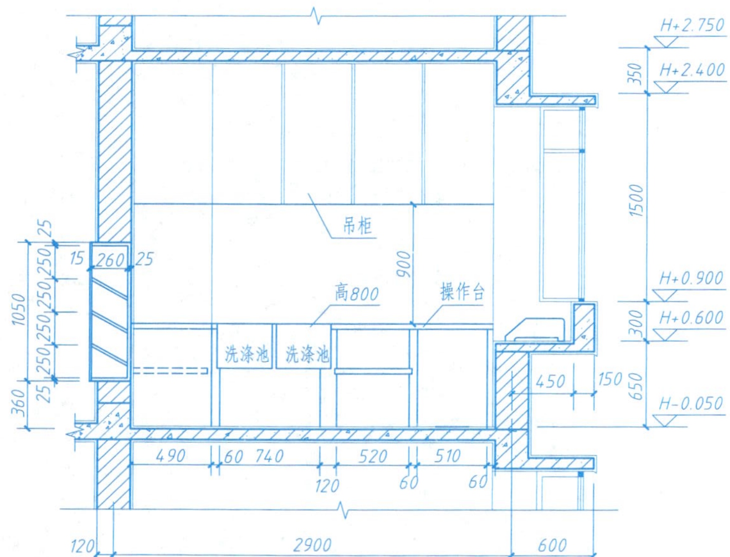

3—3剖面图 1:30

注：操作台下柜子做双扇门。

建筑施工图——住宅厨卫平面、剖面图	班级		姓名		学号		107

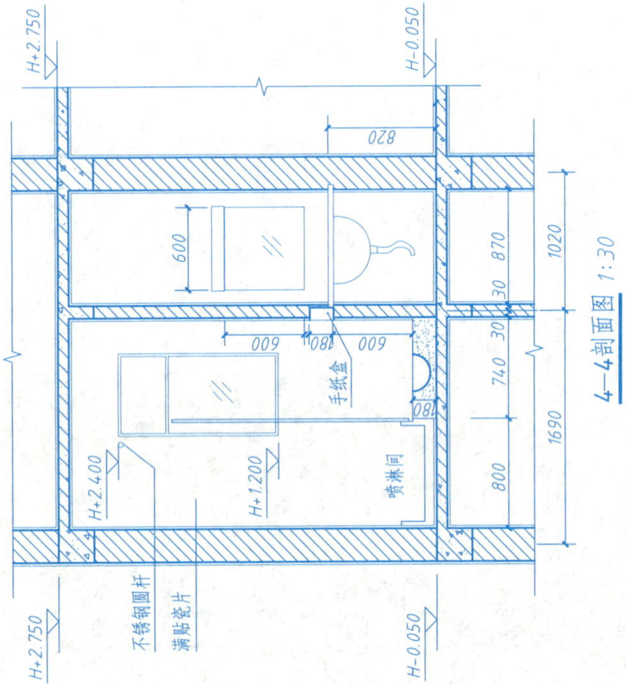

4—4剖面图 1:30

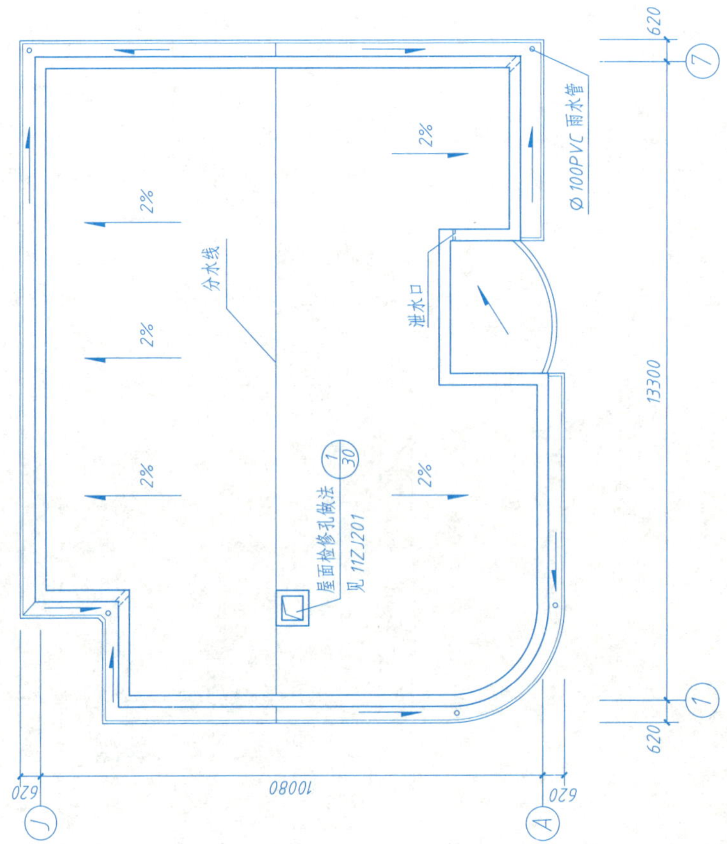

屋面平面图 1:100

注：屋面排水坡度 2%，天沟内坡度 0.5%

6.1）读懂单层工业厂房平、立、剖面图与详图（第109、110页）；2）用A2幅面图纸，1:200的比例抄绘平、立、剖面图，并任选若干详图（或由教师指定）进行绘制。

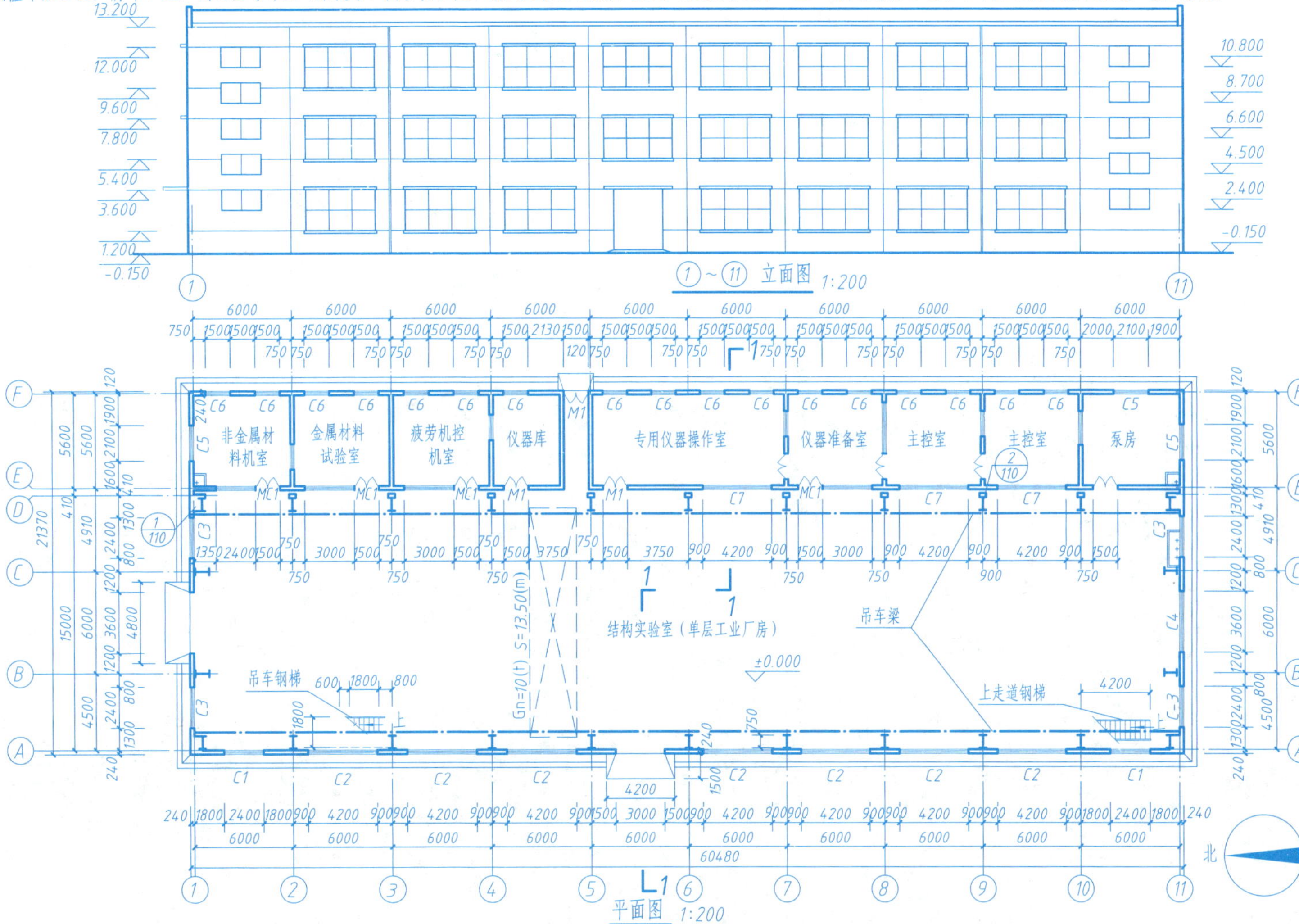

建筑施工图——单层工业厂房建筑施工图	班级		姓名		学号		109

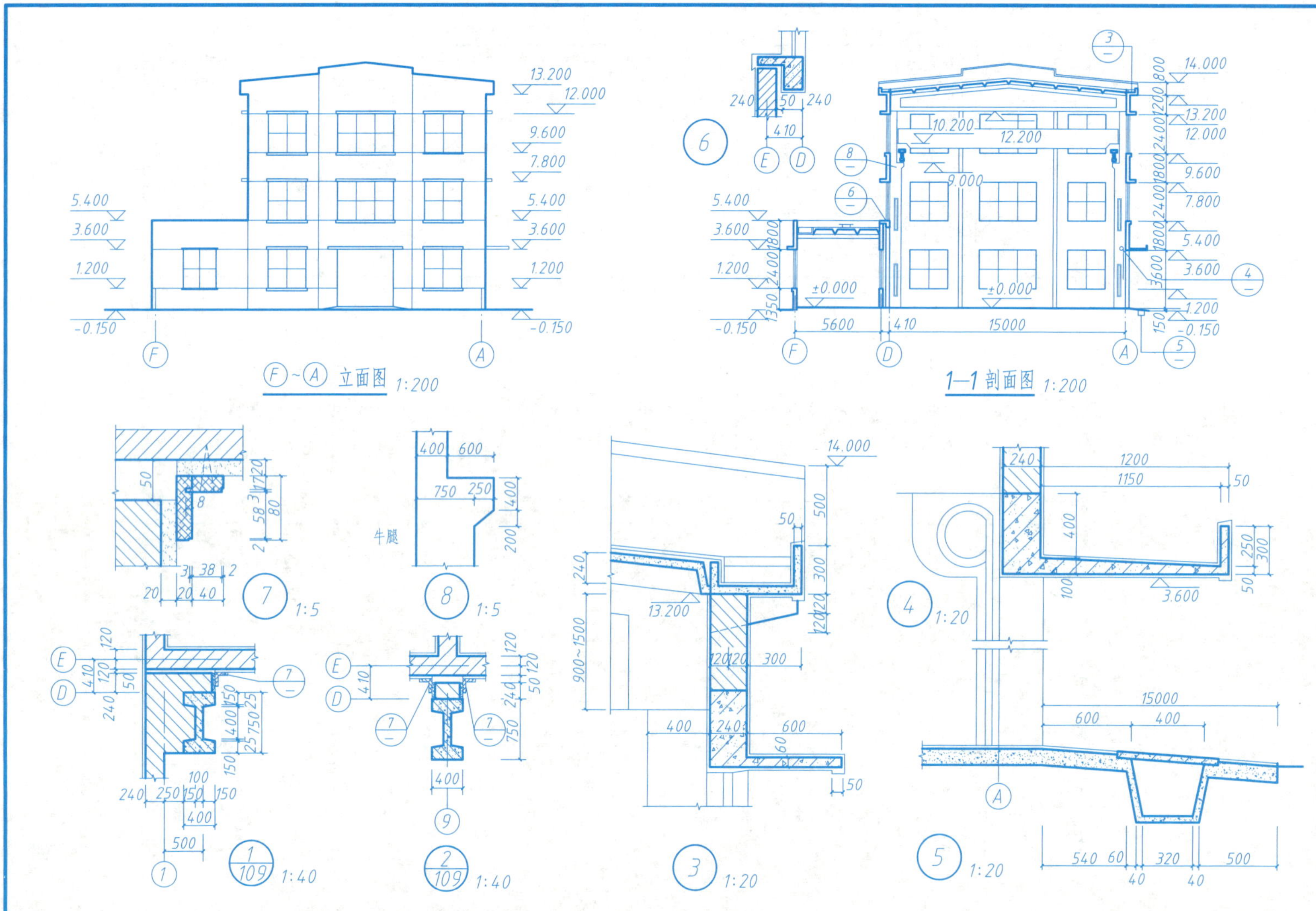

110	建筑施工图——单层工业厂房建筑施工图	班级		姓名		学号		

1.1）阅读基础平面图及基础详图；2）用A3幅面图纸抄绘基础平面图，并绘制1—1断面详图（或由教师指定）。

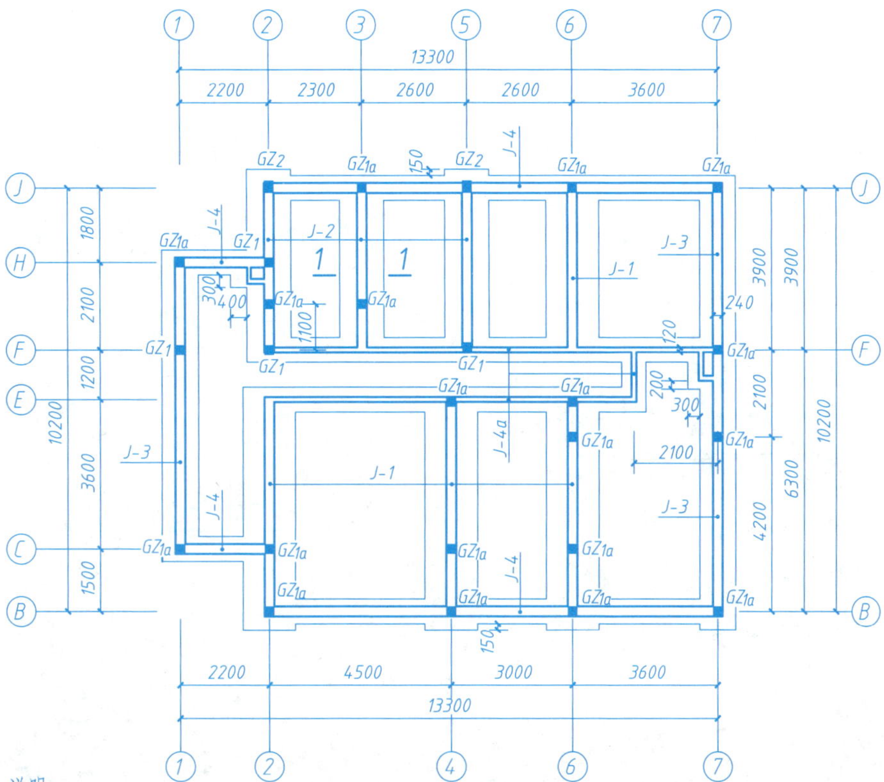

基础平面图　1:100

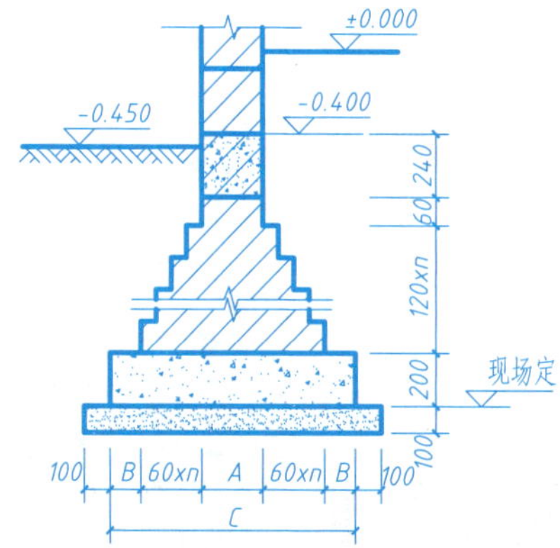

基础详图　1:20

基础细部尺寸

编号	A	B	C	n	备　注
J-1	240	170	1300	6	上部三级级高 60
J-2	240	190	1100	4	
J-3	240	150	900	3	
J-4	240	120	600	1	
J-4a	120	120	600	2	

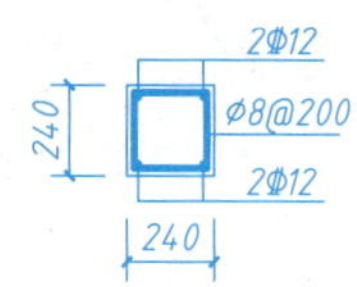

GZ1　1:20

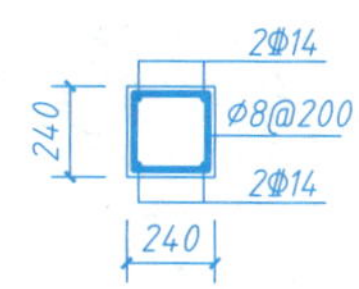

GZ1a　1:20

说明

1. 基础圈梁顶标高-0.400。
2. 管井的60墙基底大放脚为三级，120墙基底大放脚为两级。
3. 墙垛底部放大三级。

2.1)阅读楼层结构平面布置图；2)用A3幅面图纸抄绘楼层结构平面布置图（或由教师指定）。

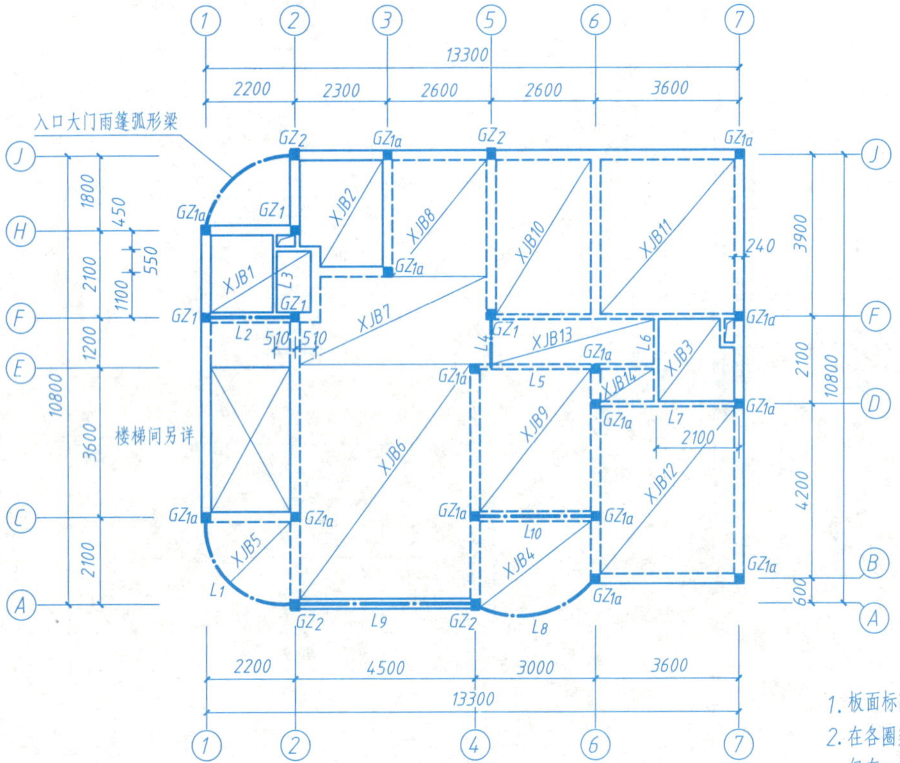

楼层结构平面布置图 1:100

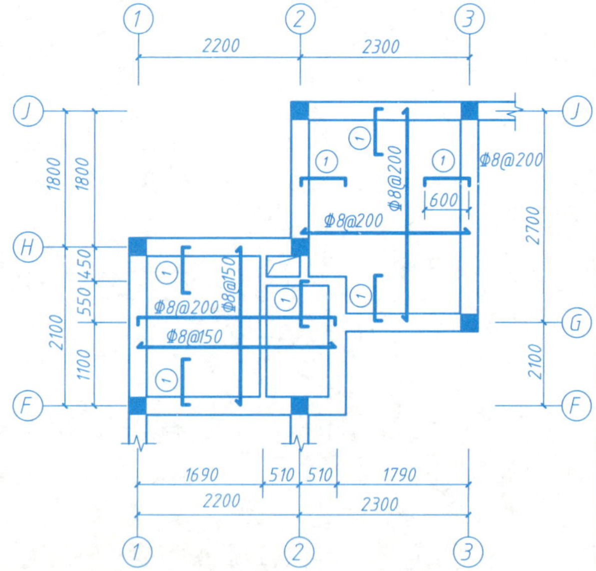

XJB1、XJB2 1:50

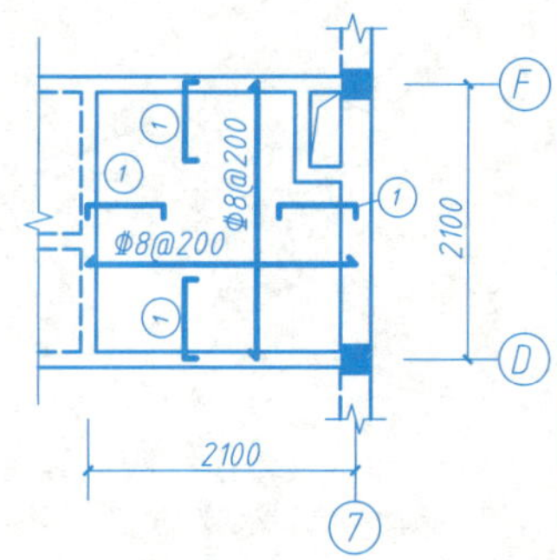

XJB3 1:50

说明

1. 板面标高同建施，未标明的现浇板板厚为80。
2. 在各圈梁与现浇梁连接处应按圈梁搭接，圈梁仅在一、三及屋顶层设置。
3. 由于图形较小，有些梁只标出梁的编号，未用粗单点长画线画出。

3.1) 阅读楼面结构平面布置图和钢筋混凝土 L1 主梁配筋图（第113、114页）；2) 用A3幅面图纸抄绘钢筋混凝土 L1 主梁配筋图，1—1、3—3断面图和钢筋表；3) 补绘2—2、4—4 断面图中的配筋。

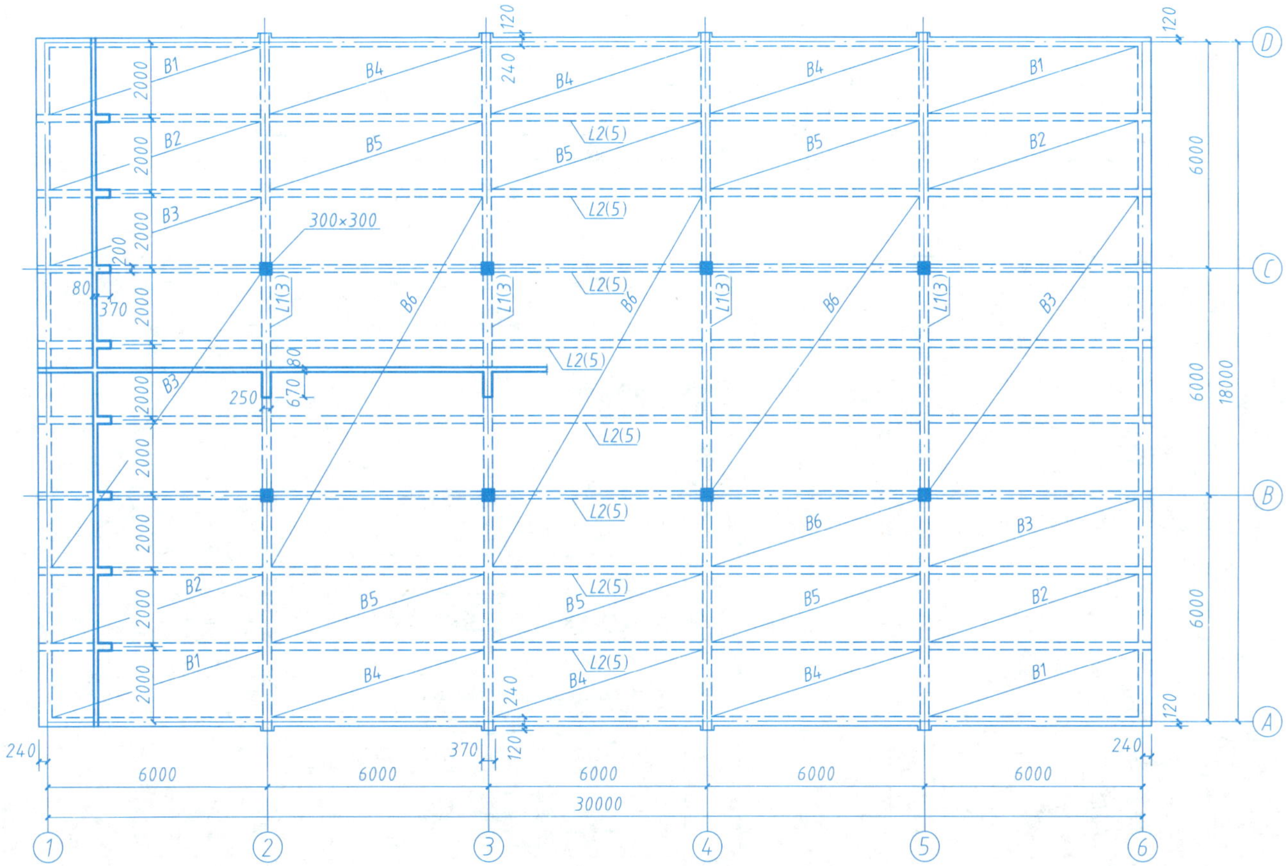

楼面结构平面布置图 1:100

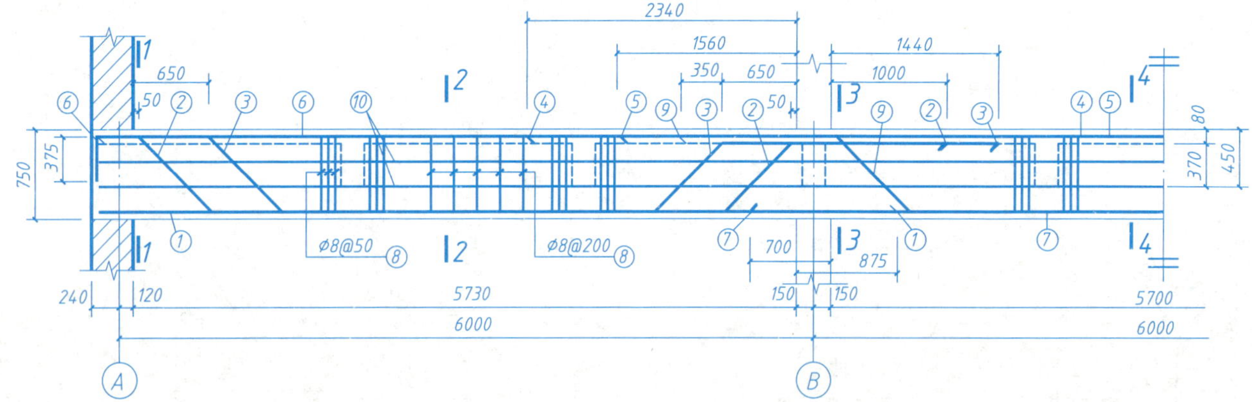

L1 主梁配筋图 1:30

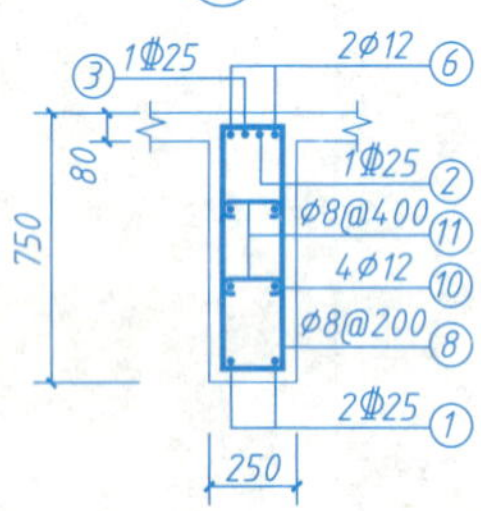

1—1 1:20

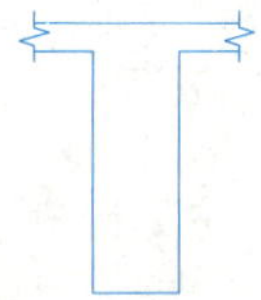

2—2

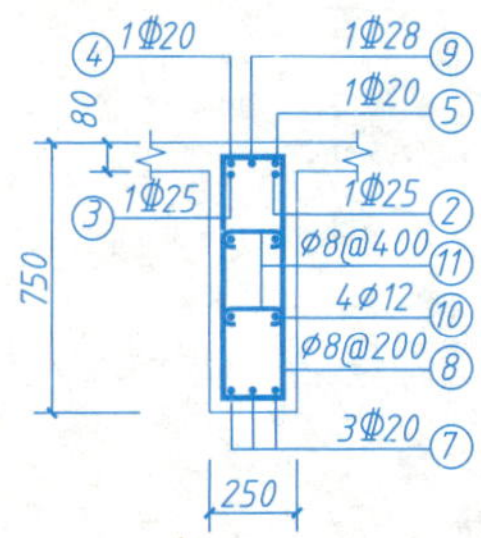

3—3 1:20

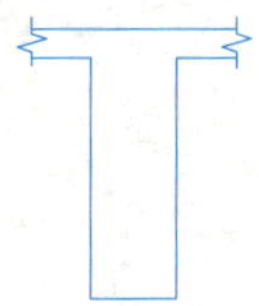

4—4

钢筋表

构件	编号	简图	直径	单根长/mm	根数	总长/m
主梁	1	6905	Φ25	6905	4	27.62
	2	375 395 990 4260 950 1350	Φ25	8320	2	16.64
	3	375 1000 990 3060 950 2390	Φ25	8765	2	17.53
	4	10980	Φ20	10980	1	10.98
	5	9420	Φ20	9420	1	9.42
	6	6400	φ12	6600	4	26.40
	7	7100	Φ20	7100	3	21.30
	8	200 700	φ8	1920	126	241.92
	9	1350 990 4200 990 1350	Φ28	8880	1	8.88
	10	6090	φ12	6090	12	73.08
	11	200	φ8	330	126	41.58

注：本图是用传统表示方法绘制的，箍筋采用HPB300(φ)或HRB400(Φ)钢筋。

用A3幅面图纸,1:20的比例抄绘客厅墙面A向立面图(尺寸不详之处可在图中量取,本图比例为1:50)。

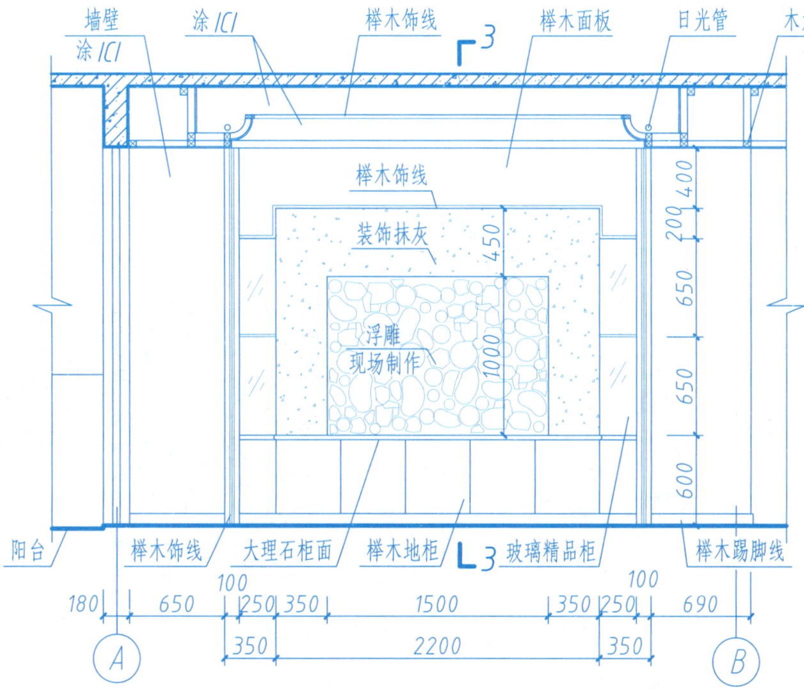

客厅A向立面图 1:20

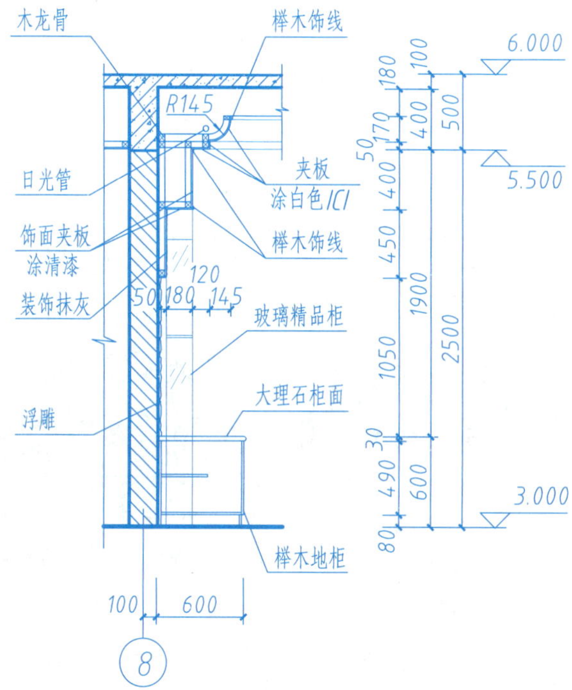

3—3剖面图 1:20

	建筑装饰装修施工图	班级		姓名		学号		115

1.1）读懂建筑给水排水平面图和给水管道轴测系统图（第116、117页）；2）用A3幅面图纸抄绘建筑给水排水平面图，并绘制给水排水管道轴测系统图JL—1、JL—2、WL—1和WL—2；3）轴测图中的部分高度，可根据住宅立面、剖面图（第101~103页）中的尺寸及《建筑制图》（第八版）第十三章所给资料确定。

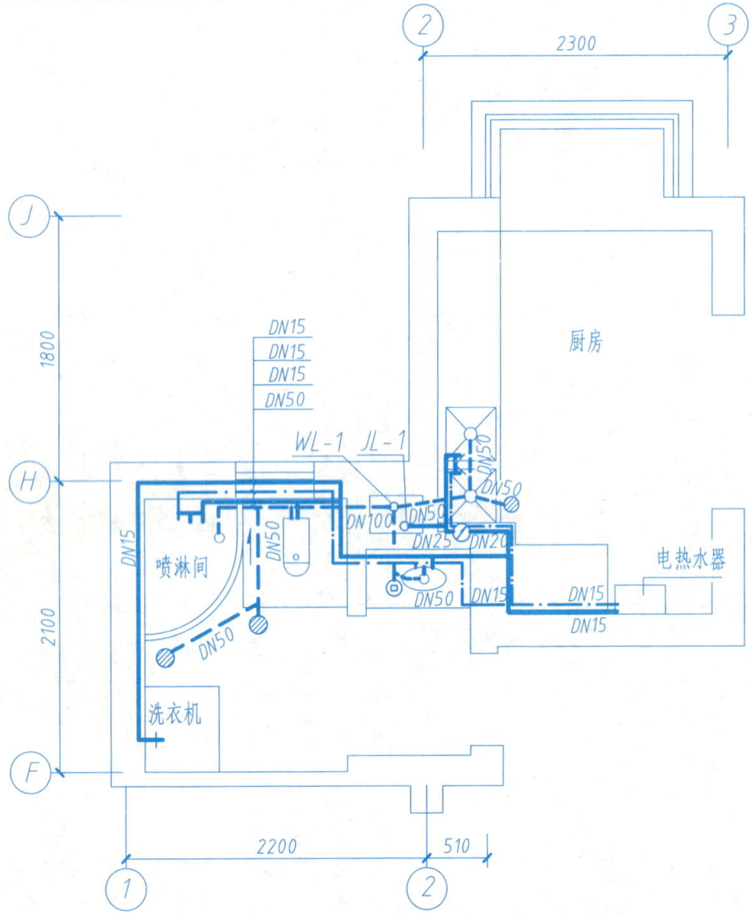

厨房、卫生间给水排水平面图 1:50

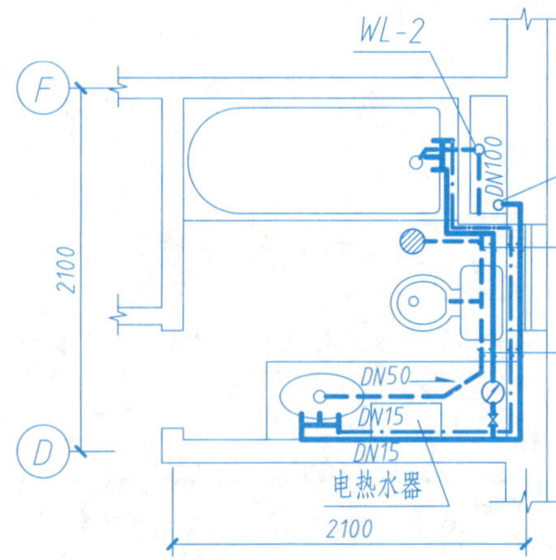

主卧卫生间给水排水平面图 1:50

班级		姓名		学号	

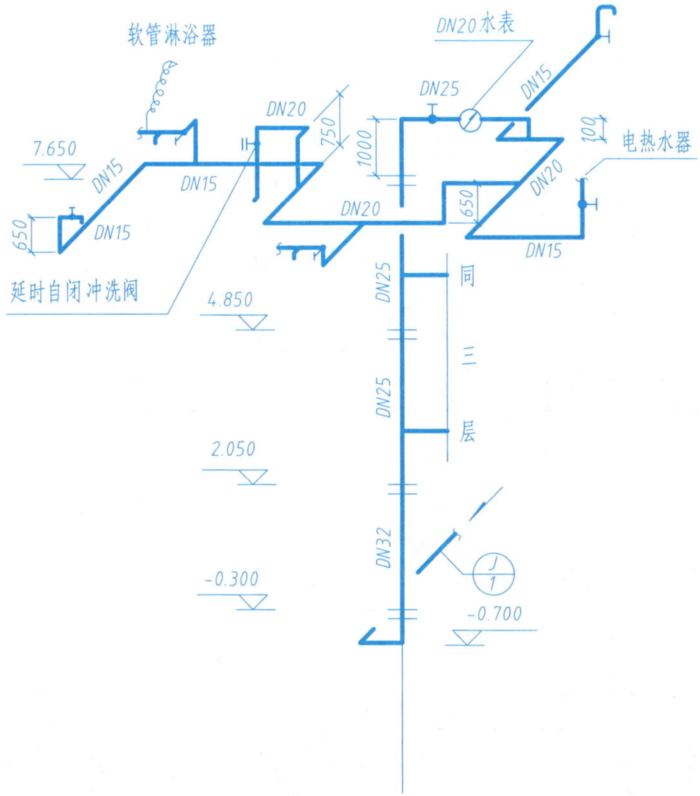

JL-1 1:100

说明

1. 本图尺寸：管径、距离以mm计，标高以m计；给水管标高为管中心，排水管标高为管底。
2. 材料：室内管为排水塑料管，伸顶通气管和埋地排水管为排水PVC管，排水立管WL-1、WL-2每层设置一伸缩节。
3. 排水管坡度：DN50，取$i=0.035$；DN100，取$i=0.02$；DN150，取$i=0.01$。

名称	图例	名称	图例
给水管	JL	洗脸盆	
排水管	WL	浴盆	
热水管	RL	坐式大便器	
水表		污水池	
截止阀		蹲式大便器	
延时自闭冲洗阀		圆形地漏	
放水龙头(水嘴)		通气帽	
检查口		清扫口	
存水弯		检查井	
旋转水龙头			

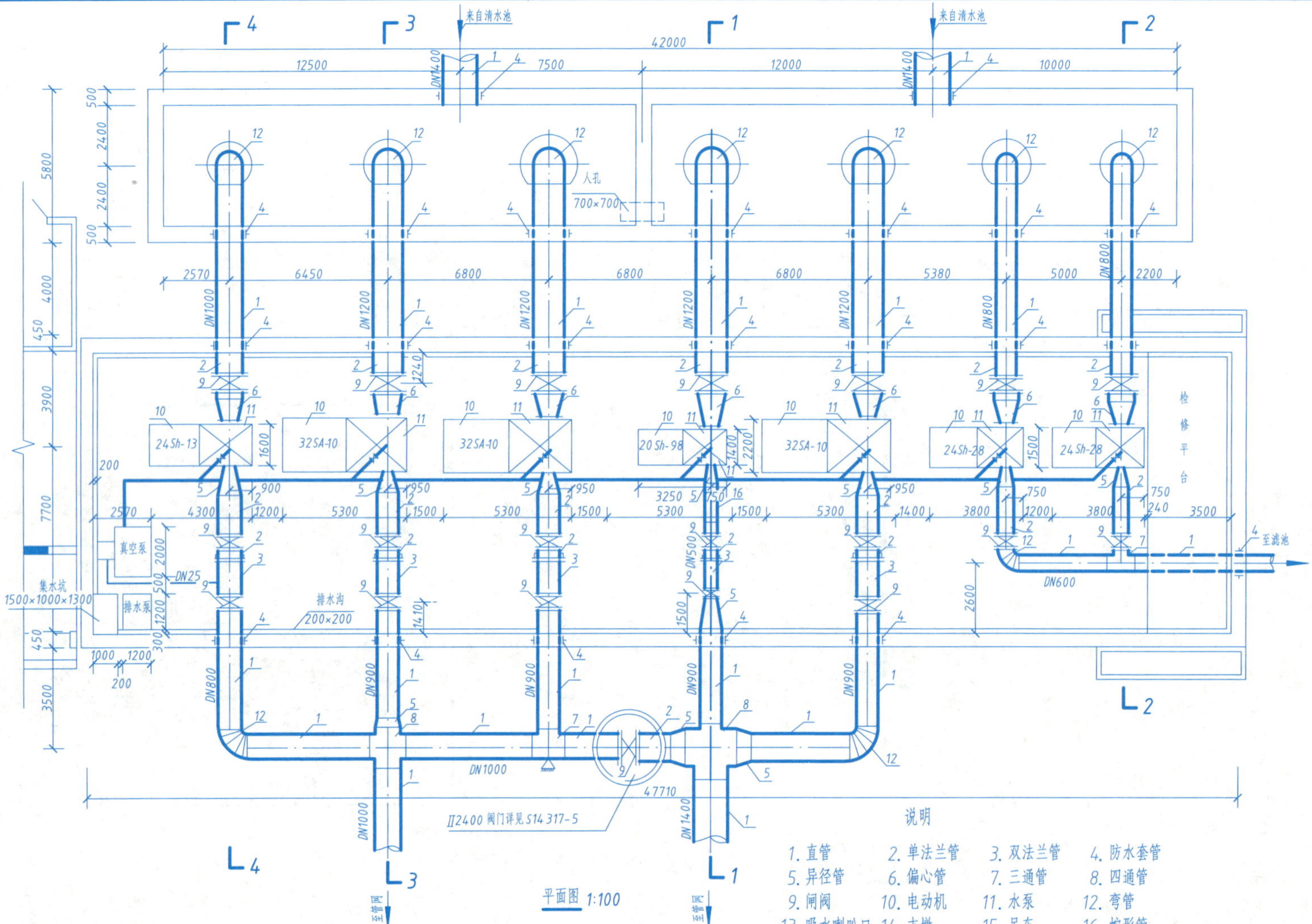

平面图 1:100

说明

1. 直管　2. 单法兰管　3. 双法兰管　4. 防水套管
5. 异径管　6. 偏心管　7. 三通管　8. 四通管
9. 闸阀　10. 电动机　11. 水泵　12. 弯管
13. 吸水喇叭口　14. 支墩　15. 吊车　16. 蛇形管

118	给水排水工程图——送水泵房管路布置平面图	班级		姓名		学号		

2. 1) 读懂送水泵房管路布置图（第118、119页）；*2) 自选图幅和比例，抄绘送水泵房管路布置平面图，并补绘4—4剖面图。

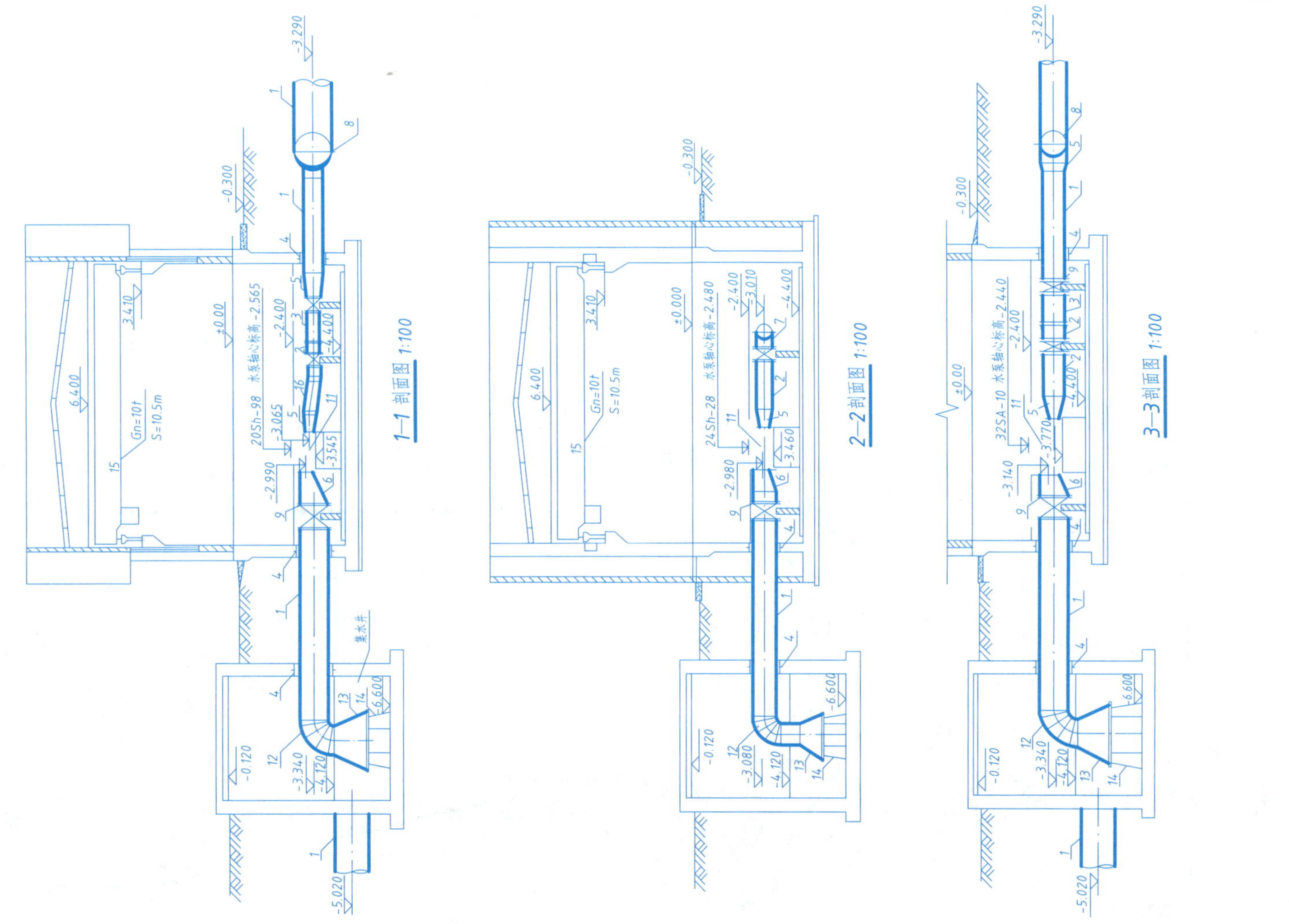

给水排水工程图——送水泵房管路布置剖面图	班级		姓名		学号		119

1. 求作点 A 在投影面上的落影。

2. 求作点 B 在平面 Q 上的落影。

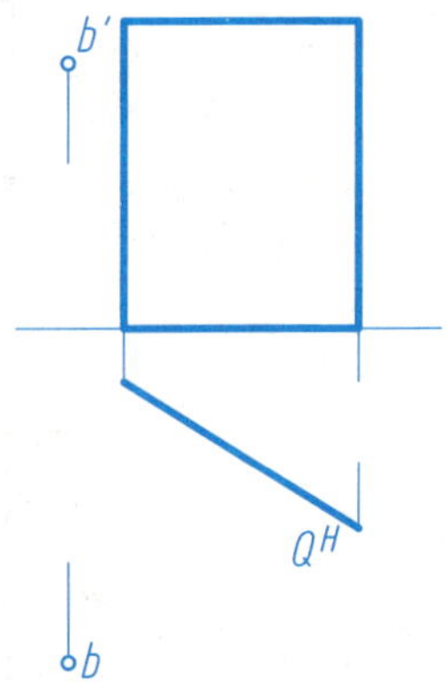

3. 分别求作直线 AB、CD、EF 在投影面上的落影，并分析它们的特性。

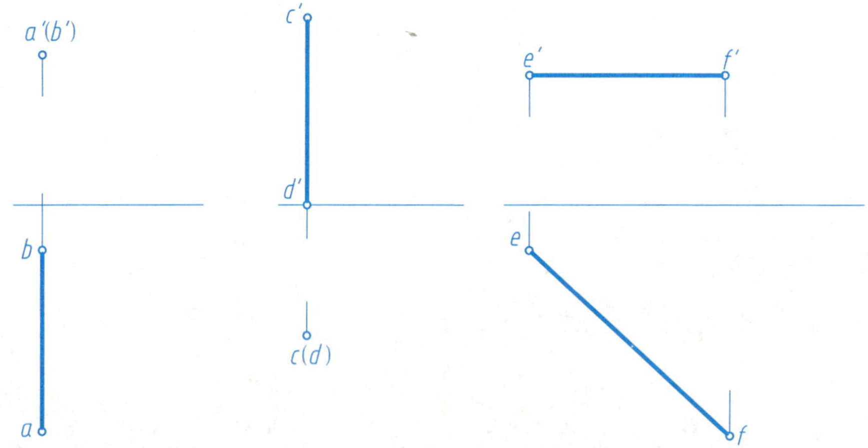

4. 求作直线 AB 在投影面和平面 R 上的落影。

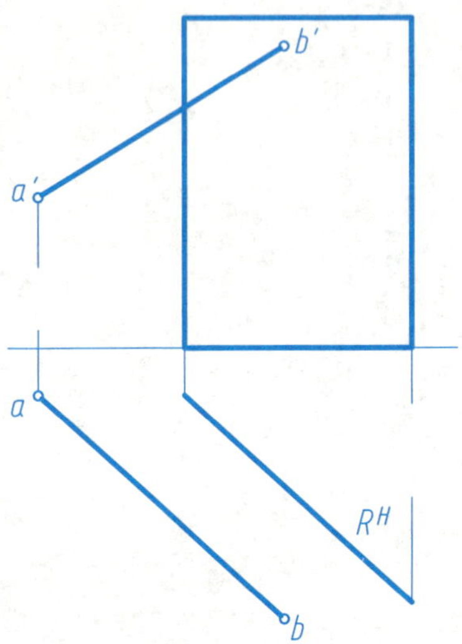

5. 求作直线 AB、CD 在投影面上的落影。

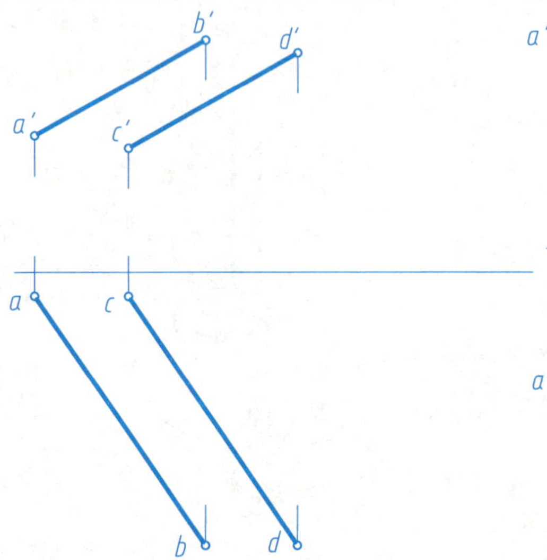

*6. 求作直线 AB、BC 在投影面和台阶上的落影。

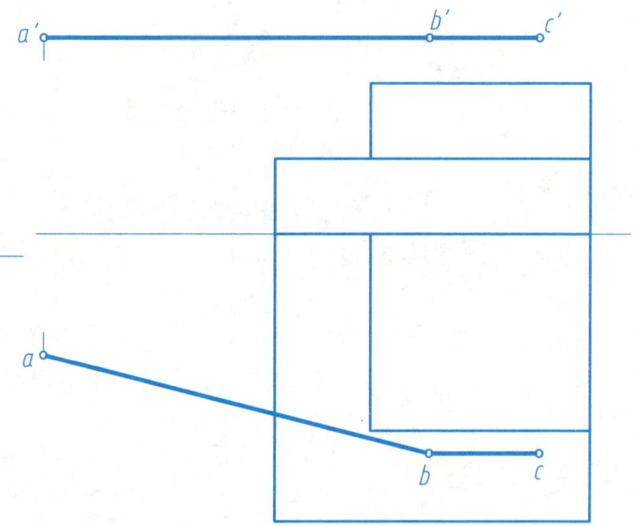

7.求作铅垂线*AB*的落影。

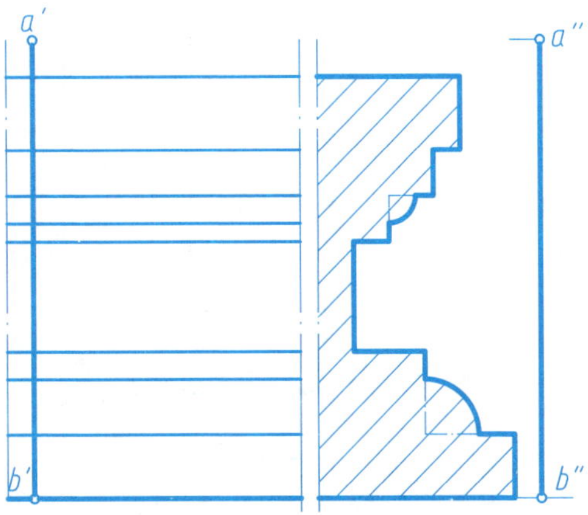

8.求作正垂线*CD*的落影。

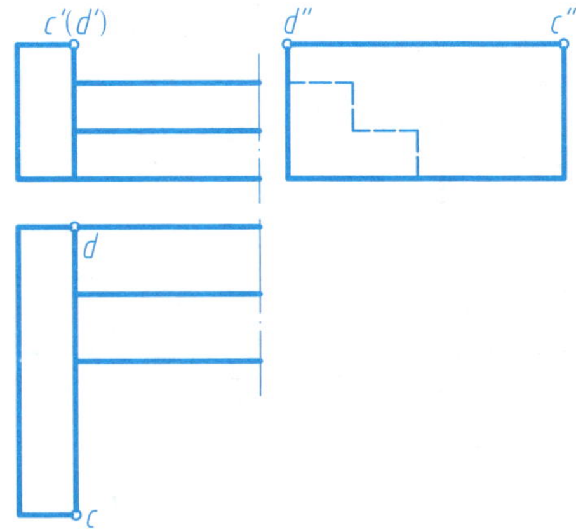

9.求作正垂线*AB*和侧垂线*AC*的落影。

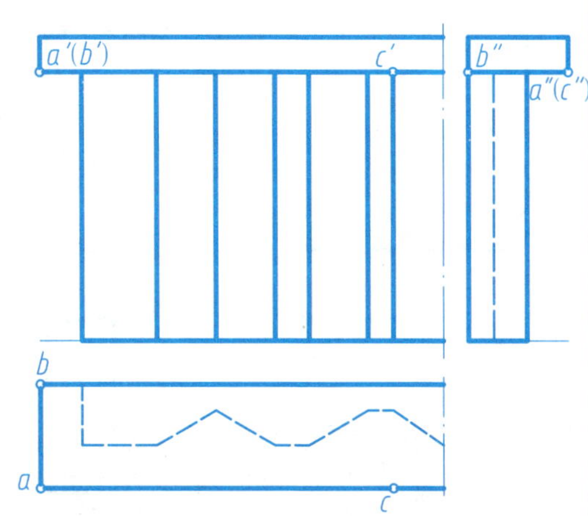

10.求作平面图形在投影面上的落影。

1)

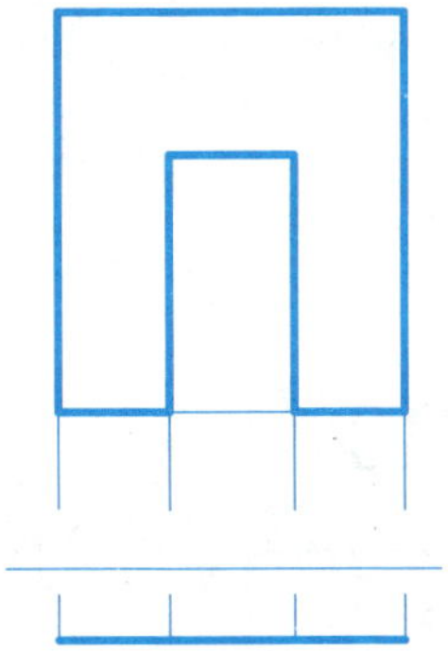

2)

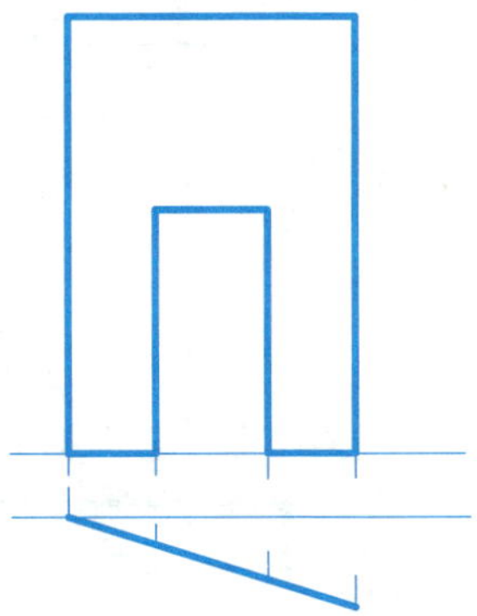

3)

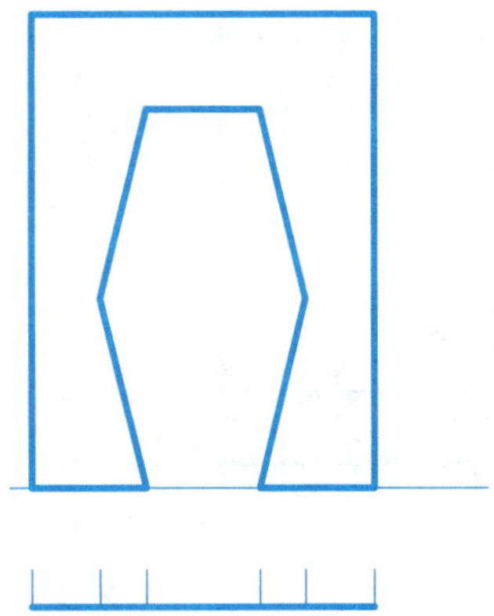

11.求作长方体在投影面上的落影。

1)

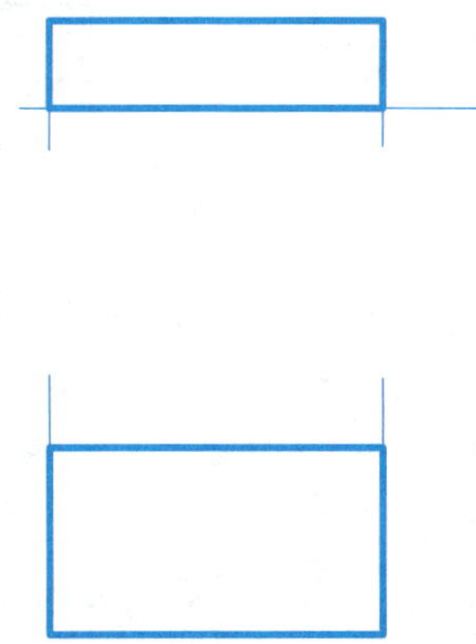

2)

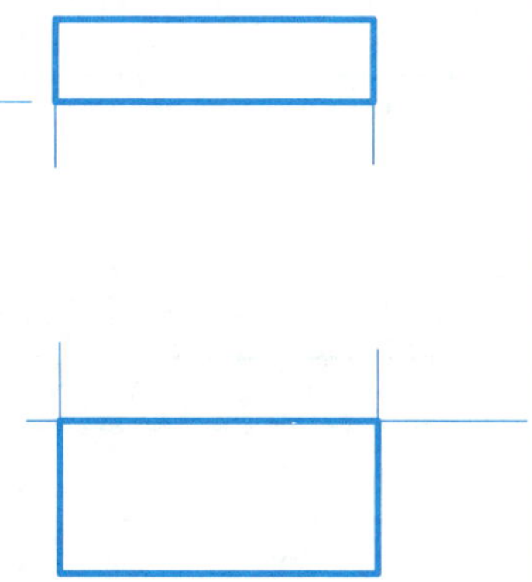

12. 求作组合形体的阴影。

1)

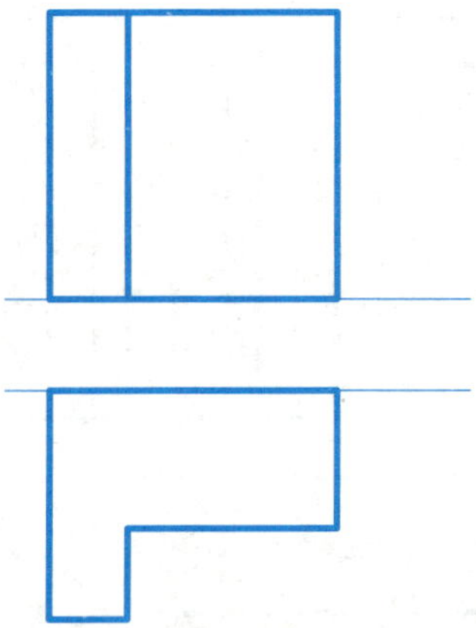

2)

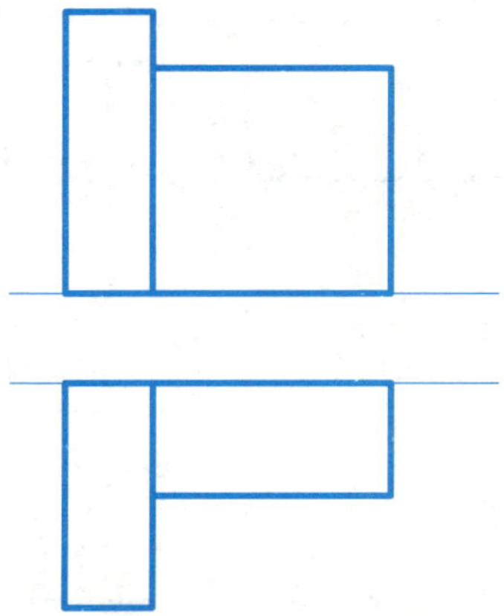

3)

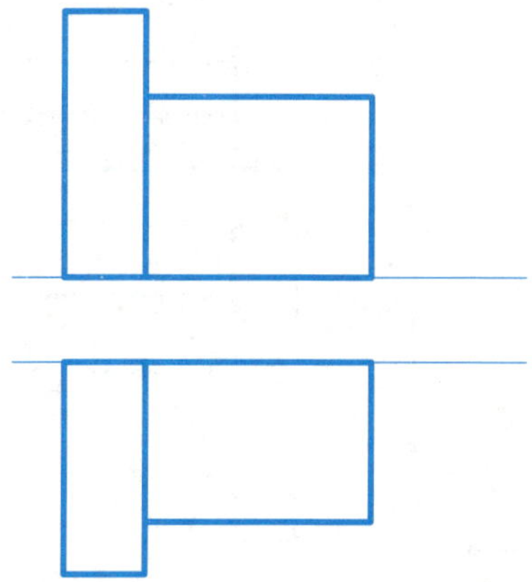

*4)

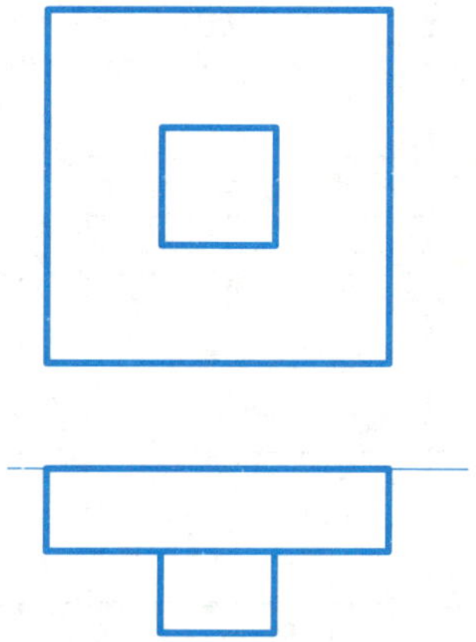

13. 求作方帽落在方柱和投影面上的阴影。

1)

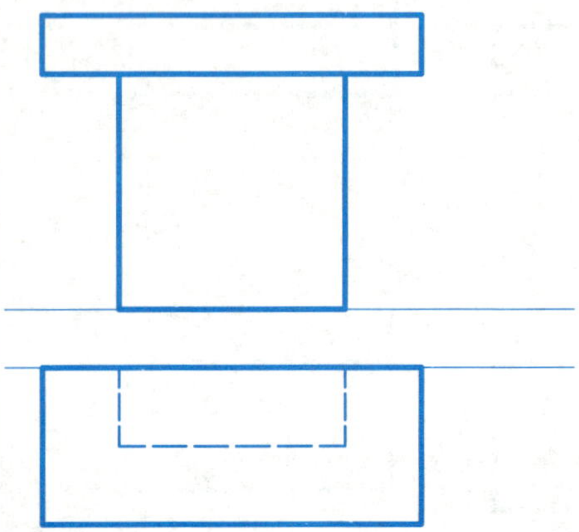

2)

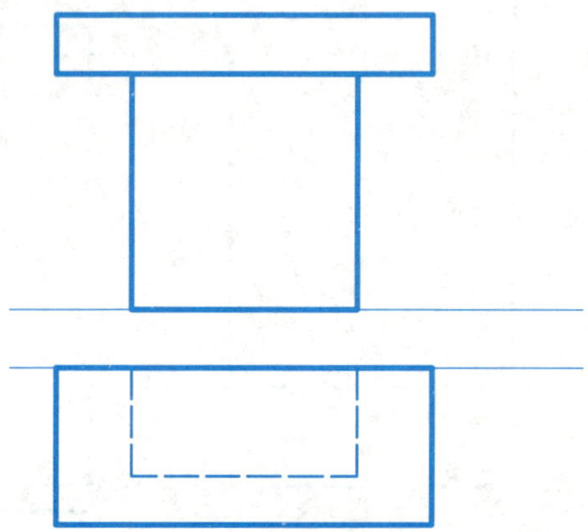

3)

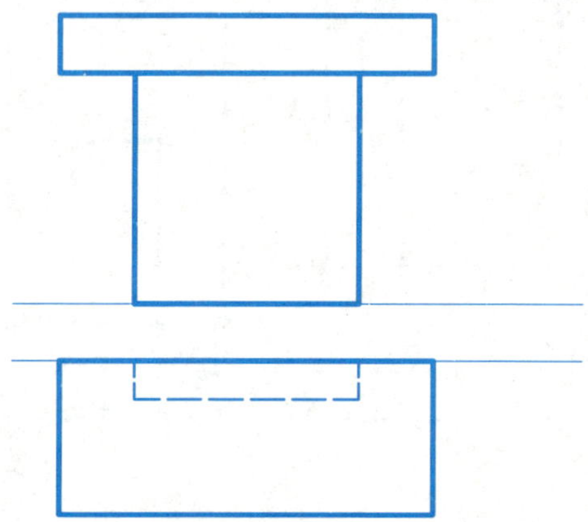

14. 求作圆柱的阴影。

1)

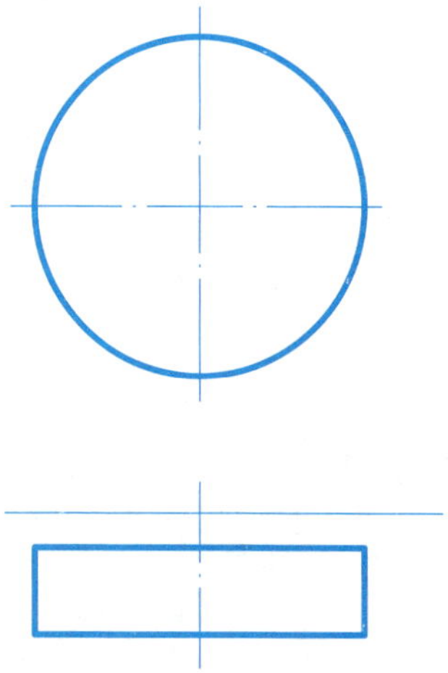

2)

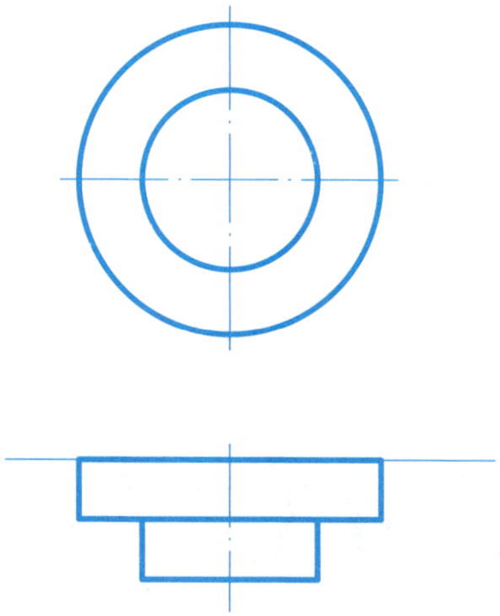

3)

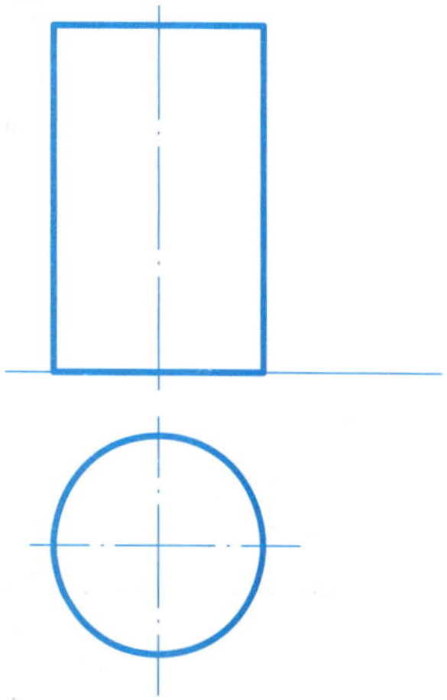

*4)

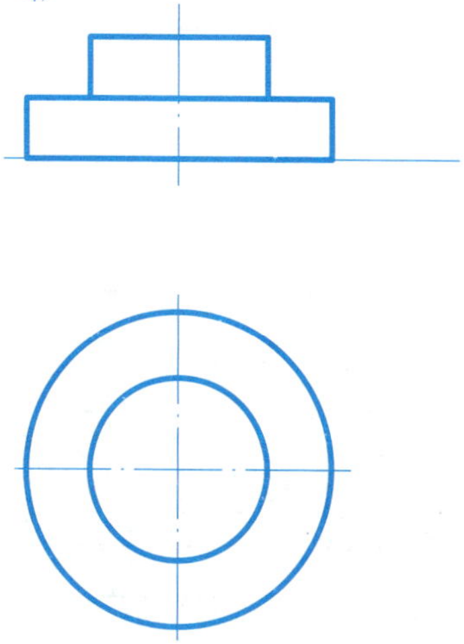

15. 求作方帽（或圆帽）落在圆柱（或方柱）和投影面上的阴影。

1)

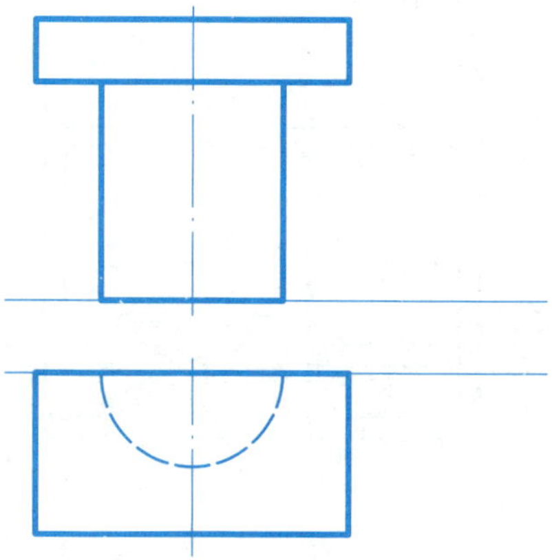

2)

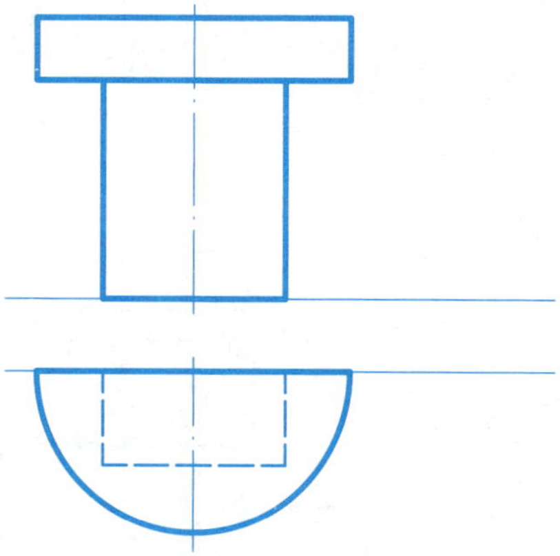

*3)

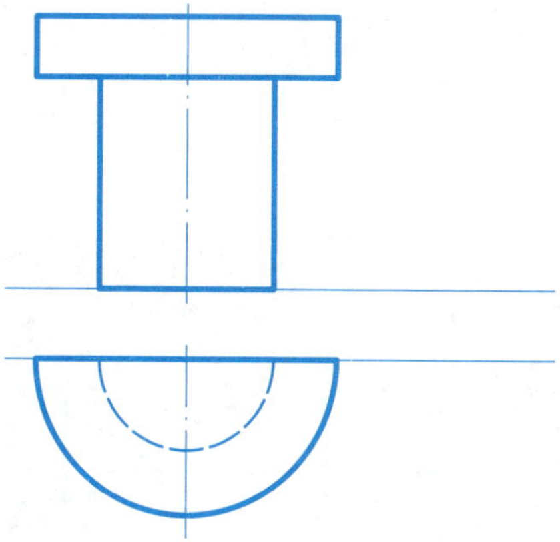

	阴影	班级		姓名		学号		123

16.求作门洞、窗洞、花格的阴影。（假定门扇和窗扇是关闭的，各题同。）

1）

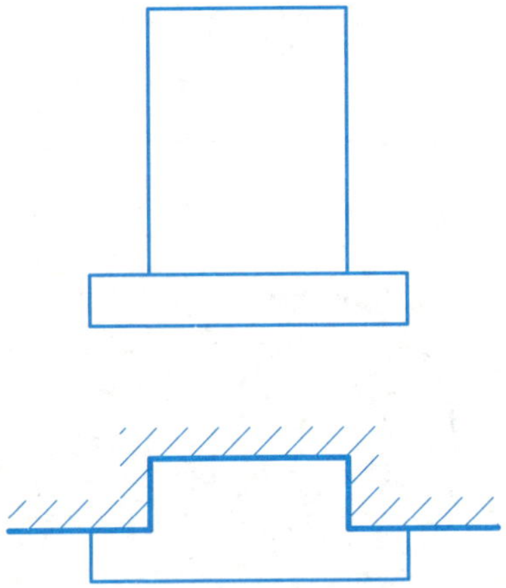

2）

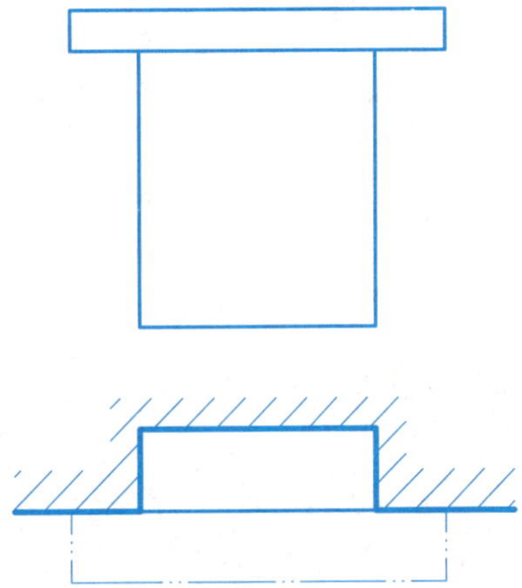

3）

4）

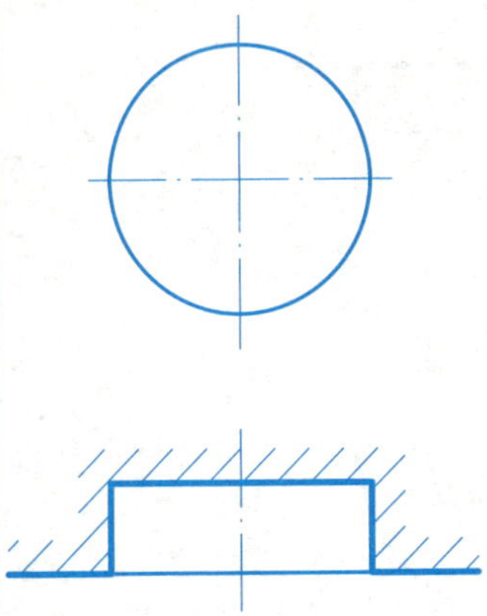

5）

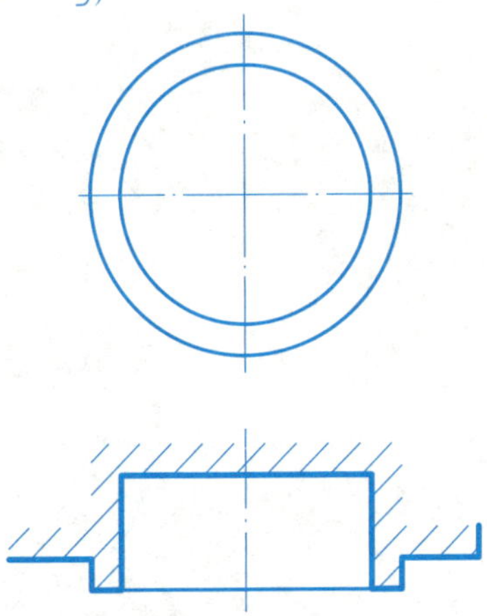

6）

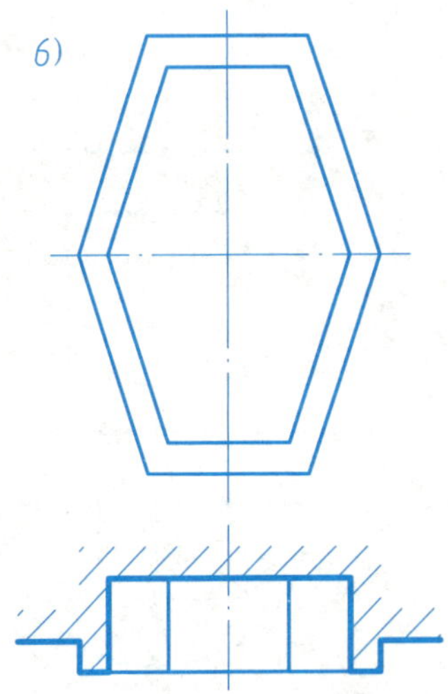

*7）

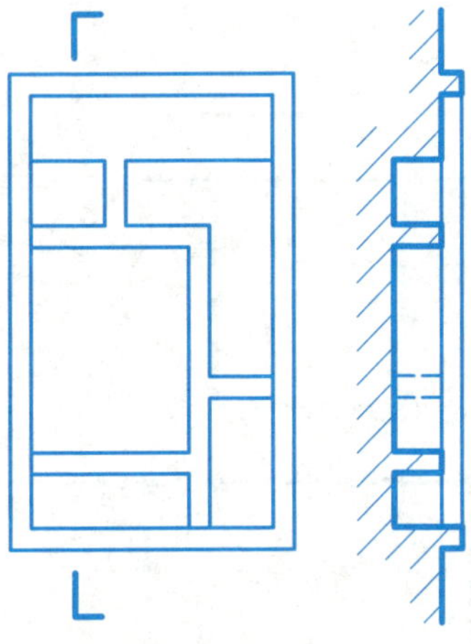

17. 求作建筑细部落影的 V 投影。

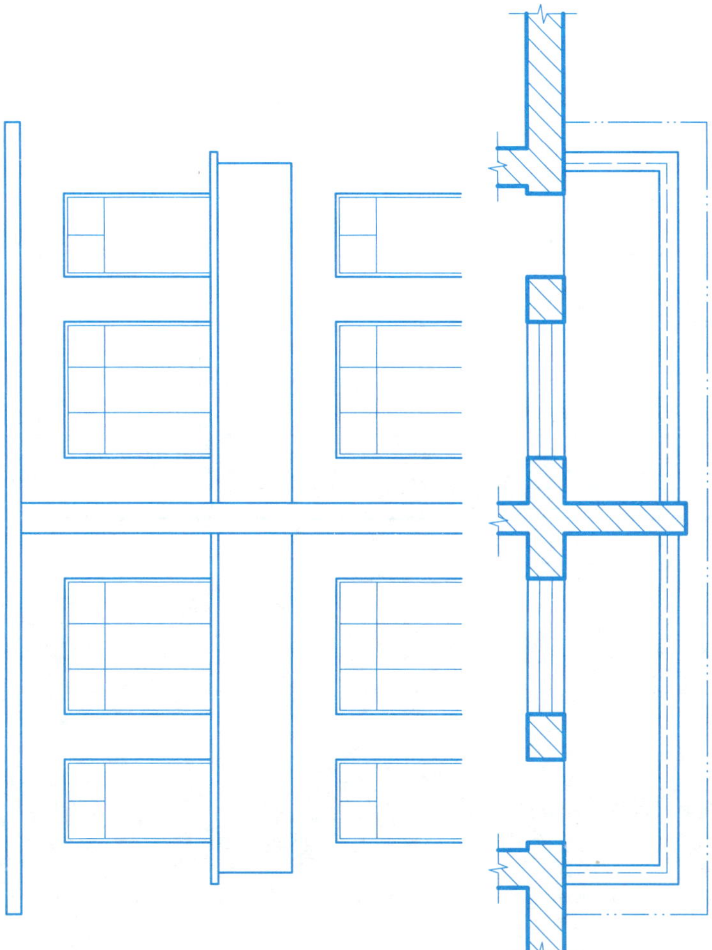

18. 求作台阶的阴影。

*19. 求作房屋立面的阴影。

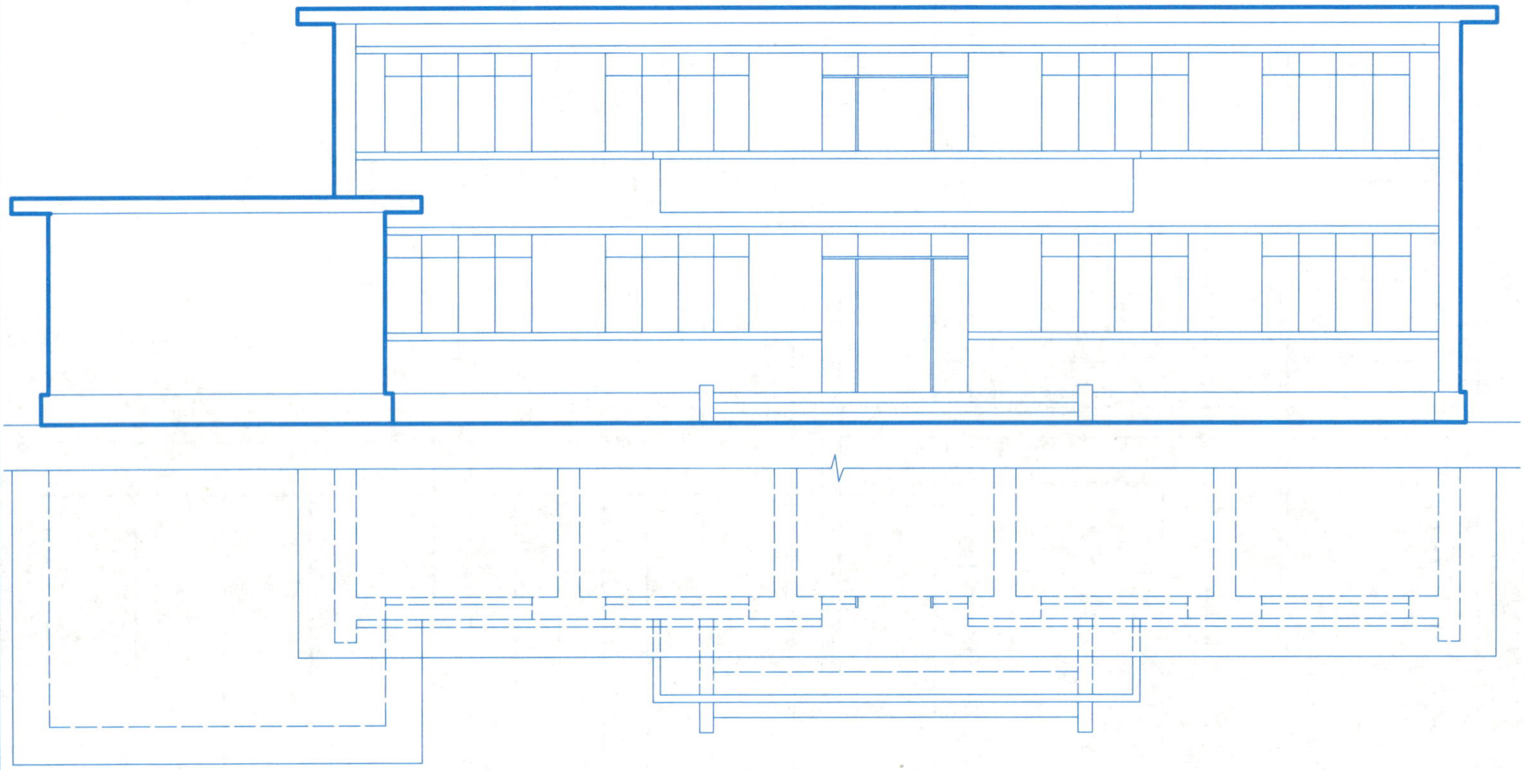

班级		姓名		学号	

1. 求作点 A 的透视及基透视。

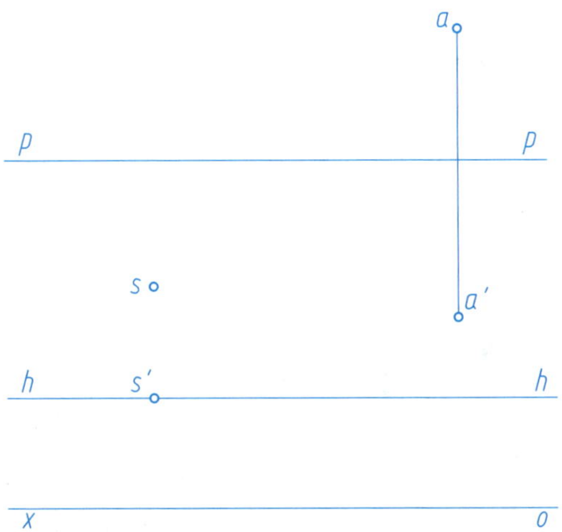

2. 求作高度为 L 的水平线 AB 的透视。

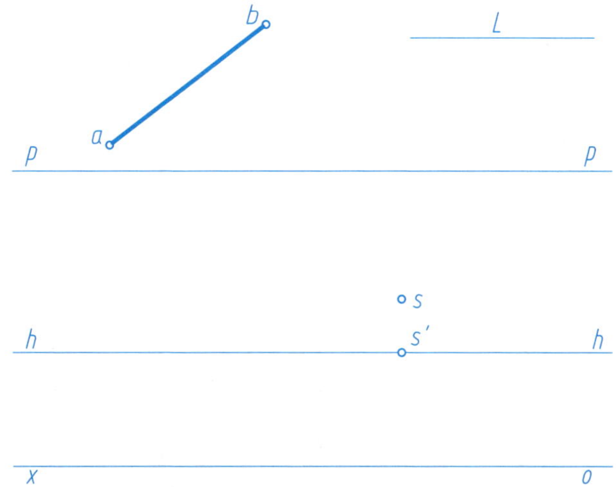

3. 求作电线杆 CD 的透视。

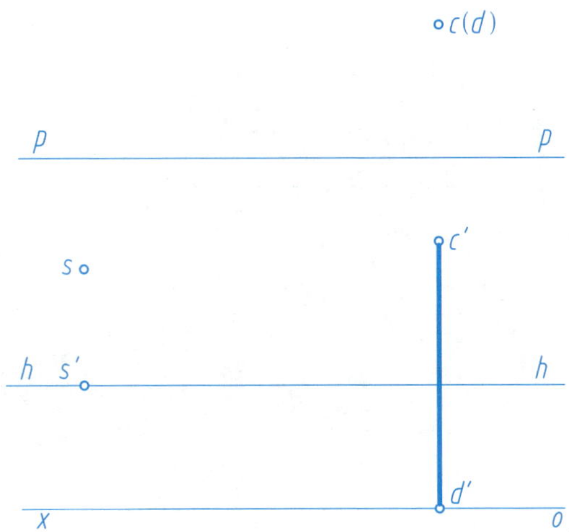

4. 求作画面垂直线 AB 的透视。

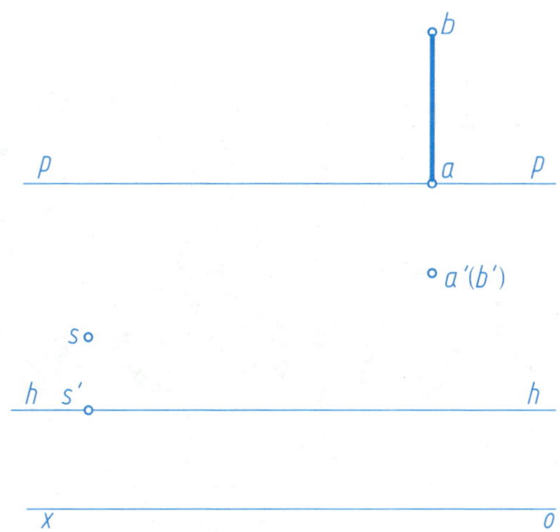

5. 求作基面上正方形及其内部分格的透视。

6. 求作台阶的透视图。

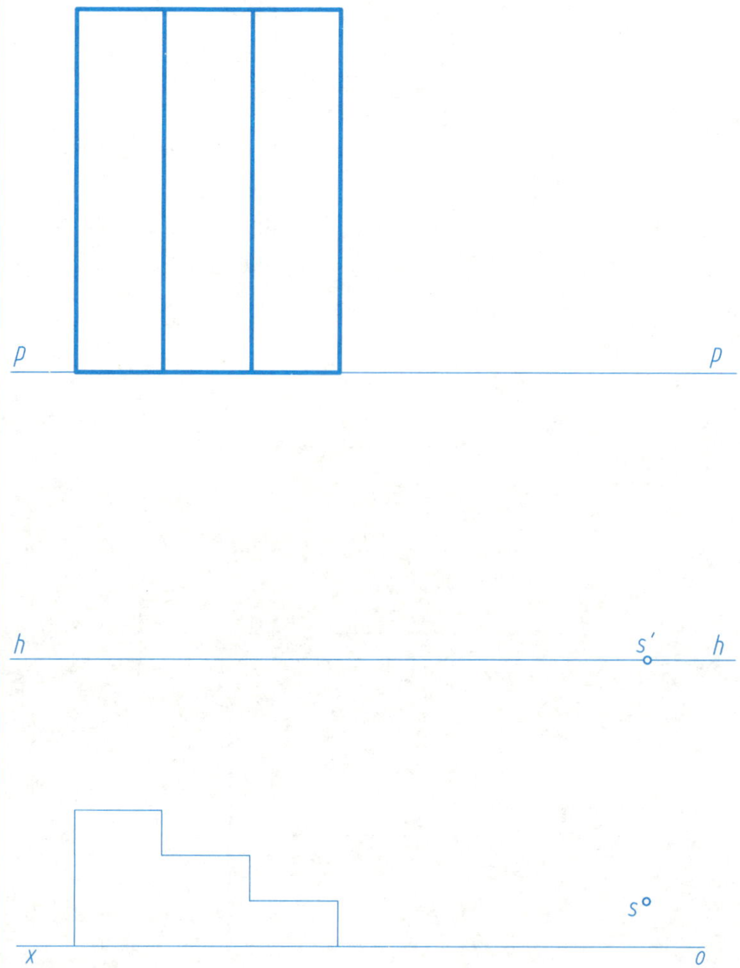

班级　　姓名　　学号

7. 求作形体的透视图。

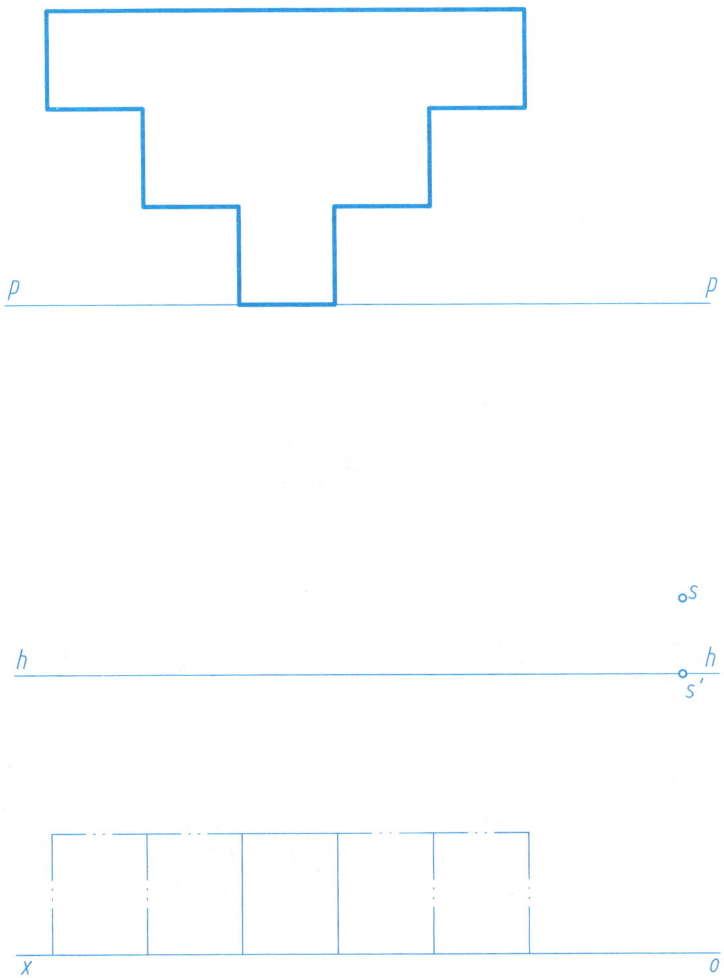

8. 求作纪念碑的透视图。

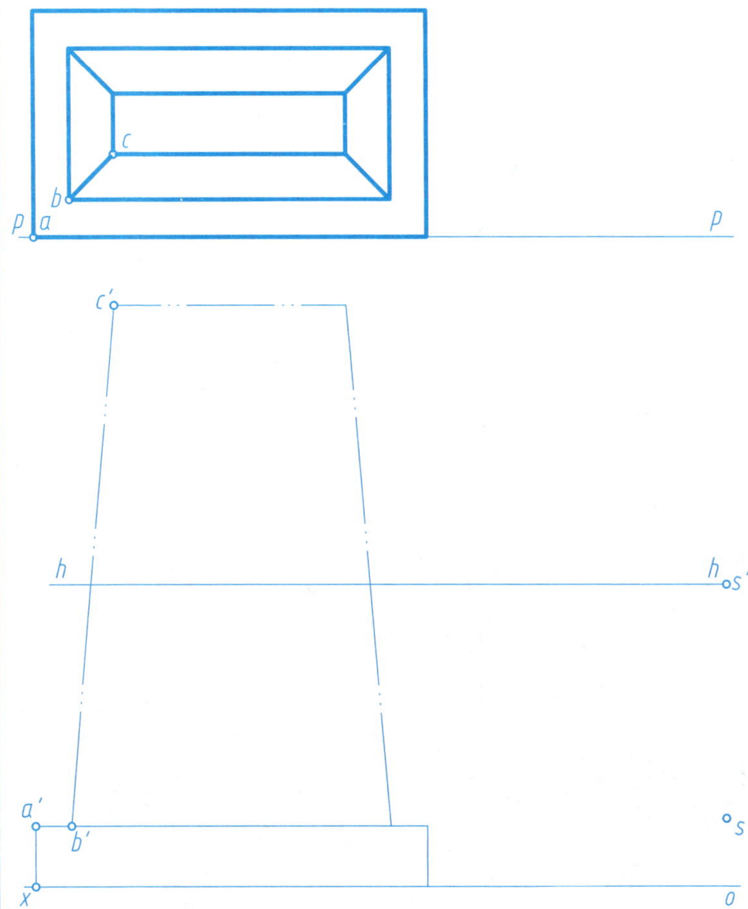

9. 求作形体的透视图。

1)

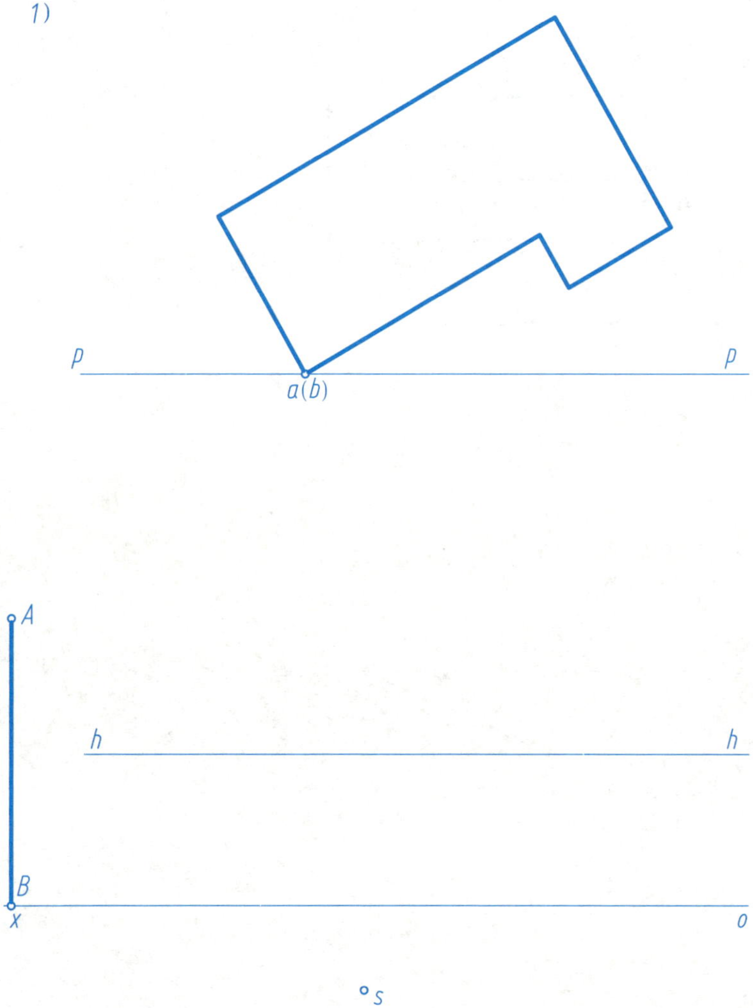

2)

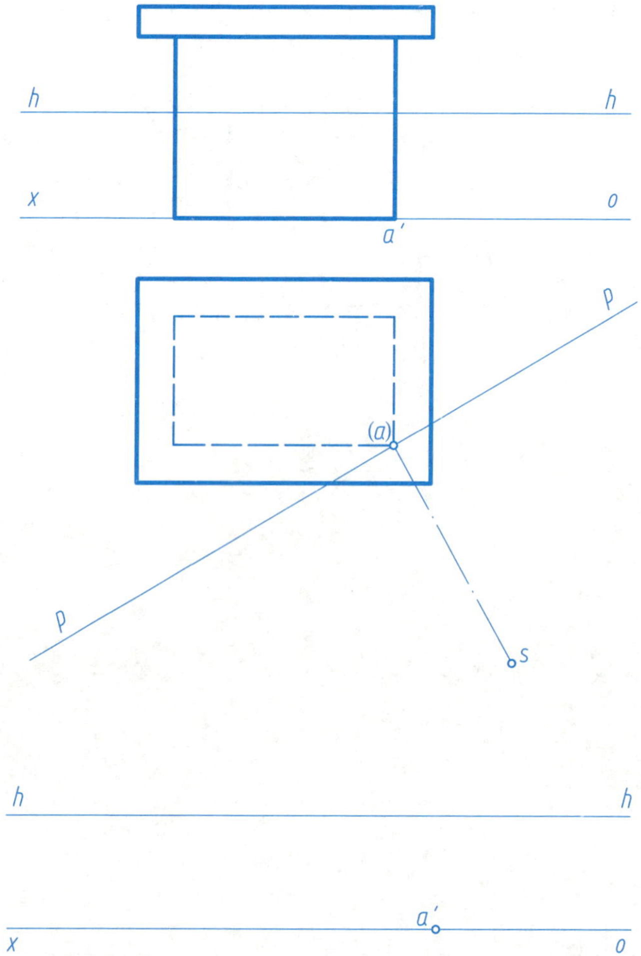

10. 求作门洞和雨篷的透视图。

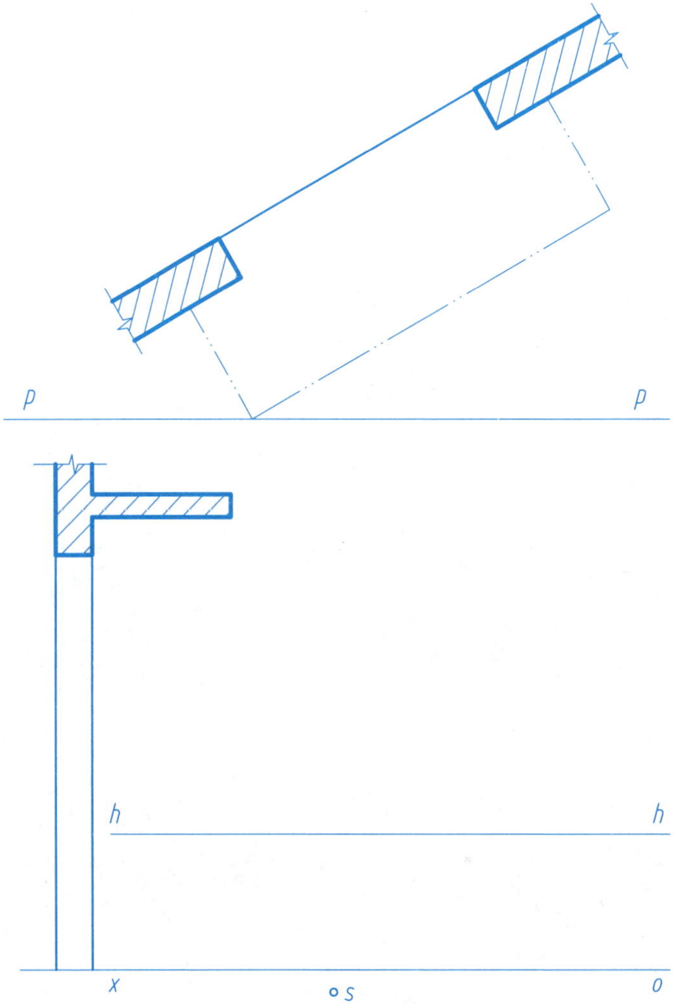

*11. 求作窗洞和窗台的透视图。

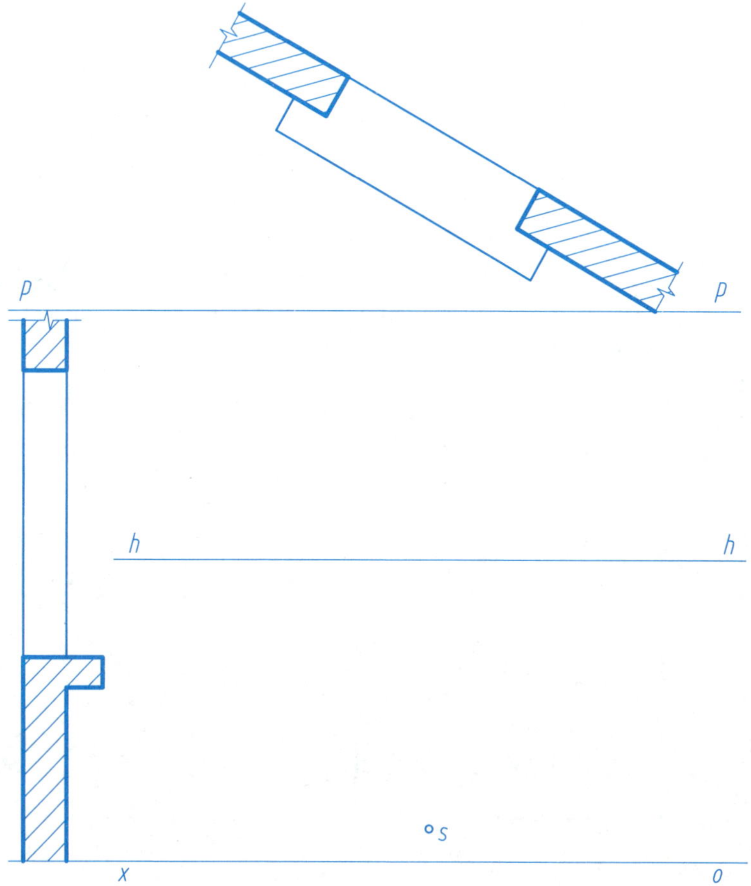

	透视投影	班级		姓名		学号		131

12.求作台阶的透视图。

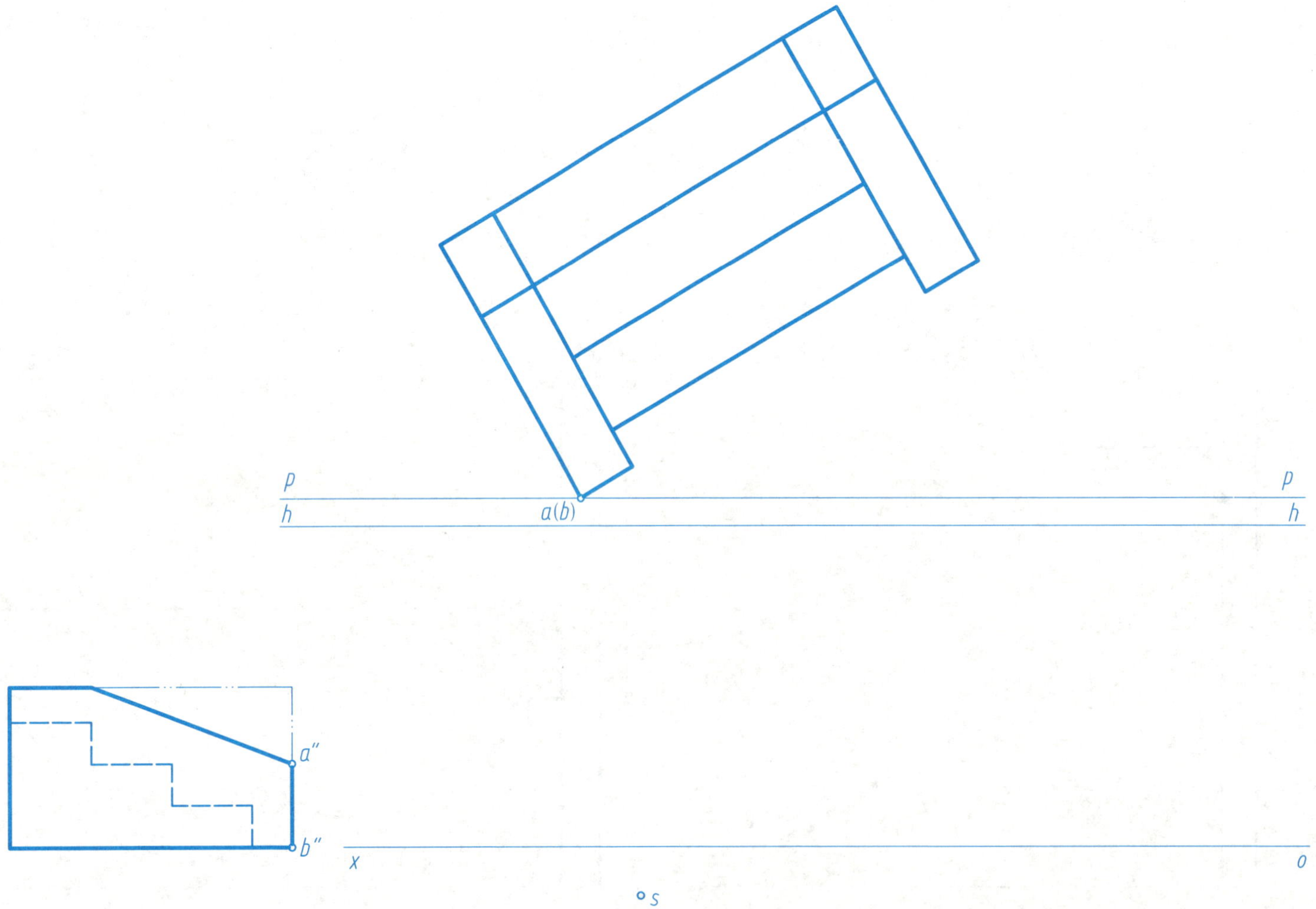

13. 求作建筑形体的透视图。

1）

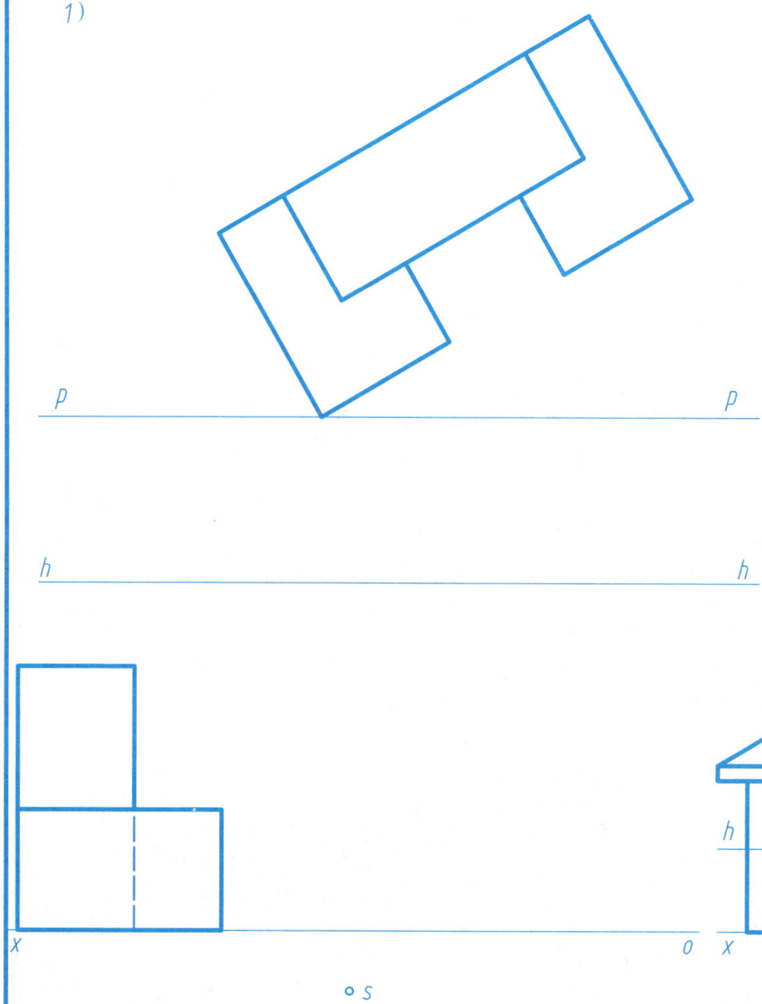

*2）

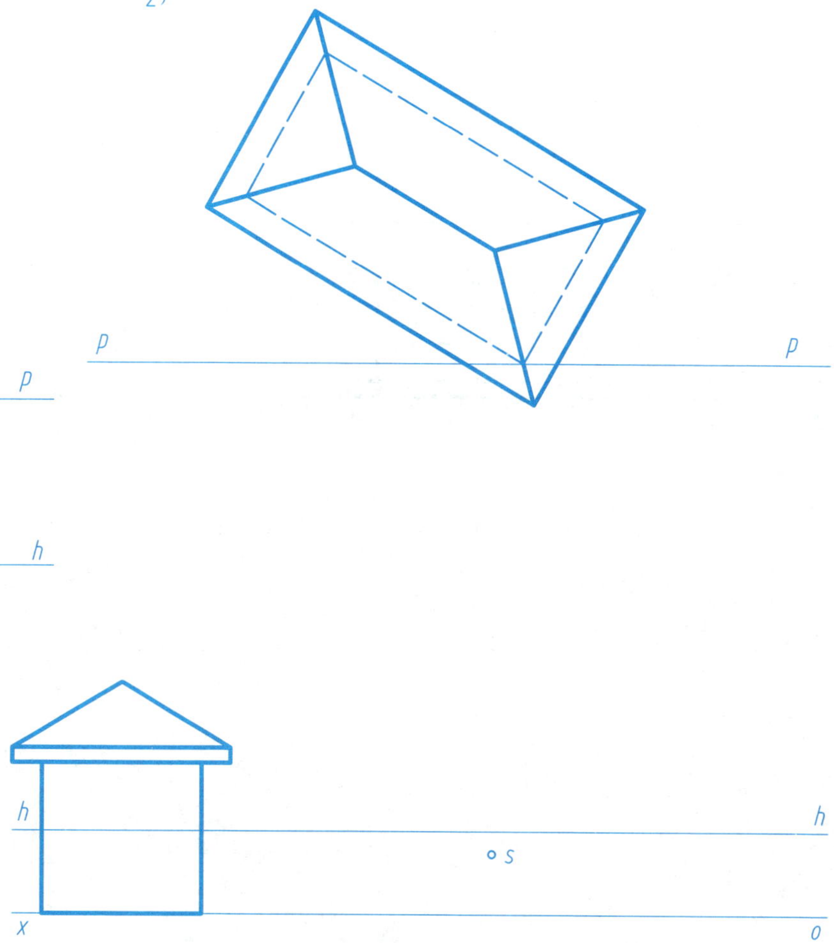

*14. 求作建筑形体的透视图（放大一倍）。

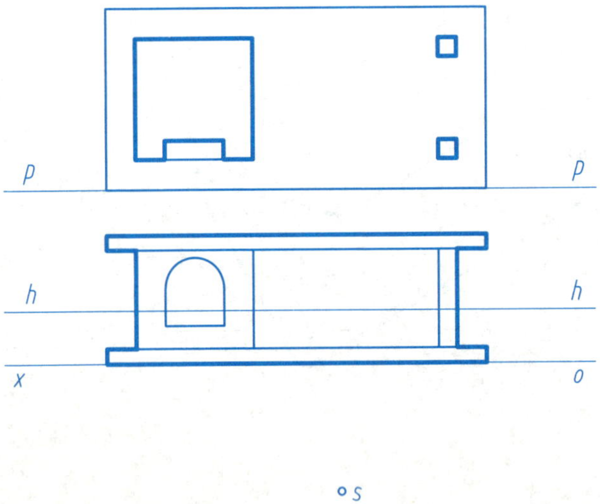

注：放大一倍是指原形体尺寸的2倍。

15. 求作建筑形体的透视图，自定站点和视平线，自选图幅和比例。

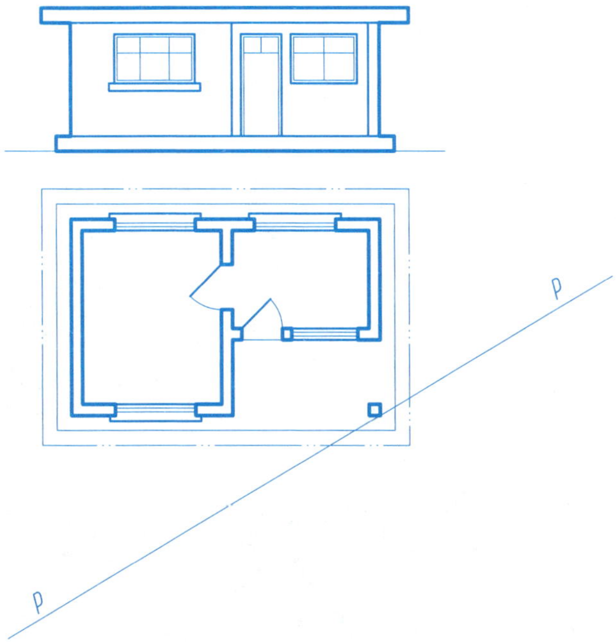

16. 求作室内透视图，自选图幅和比例（图中桌椅可不画）。

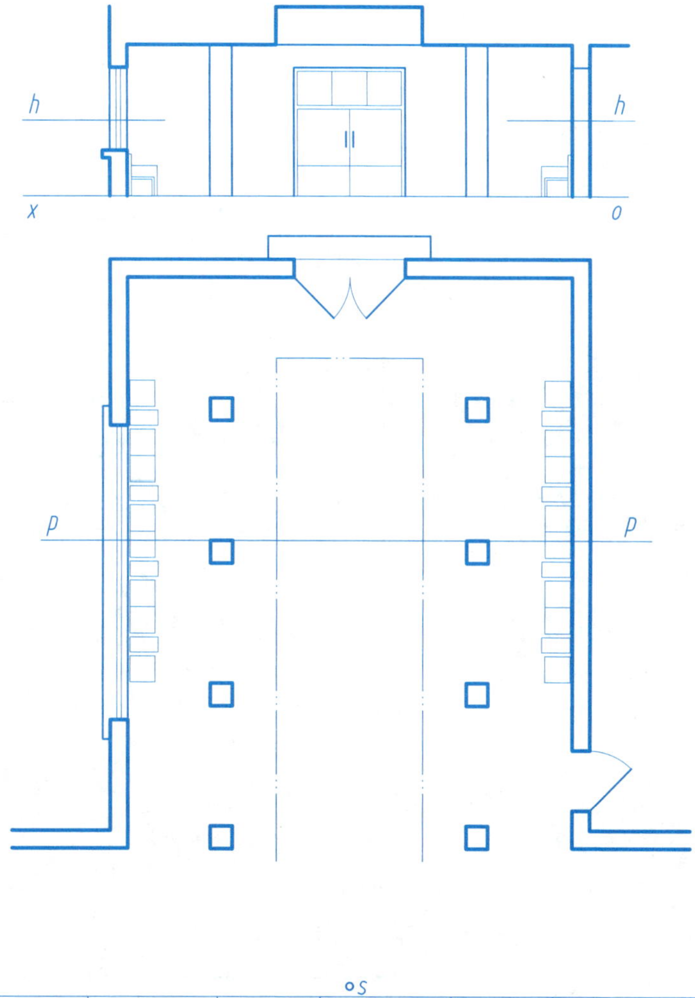

1. 已知线段AB的标高投影、比例尺，求作AB对地面的倾角α、实长、坡度、间距及整数标高的点。

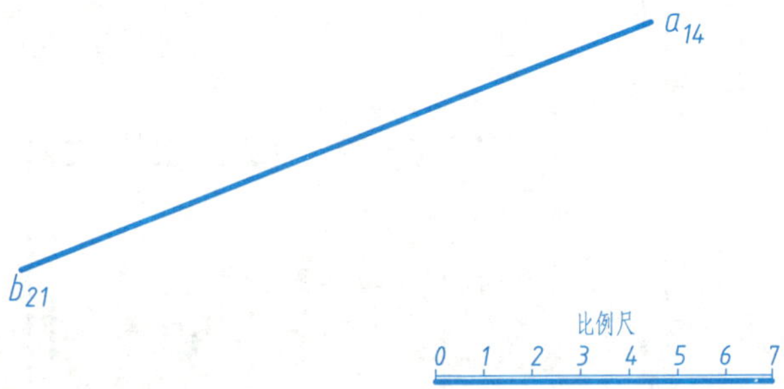

2. 已知条件如图，求作平面P对地面的倾角α和其上整数标高的等高线。

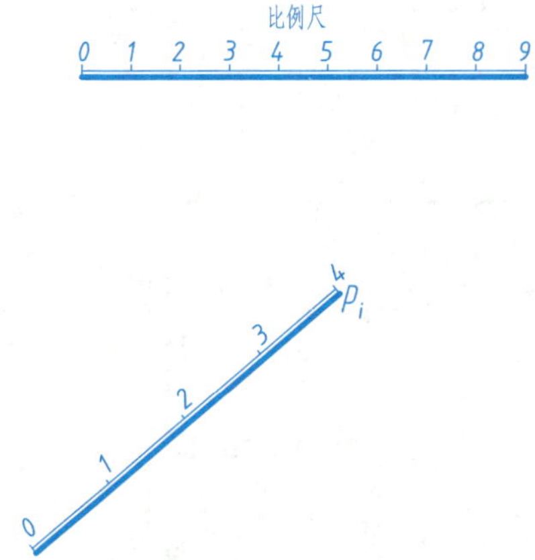

3. 已知平面上直线AB的标高投影和平面的坡度（带折断线箭头所示方向为坡度大致的下降方向），求作平面上整数标高的等高线和坡度比例尺。

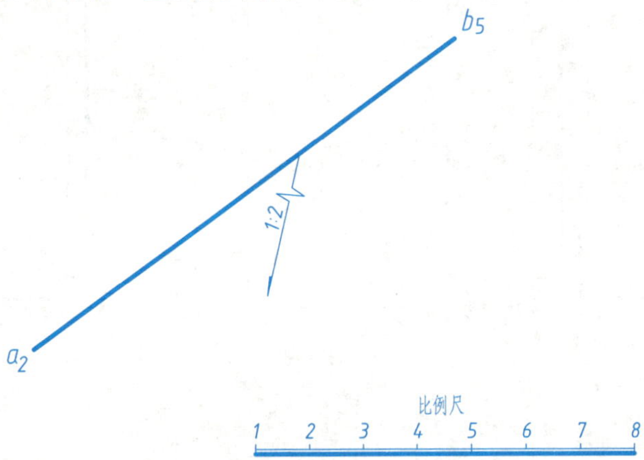

4. 已知$\triangle ABC$的标高投影，求作平面整数标高（按比例尺刻度）的等高线、平面的坡度比例尺和倾角α。

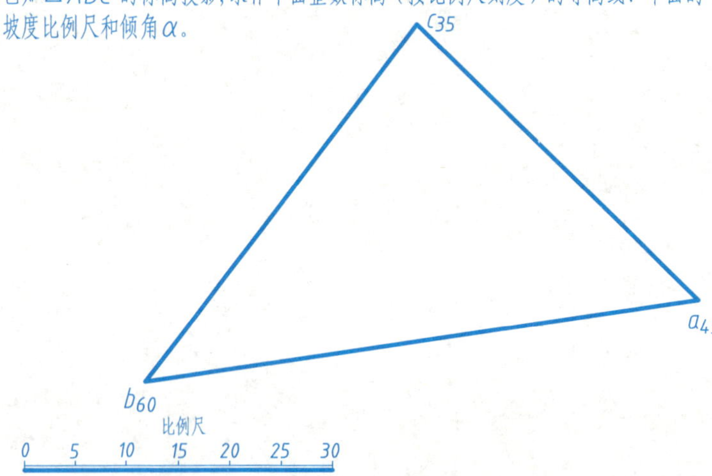

班级		姓名		学号	

5. 已知条件如图，求作两平面的交线。

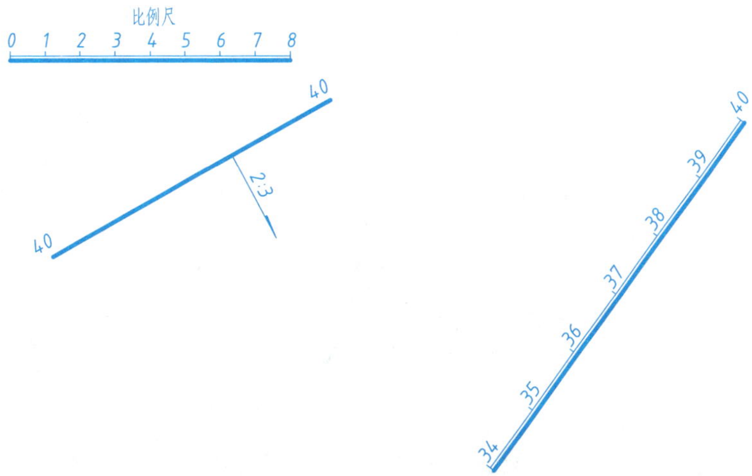

6. 已知条件如图，求作基坑各边坡面的交线、坡面与地面（标高为零）的交线。

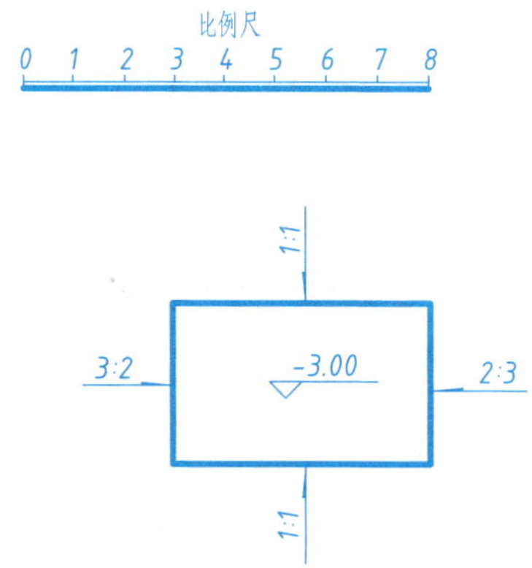

7. 已知一路堤的堤顶$ABCD$，高度由零升到4m，各坡面的坡度如图中所注，求作路堤边坡面之间的交线、边坡面与地面（标高为零）的交线。

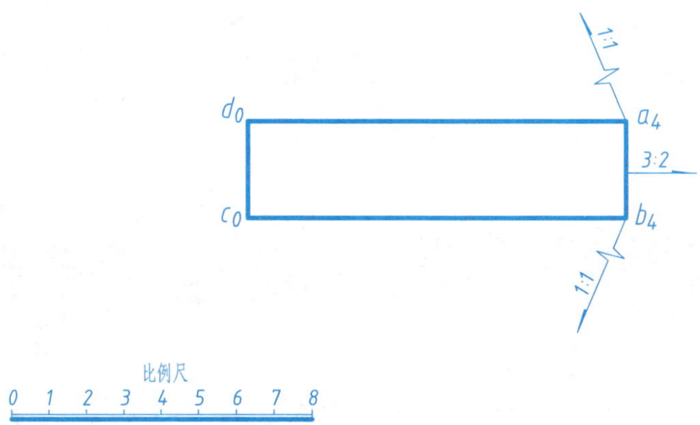

8. 两堤顶的标高及各边坡的坡度如图中所注，求作各边坡面与地面（标高为零）的交线、各边坡面之间的交线。

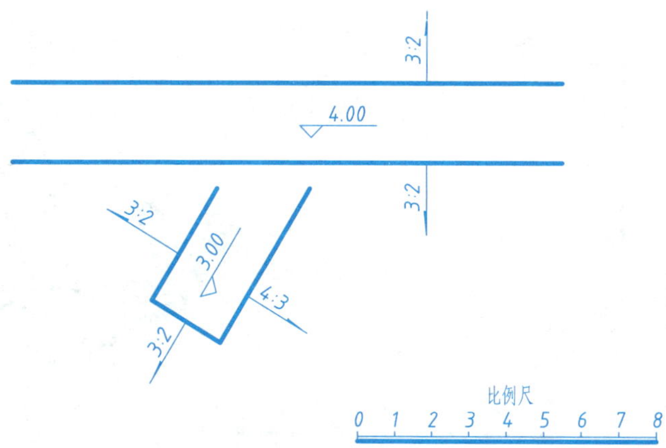

9. 在土坝坡面与河岸坡面相接处，需作一圆锥面保护，求作河岸坡面、土坝坡面与圆锥坡面的交线及其与河底面的交线，坡度均为 1:1 。

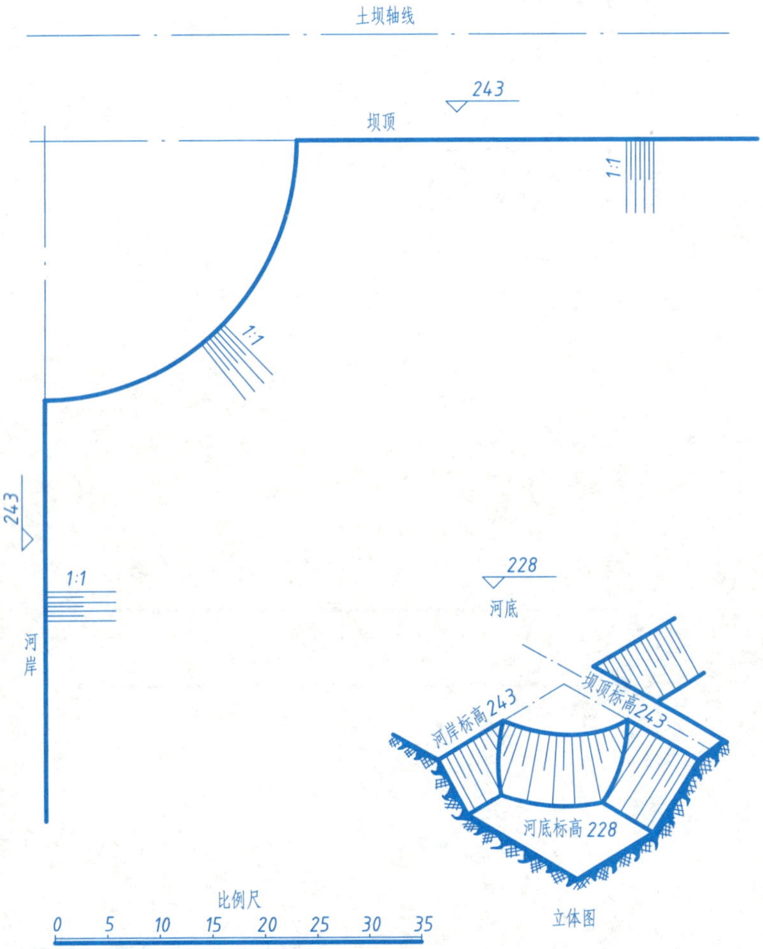

10. 有一圆弧形倾斜道路与干道相连，干道顶面的标高为4m，求作干道坡面、弧形斜道坡面与地面（标高为零）的交线，以及斜道坡面与干道坡面的交线。

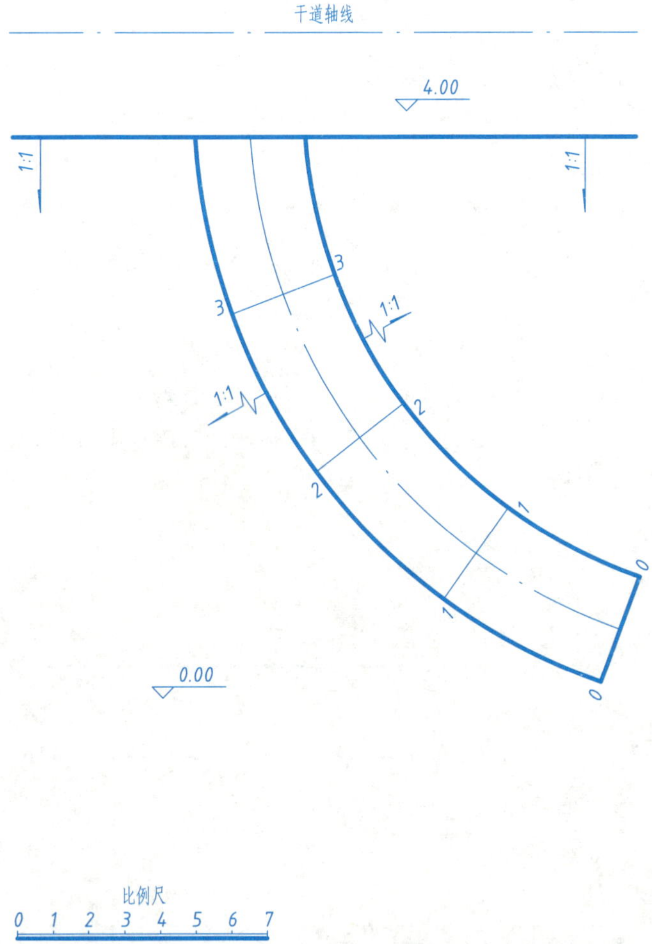

*11. 求作广场及倾斜引道的坡面与地面的交线、坡面间的交线、倾斜引道与地面的交线，坡面的挖方坡度为3:2，填方坡度为1:1。

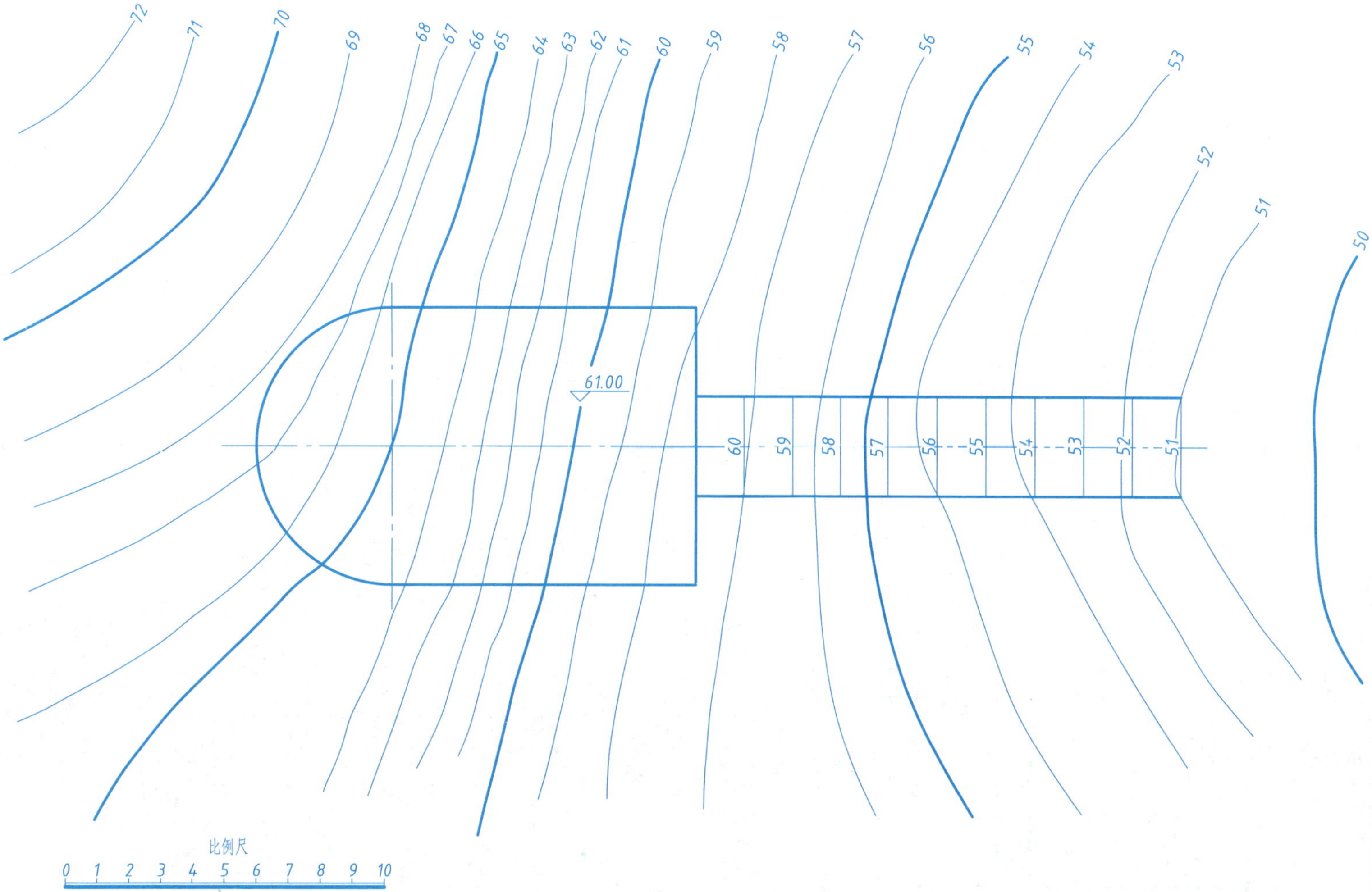

1. 求作截头四棱柱侧表面的展开图。

2. 求作漏斗的表面展开图。

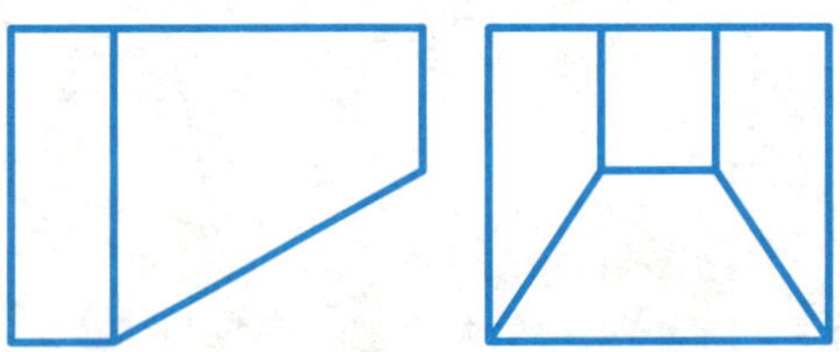

班级		姓名		学号		

3. 求作截头圆柱侧表面的展开图。

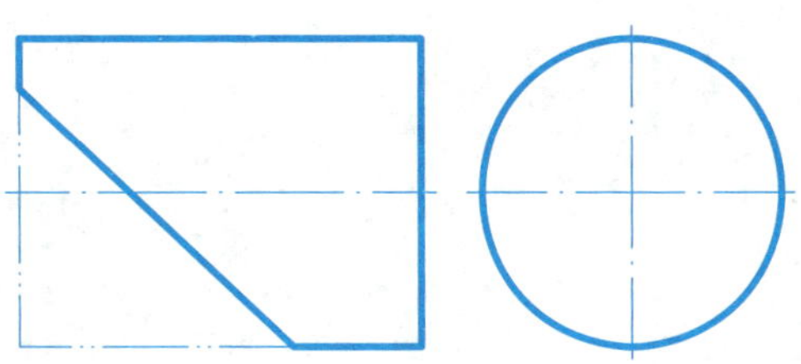

4. 求作截头圆锥侧表面的展开图。

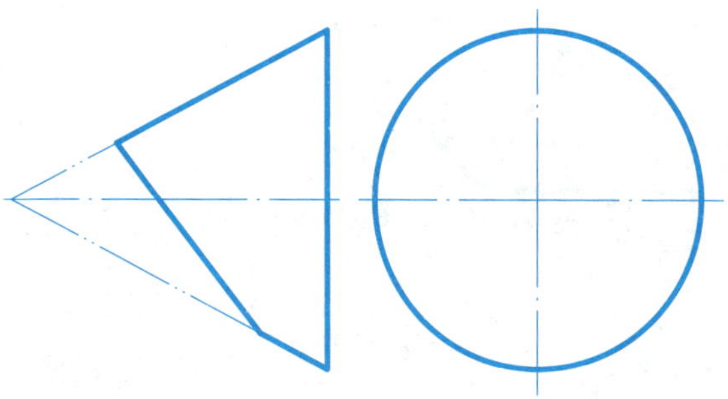

	展开图	班级		姓名		学号		141

5. 求作异径管接头的展开图。

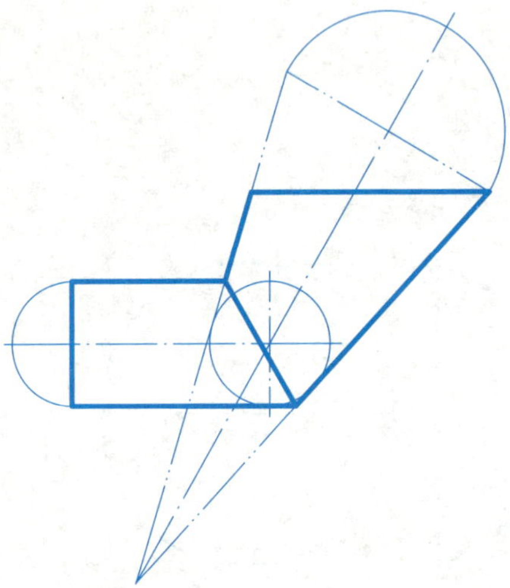

6. 求作90°弯管接头的展开图。

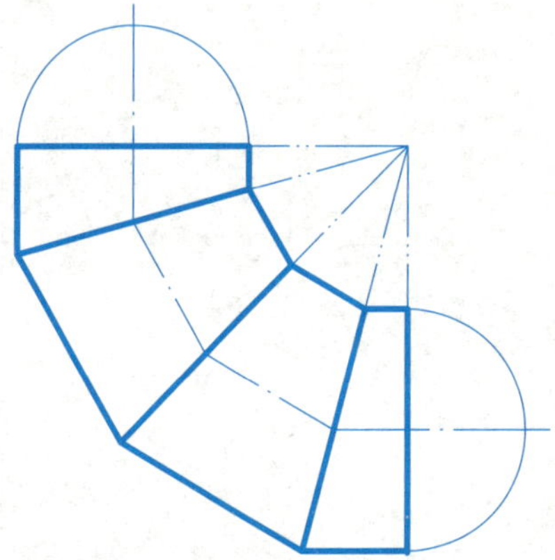

7. 求作三通管接头的展开图。

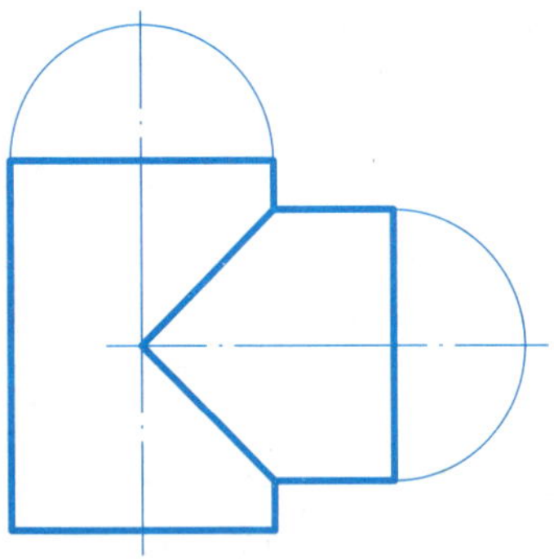

8. 求作变形接头（又称天圆地方）的展开图。

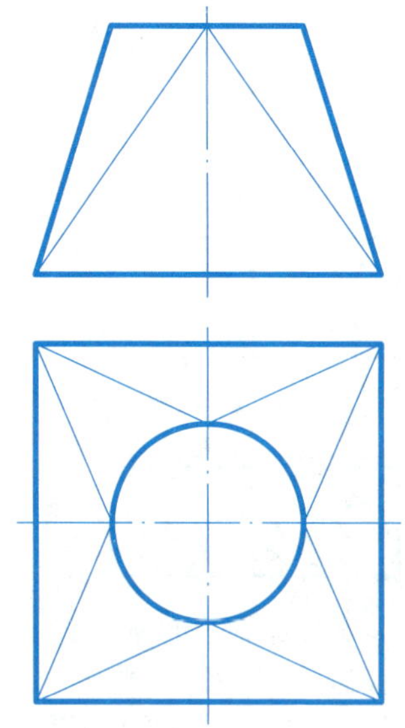

	展开图	班级		姓名		学号		143

1. 分析螺栓连接装配图中的错误，补全所缺的图线。

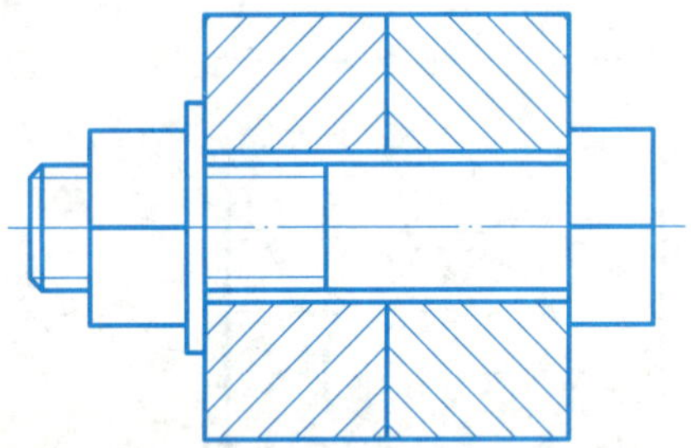

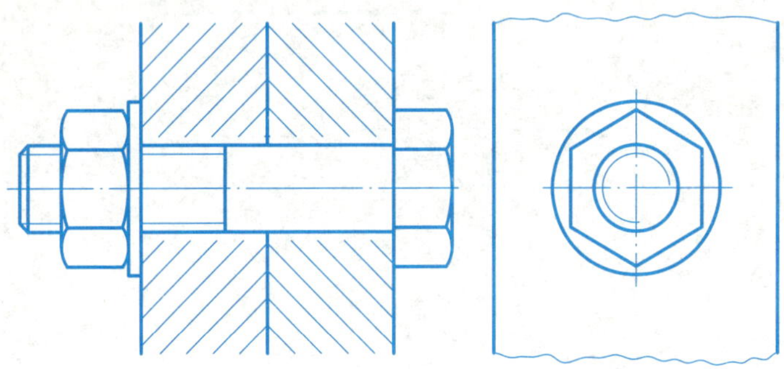

2. 分析双头螺柱连接装配图中的错误，并把正确的装配图画在右侧。

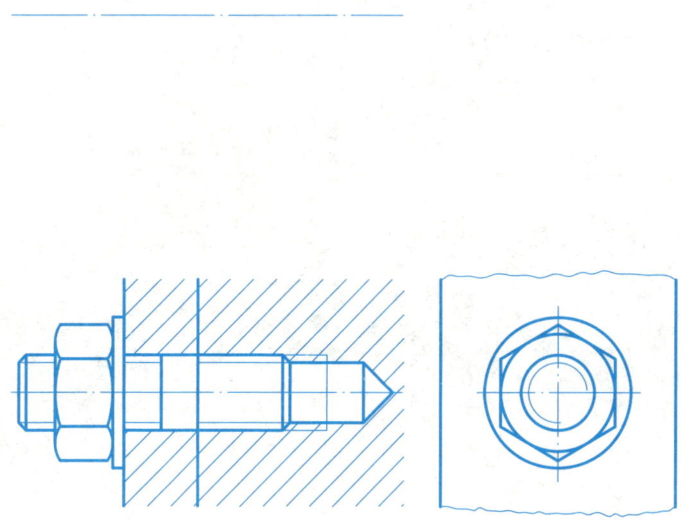

班级　　姓名　　学号

3. 在指定位置将直齿圆柱齿轮的主视图改画为全剖视图，并标注尺寸（比例 1:2，模数 m=4 mm，齿数 z=42）。

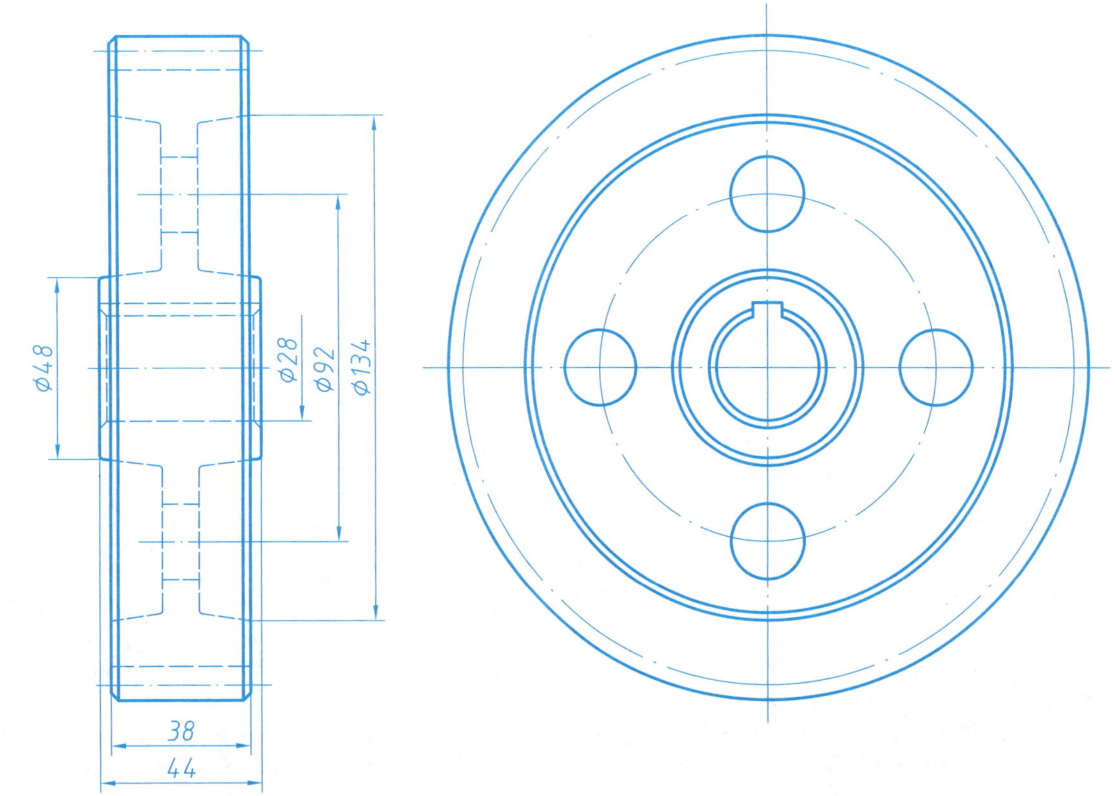

机械图——齿轮	班级		姓名		学号		145

4.1）阅读零件图；2）根据轴承装配图（第148页）和本页的上轴瓦零件图，在指定位置绘制下轴瓦的零件草图。

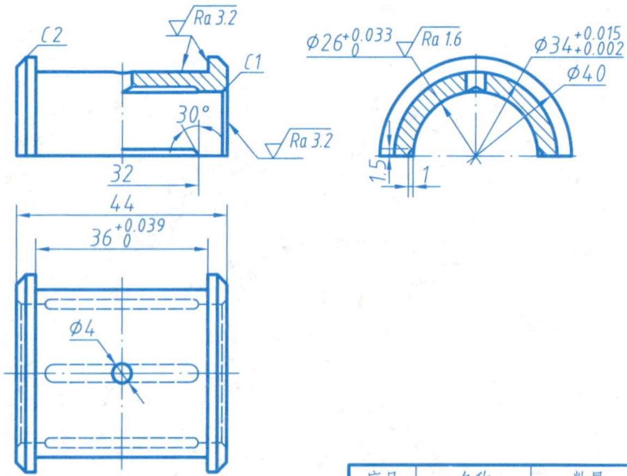

序号	名称	数量	材料
3	上轴瓦	1	ZQAl9-4

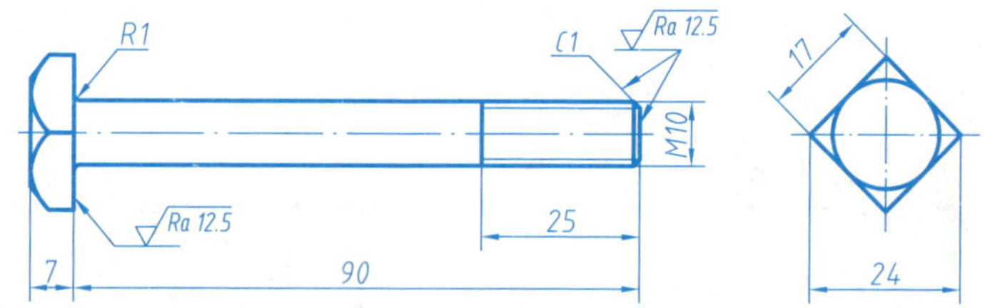

√（√）

序号	名称	数量	材料
5	螺栓M10×90	2	Q235

序号	名称	数量	材料
2	下轴瓦	1	ZQAl9-4

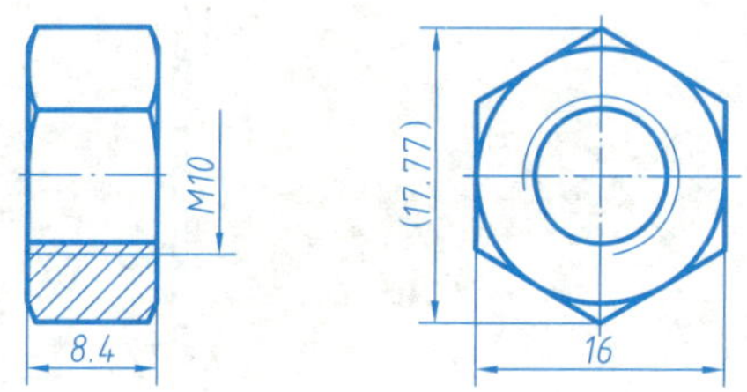

√Ra 6.3

序号	名称	数量	材料
6	螺母M10	4	Q235

5.1）读懂轴承装配图（第148页）；2）在指定位置拆绘轴承座的零件草图。

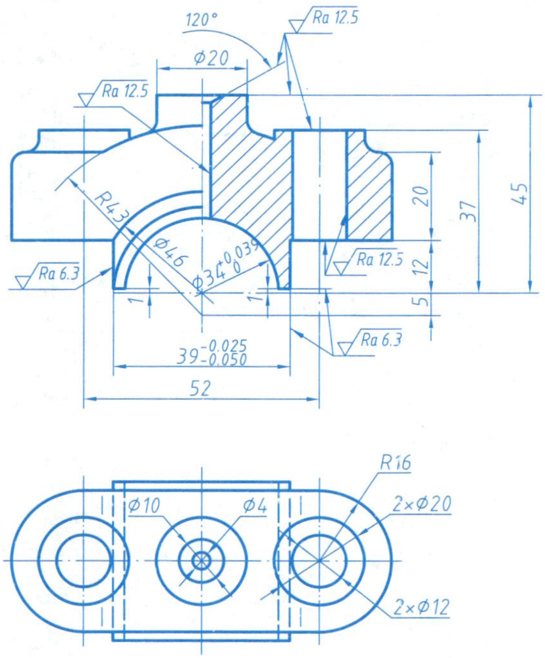

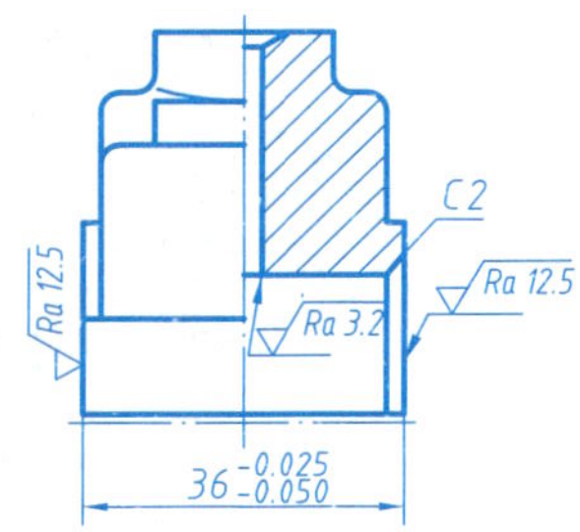

技术要求

1. 未注圆角R3。
2. 表面清理干净。

序号	名称	数量	材料
4	轴承盖	1	HT150

序号	名称	数量	材料
1	轴承座	1	HT150

6.1）读懂装配图；2）拆绘轴承座、下轴瓦的零件图，比例1:1，图幅自选。

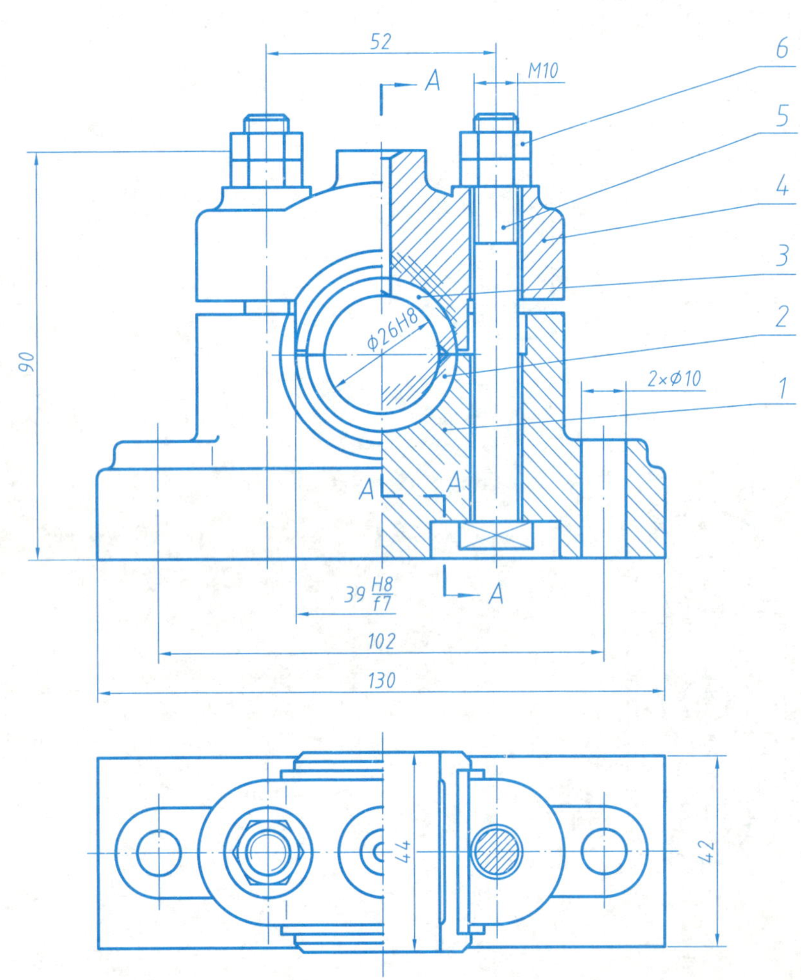

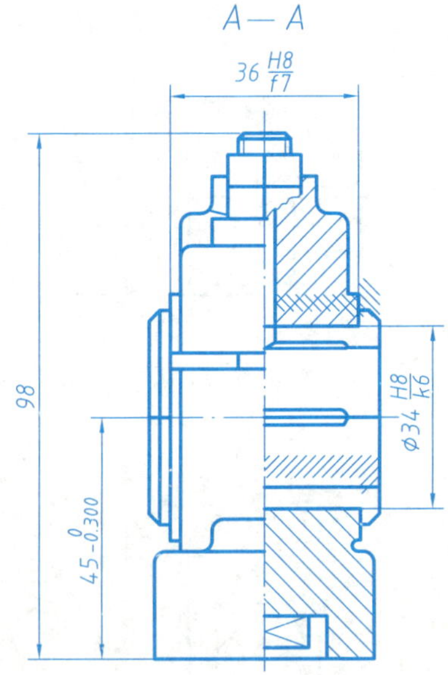

序号	零件名称	规格	数量	材料	备注
6	螺母	M10	4	Q235	GB/T 6170
5	螺栓	M10×90	2	Q235	GB/T 8
4	轴承盖		1	HT150	
3	上轴瓦		1	ZQAl9-4	
2	下轴瓦		1	ZQAl9-4	
1	轴承座		1	HT150	

轴　承		共　张	第　张
		比例	1:1
制图		质量	
审核		图号	

 班级 姓名 学号

1. 用绘图软件画出花饰图案，不标注尺寸。

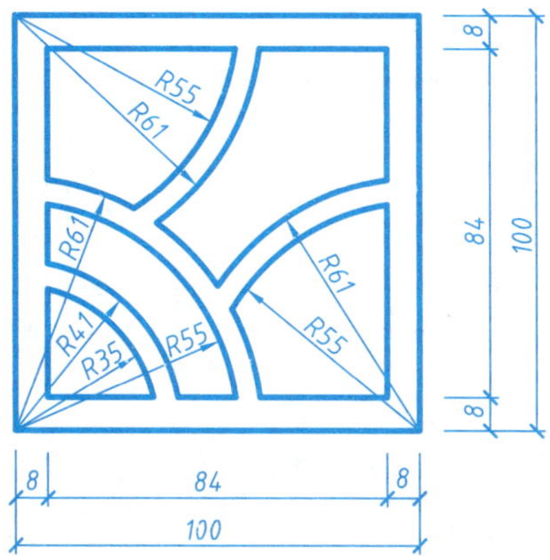

2. 用绘图软件画出花饰图案，不标注尺寸。

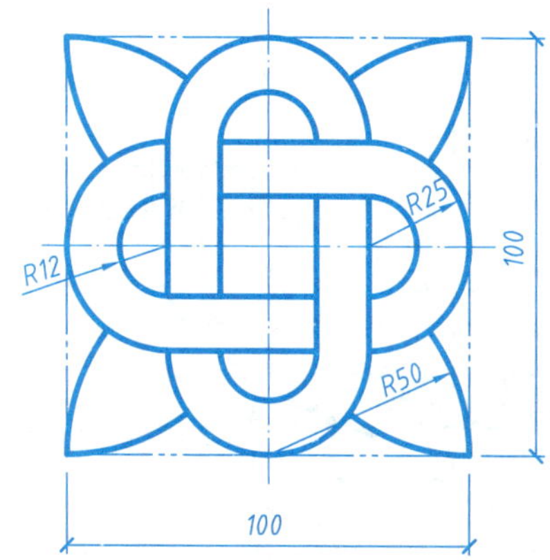

3. 用绘图软件画圆弧连接，不标注尺寸。

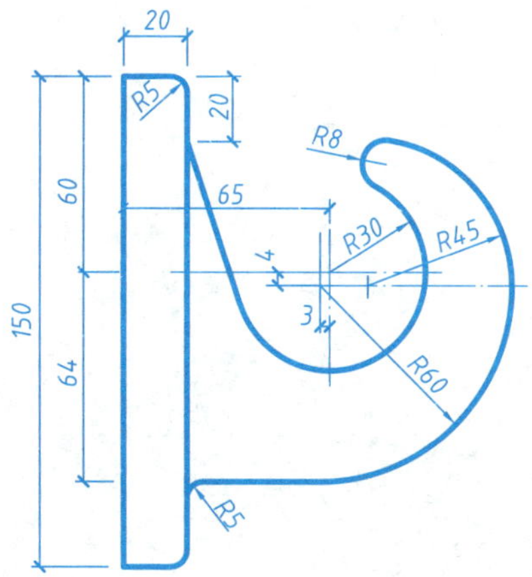

4. 用绘图软件画出大门立面图。

1. 建立八角亭顶面的曲面模型。

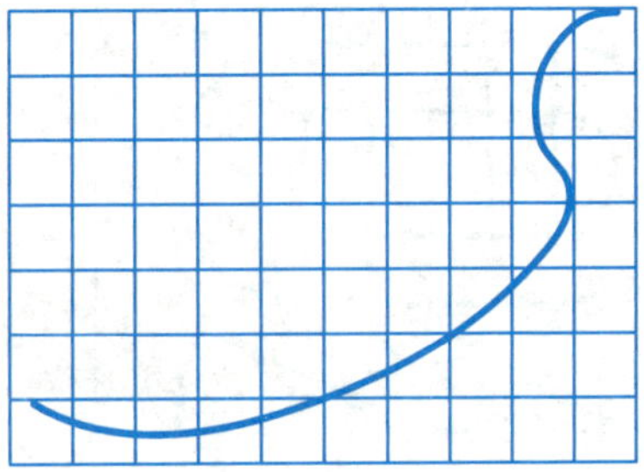

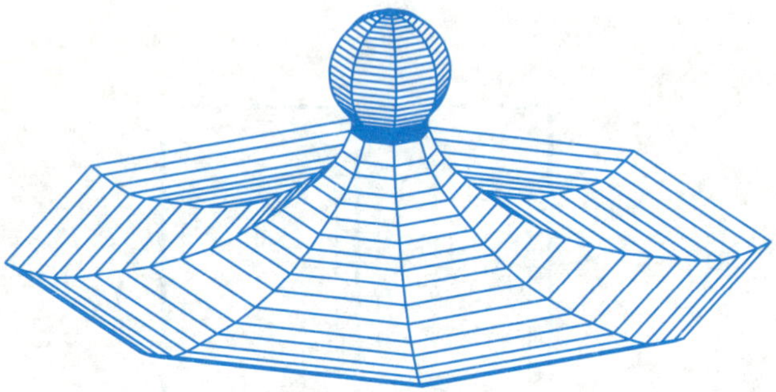

2. 以给定尺寸建立单叶双曲回转面的曲面模型。

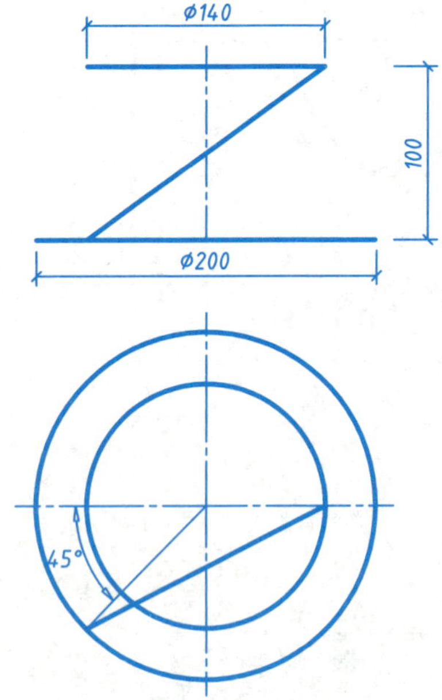

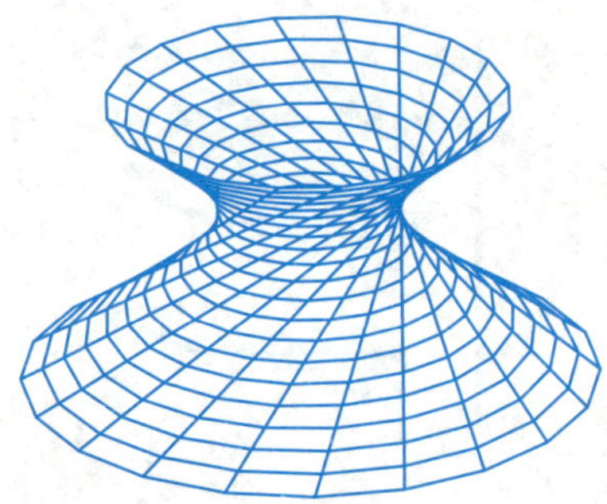

班级		姓名		学号		

3. 建立由圆柱面组成的屋面的模型。

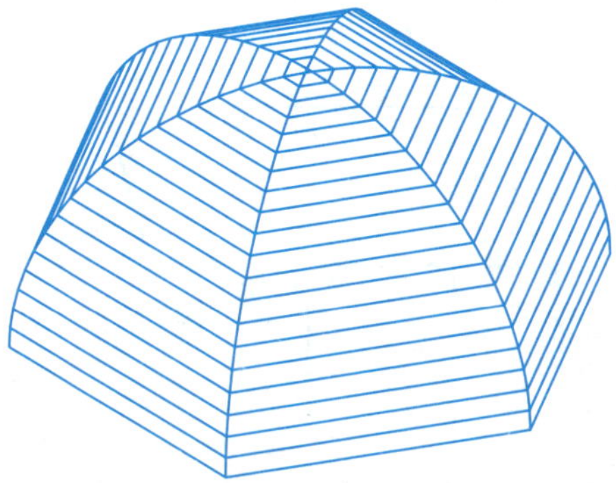

4. 建立由圆锥面组成的屋面的模型。

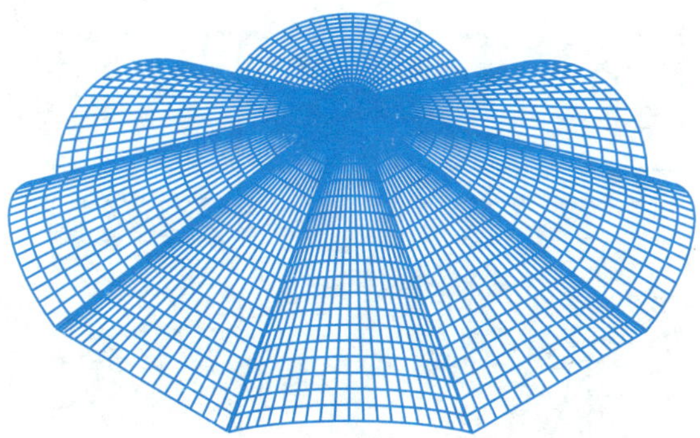

5. 建立由球冠与柱面组合屋面的模型。

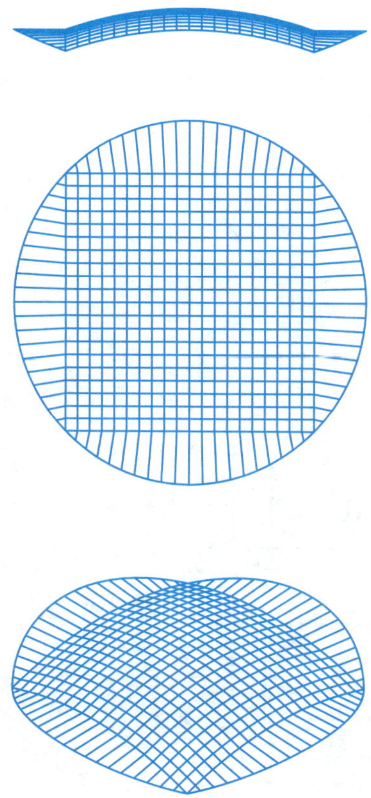

1. 按给定尺寸建立实体模型，并生成轴测图。

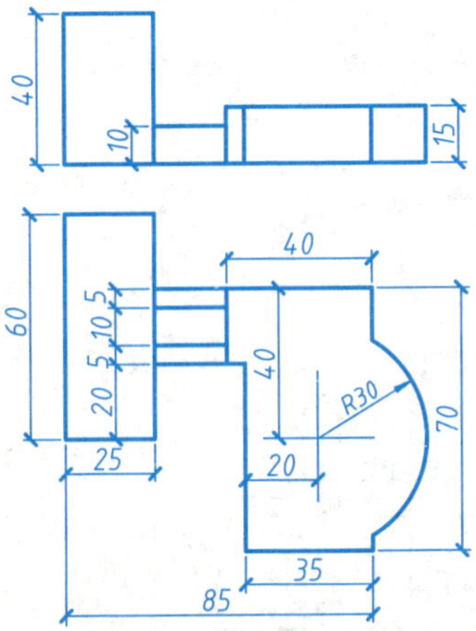

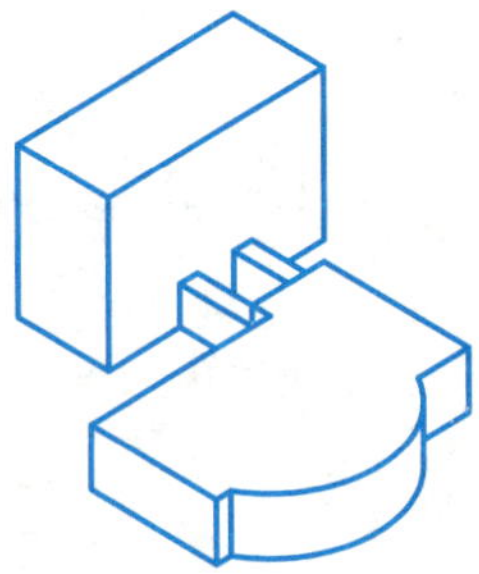

2. 按给定尺寸建立实体模型，并生成轴测图。

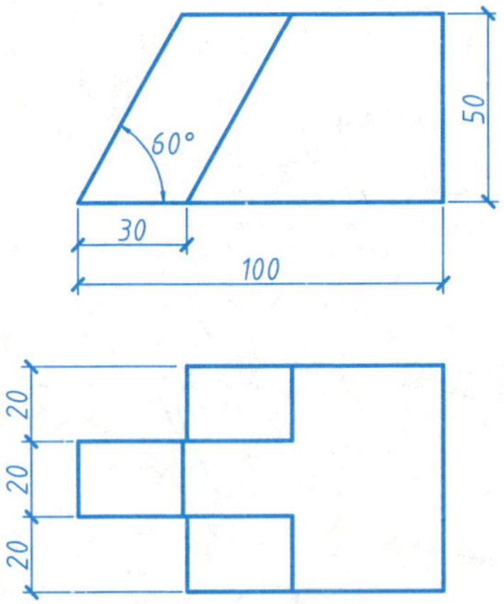

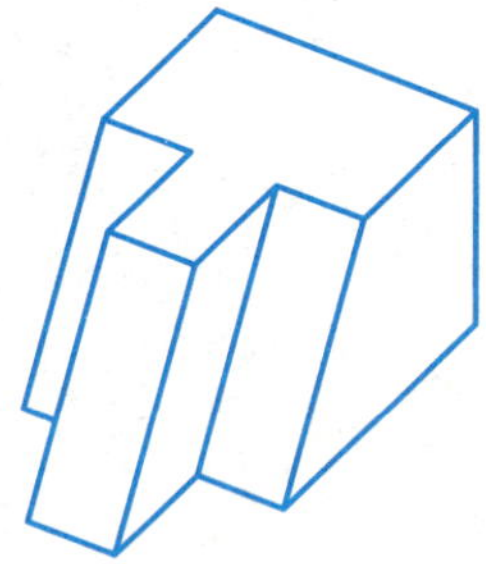

3. 按给定尺寸建立实体模型，并生成轴测图。

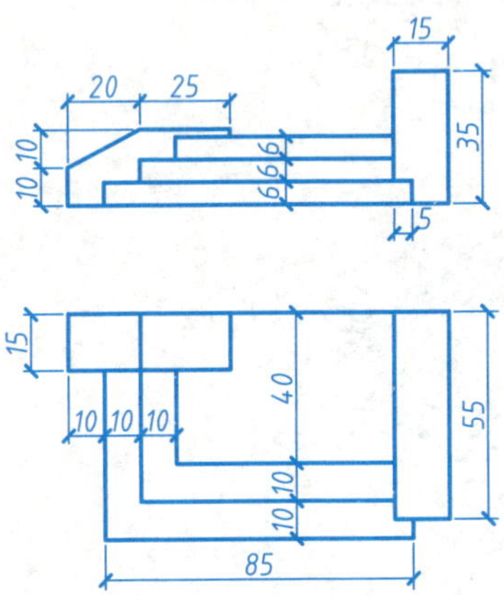

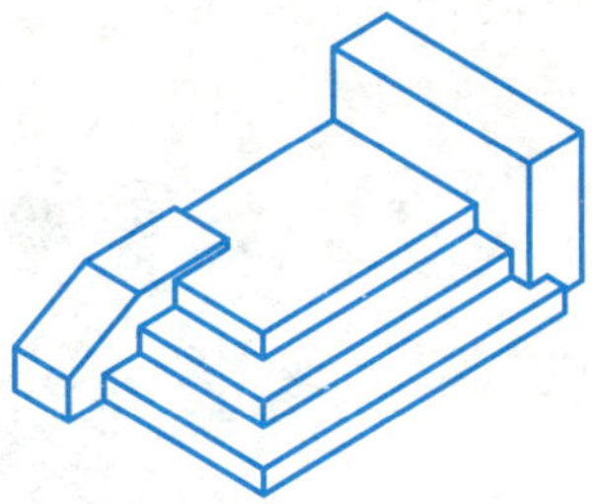

4. 按给定尺寸建立实体模型，并生成轴测图。

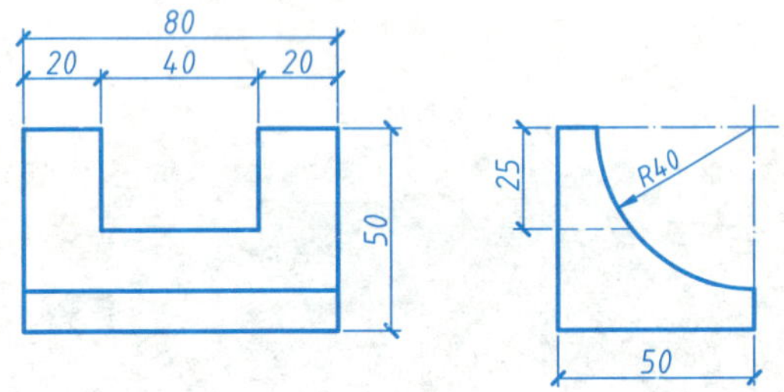

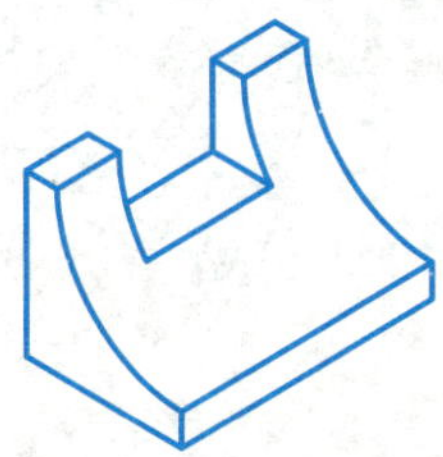

1. 建立拱廊的实体模型，并生成透视图。

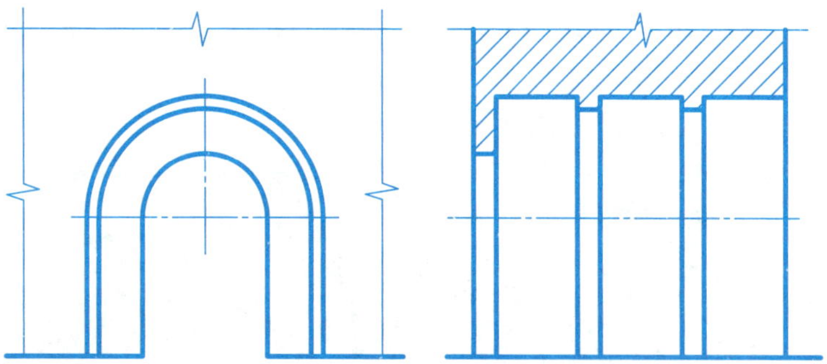

2. 建立建筑形体的实体模型，并生成透视图。

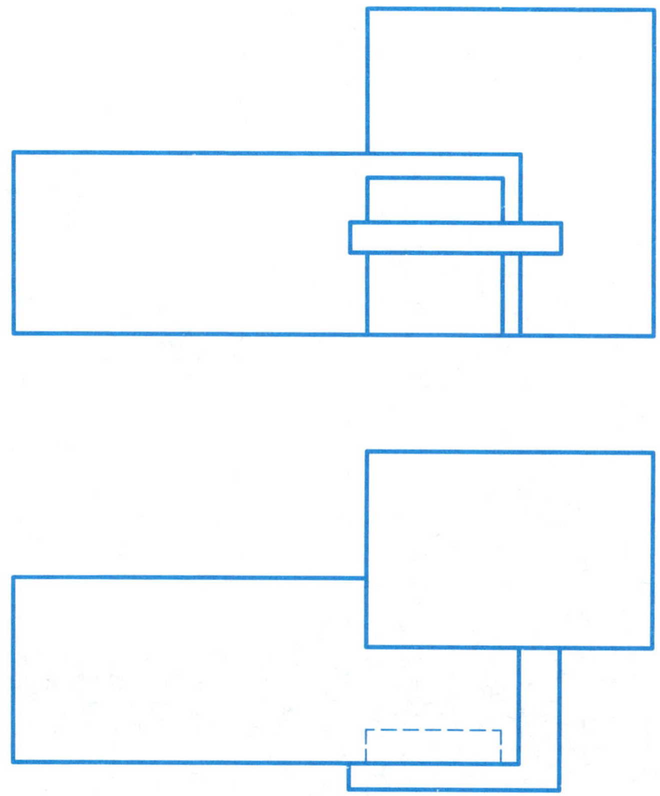

1. 建立建筑形体的实体模型，并生成阴影。

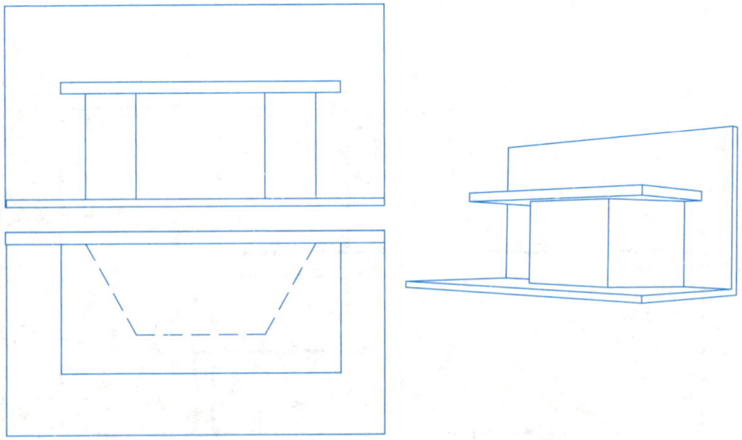

2. 建立平顶房出檐的实体模型，并生成阴影。

3. 建立台阶的实体模型，并生成阴影。

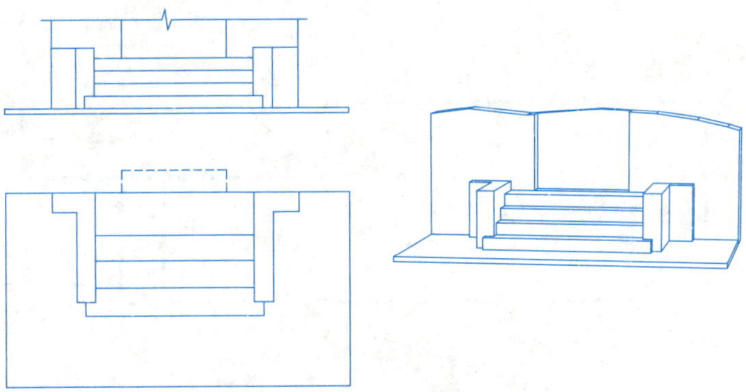

4. 建立建筑形体的实体模型，并生成阴影。

班级		姓名		学号	

1. 绘图并标注尺寸。

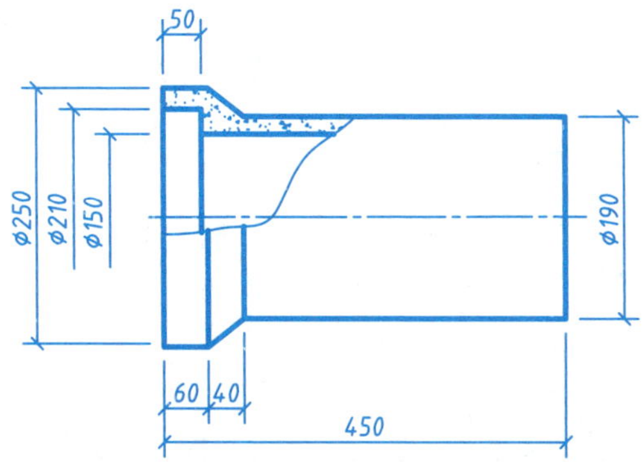

2. 绘制钢筋混凝土的材料图例。

操作说明:

1) 画出矩形并在其中写上文字;
2) 填上材料图例;
3) 修改文字大小,观察材料图例的变化;
4) 拖动矩形角点,观察材料图例的变化。

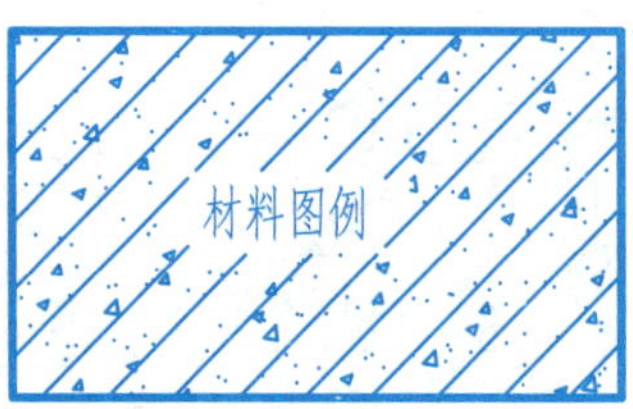

3. 绘图并标注尺寸。

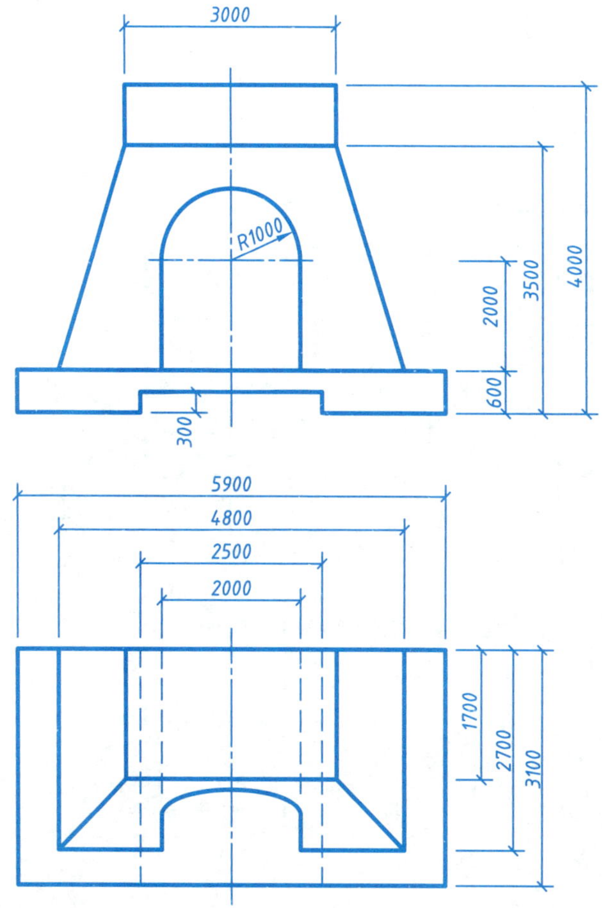

	计算机辅助制图——尺寸标注	班级		姓名		学号		155

用绘图软件1:1的比例绘制住宅建筑施工图。

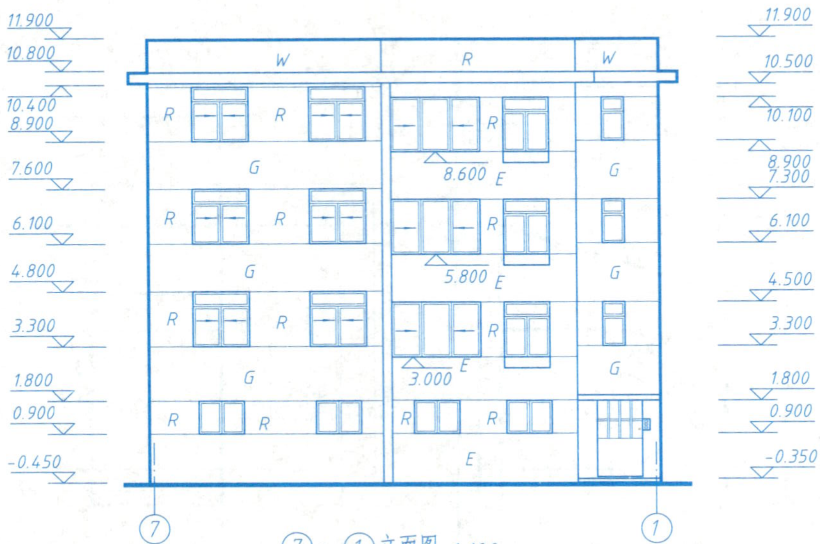

⑦～①立面图 1:100

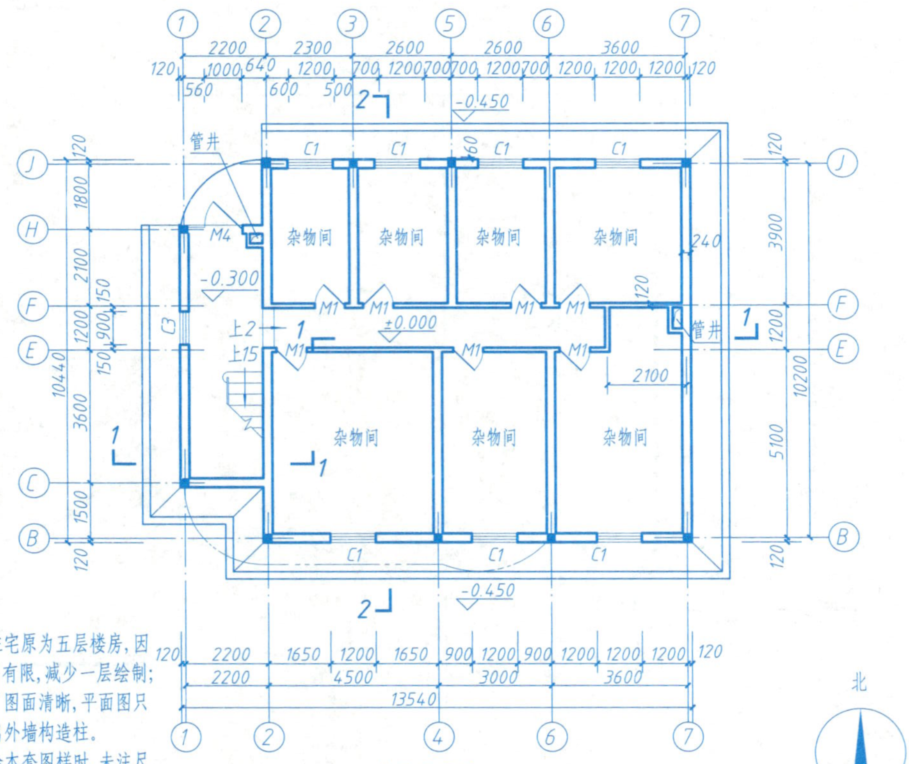

首层平面图 1:100

注：1. 本住宅原为五层楼房，因图幅有限，减少一层绘制；为了图面清晰，平面图只绘出外墙构造柱。

2. 抄绘本套图样时，未注尺寸可以直接量取或由教师指定。

用绘图软件1:1的比例绘制住宅结构施工图。

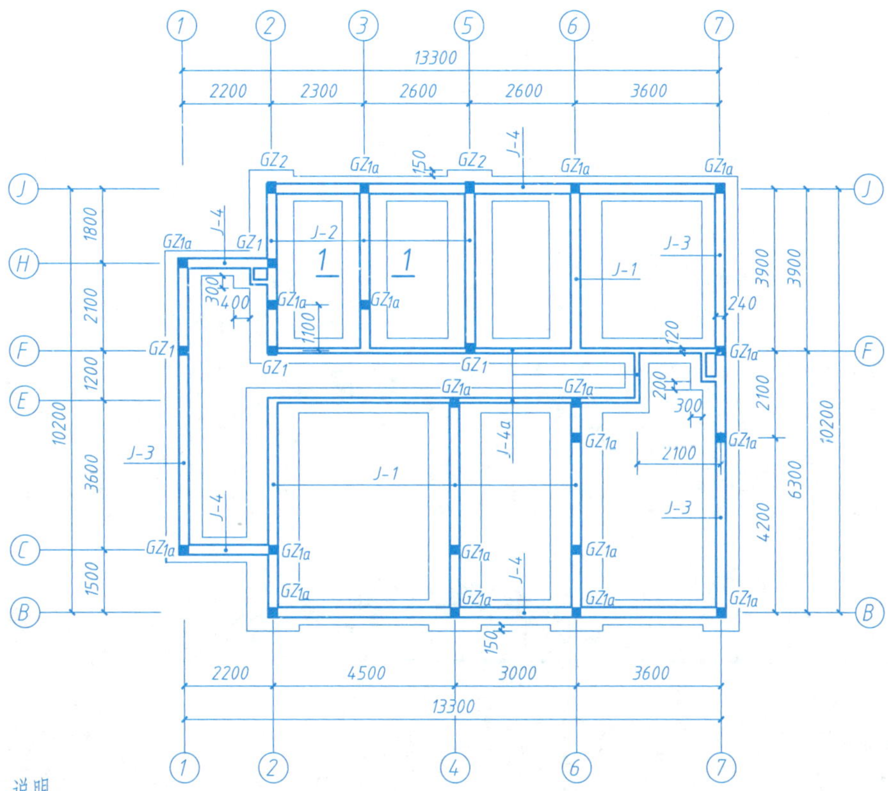

基础平面图 1:100

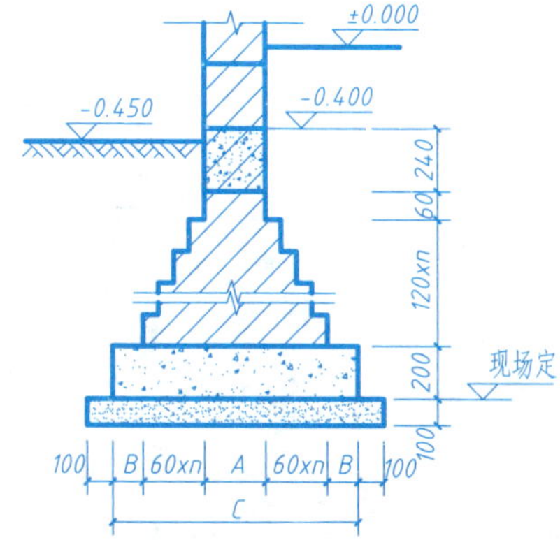

基础详图 1:20

基础细部尺寸

编号	A	B	C	n	备注
J-1	240	170	1300	6	上部三级级高 60
J-2	240	190	1100	4	
J-3	240	150	900	3	
J-4	240	120	600	1	
J-4a	120	120	600	2	

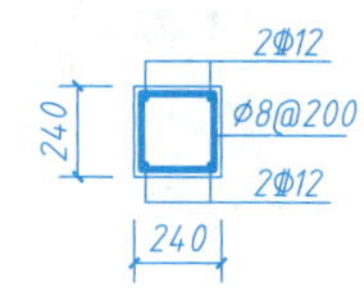

GZ1 1:20

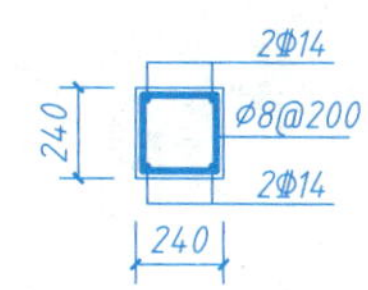

GZ1a 1:20

说明

1. 基础圈梁顶标高-0.400。
2. 管井的60墙基底大放脚为三级，120墙基底大放脚为两级。
3. 墙垛底部放大三级。

计算机辅助制图——绘制住宅结构施工图	班级		姓名		学号		157

用绘图软件1:1的比例绘制装饰装修施工立面图（未注尺寸从图中量取）。

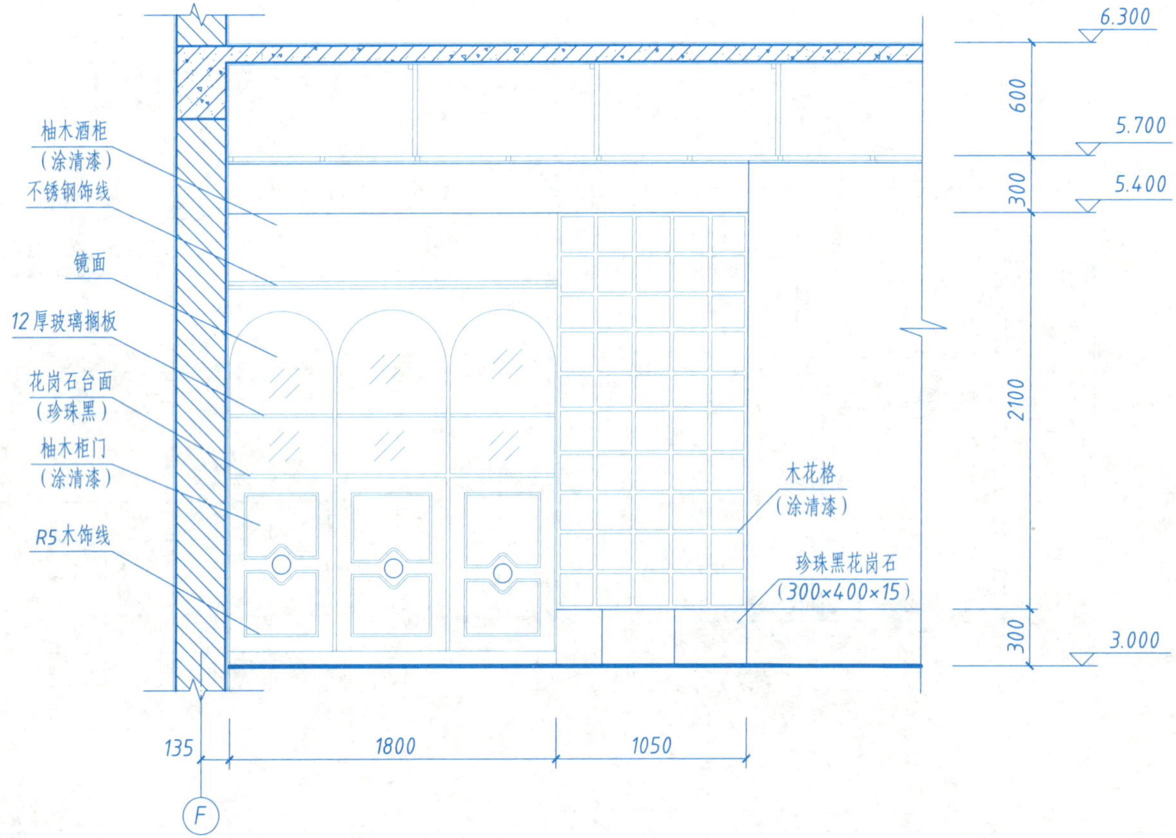

客厅④墙装饰装修立面图 1:50

班级		姓名		学号		